Médecine traditionnelle et droit de la santé

Victorine KAMGOUI KUITCHE

Médecine traditionnelle et droit de la santé

Pour une intégration du droit dans le système traditionnel

Préface d'Athanase Foko

L'Harmattan

5-7, rue de l'École-Polytechnique, 75005 Paris
http://www.editions-harmattan.fr
ISBN : 978-2-343-13162-7
EAN : 9782343131627

PRÉFACE

Le présent ouvrage *Médecine traditionnelle et droit de la santé. Pour une intégration du droit dans le système de santé traditionnel* traite d'une question fondamentale : celle d'un accès sécurisé des populations aux soins de santé. Ce travail, s'il prend appui sur la situation dans un pays qui connait assez des difficultés pour couvrir les soins de santé de sa population, est avant tout une étude sur le droit médical et de la santé et notamment sur les rapports qu'entretiennent le droit médical et la médecine traditionnelle.

A une époque où les problèmes de santé touchant une grande partie de l'humanité prennent des proportions gigantesques, et où les solutions proposées paraissent n'être que charité ou macro charité, il est fondamental que des travaux comme celui du Dr. Victorine Kuitche nous rappellent que l'accès à la santé n'est pas un cadeau, mais un droit des citoyens.

Le projet était ambitieux, Madame Kuitche ayant tout de suite compris que cet important travail devait, pour révéler sa pertinence, conduire à une étude comparée du droit camerounais et du droit français.

Nul doute que l'auteur sait de quoi elle parle, non seulement parce qu'elle a d'excellentes connaissances en droit médical et en droit de la santé, mais aussi parce qu'elle a su approfondir, au fil des années, son champ de savoir sur la diversité des situations au regard des questions liées à la médecine non conventionnelle.

L'étude est d'une grande originalité dans la mesure où elle aborde sous l'angle du droit médical contemporain, la question de la médecine traditionnelle en Afrique.

Sur le plan comparatiste, le travail intéressera certainement les spécialistes de droit médical. En effet, il conduit à comparer d'une part, les problèmes juridiques liés à la pratique de la médecine traditionnelle et ceux de la médecine contemporaine ou conventionnelle, et d'autre part les « réponses » classiquement apportées aussi bien par le droit médical camerounais et le droit médical français, que le droit international.

Les développements effectués sont d'une grande richesse d'analyse et d'un intérêt scientifique indéniable. L'on félicitera l'auteur de l'avoir étudié avec le plus grand soin, dans ses détails comme dans ses principes, avec une étude de terrain. L'ouvrage commis par Mme le Dr Victorine Kuitche trouvera sûrement sa place par rapport aux débats actuellement en cours dans les pays africains sur la réglementation de la médecine traditionnelle. Il constitue sans doute une contribution substantive au développement progressif du droit de la santé.

Cet ouvrage, conçu principalement pour les juristes, se révèlera un précieux allié de ceux qu'intéressent les questions de droit médical et de la santé pour des raisons personnelles ou professionnelles.

Je le recommande vivement aux décideurs politiques, universitaires, praticiens et apprenants du droit, qui cherchent confusément des solutions à leurs préoccupations sur ce thème.

Pr Athanase FOKO
Vice-doyen chargé de la scolarité et du suivi des étudiants Faculté des Sciences juridiques et Politiques de l'Université de Ngaoundéré

PRINCIPALES ABRÉVIATIONS

Al.	Alinéa
Art.	Article
Bull. civ.	Bulletin des Arrêts de la Cour de Cassation, Chambre Civile
Bull. crim.	Bulletin des Arrêts de la Cour de Cassation, Chambre Criminelle
C.A.	Cour d'Appel
Cass. civ.	Cassation Civile
C. civ.	Code civil
Cf.	Conférez-vous
CFA	Communauté Financière d'Afrique
Ch.	Chambre
Chr.	Chronique
Coll.	Collection
Comm.	Commentaire
C.P.	Code pénal
C.S.C.	Cour Suprême du Cameroun
Crim.	Chambre criminelle (Cour de Cassation)
D.	Dalloz
D.E.A.	Diplôme d'études approfondies
D.P.	Dalloz Périodique
Doct.	Doctrine
Ed.	Edition
Fasc.	Fascicule
Gaz. Pal.	Gazette du Palais
Ibid.	Au même endroit
Infra	Ci-dessous.
J. Cl. civ.	Juris-Classeur Civil
L.G.D.J.	Librairie Général de Droit et de Jurisprudence
N°	Numéro
OMS	Organisation Mondiale de la Santé
OMS/AFRO	Bureau régional de l'OMS pour l'Afrique
Op. cit. : Opere citato	Cité plus haut
OUA	Organisation de l'Unité africaine
P.	Page
Rev.	Revue

RILS	Recueil International de Législation Sanitaire
S.	Suivant
SSP.	Soins de santé primaire
Supra.	Ci-dessus
T.	Tome
Th.	Thèse
T.P. :	Tradipraticien
TGI	Tribunal de Grande Instance
T.P.I.	Tribunal de Première Instance
U.A.	Union africaine
V.	Voir
Vol.	Volume
WHA.	Assemblée mondiale de la santé

INTRODUCTION GÉNÉRALE

« On doit se contenter, en partant de pareils sujets de montrer la vérité d'une façon grossière et approchée ; et quand on parle des choses simplement constantes et qu'on part de principes également constants, on ne peut aboutir qu'à des conclusions de même caractère. C'est dans le même esprit, dès lors, que devront être accueillies les diverses vues que nous émettons : car il est d'un homme cultivé de ne chercher la rigueur pour chaque genre de choses que dans la mesure où la nature du sujet l'admet ».

ARISTOTE, Éthique à Nicomaque, I, 1, 1094, b10

1- De la conférence d'Alma-Ata[1] à la stratégie de l'OMS pour la médecine traditionnelle pour 2014-2023[2], l'Organisation mondiale de la Santé n'a eu de cesse d'encourager la promotion de la médecine traditionnelle dans les systèmes nationaux de santé, afin qu'elle contribue à l'amélioration de l'offre de soins. Le développement de la médecine traditionnelle est un phénomène socialement et économiquement important. Il pose aussi des problèmes juridiques tant pratiques que théoriques. Née à l'aube des civilisations, cette forme de médecine a contribué à entretenir et à sauvegarder la vie des collectivités à travers les âges. Aujourd'hui encore, c'est elle qui tient la santé dans nos villages et même dans nos villes. Elle répond en fait à la plupart des besoins sanitaires de près de 80 % de la population africaine[3]. La question qui se dégage de ce constat est de savoir si l'on doit continuer à regarder cette forme de médecine avec tant de condescendance ? L'analyse de son évolution et des problèmes juridiques qu'elle engendre, nous autorise à répondre par la négative. En effet pour réaliser cet ambitieux travail, nous avons procédé à un recensement des associations des tradipraticiens et à une collecte des décisions de justice les impliquant dans les chefs-lieux des dix régions de notre pays.

2- Si l'on tient compte de la constellation des tradipraticiens, il est clair qu'un recensement de la population de tradipraticiens, du moins une donnée chiffrée qui soit exacte, de son évolution démographique est impossible ; toute statistique correcte supposant l'exactitude des données. Quoi qu'il en soit, les guérisseurs n'ont jamais été aussi nombreux[4] et jamais ils n'ont été recherchés par les malades. Par ailleurs, il s'est avéré dans chaque région où l'enquête a eu lieu que le nombre de guérisseurs solitaires connus était plusieurs fois supérieur à celui des guérisseurs organisés en association. Il y a fréquemment des tradipraticiens dans des hameaux alors que le médecin de campagne est installé dans les rares centres de santé de l'arrondissement.

---

[1] La conférence internationale d'Alma Ata en Russie, organisée par l'OMS du 6 au 12 septembre 1978, sur le thème de la santé et du développement international, souligne la nécessité d'une action urgente de tous les gouvernements ainsi que de la communauté internationale pour protéger et promouvoir la santé de tous les peuples du monde. La déclaration issue des travaux de cette conférence a identifié les soins de santé primaires comme étant la clé de la réduction des inégalités en matière de santé entre les pays. Les soins de santé primaires ont été définis dans ce document comme étant « des soins de santé essentiels ».

[2] Cf. Stratégie de l'OMS pour la médecine traditionnelle pour 2014-2023. Genève, Organisation mondiale de la santé ; Voir également, les documents WHO/EDM/2004.5 et WHO/EMP/2009.1 ; Résolutions AFR/RC50/R3 et WPR/R/RC52/R4.

[3] *Cf.* Mamadou KOUMARE, Médecine et psychiatrie traditionnelle en Afrique. Doc. O.M.S. Afro, 1990.

[4] Déjà en 1985, le Pr LANTUM estimait à plus de 5000 le nombre de guérisseurs traditionnels recensés par lui, tandis qu'autant sinon plus exerçaient dans l'anonymat.

3- En calculant le nombre de guérisseurs à une échelle géographique à la fois dans des régions où ils sont les plus nombreux (Ouest, Sud, Sud - ouest et Grand Nord), et des régions où ils semblent moins nombreux, il paraît très probable que la proportion des guérisseurs est largement supérieure à celle des médecins. Le fait qu'il n'y ait pratiquement pas d'endroit dans le pays où les guérisseurs traditionnels n'exercent leurs activités indique qu'il existe déjà une forme de couverture de soins de santé acceptable du point de vue culturel par la population locale et qui répond de façon plus ou moins satisfaisante à leur problème de santé. De plus, la lecture des statuts des différentes associations de tradipraticiens nous a permis de relever qu'ils sont singulièrement plus organisés qu'autrefois. Nous avons également constaté que la jurisprudence relative à cette forme de médecine est encore très confuse, face au nombre de charlatans qui sillonnent les villes, à l'augmentation des cas d'escroquerie, et au nombre élevé de procès en justice suite aux actes qu'ils posent.

4- Le développement de cette forme de médecine ne peut laisser le juriste indifférent. En effet, l'harmonie entre le fait et le droit a toujours été une préoccupation du juriste. À toutes les périodes, dans tous les domaines, le droit a été confronté à des faits qu'il était utile d'enserrer dans des structures juridiques appropriées. Aujourd'hui les réalités de la vie sociale et économique imposent de nouvelles formes d'organismes que le législateur camerounais veut encore ignorer. Peut-être faut-il laisser la doctrine réfléchir sans contrainte législative avant d'élaborer des structures ? La situation ainsi décrite intéresse le juriste voué à l'étude du droit médical et surtout des aspects juridiques de l'exercice de la médecine traditionnelle. Il s'agit en fait d'examiner les conséquences de ces pratiques sous l'angle du droit.

5- La médecine traditionnelle entre dans la catégorie des notions difficiles à cerner et sur lesquelles le législateur camerounais refuse à ce jour, de légiférer au plan général[5]. L'étude des aspects juridiques de l'exercice de la médecine traditionnelle peut donc aider à la création du droit. Il est difficile d'ignorer cette forme de médecine en raison de l'attrait qu'elle exerce sur les populations. De même qu'il est difficile de comprendre qu'une activité qui se développe tant soit demeurée jusqu'ici dans l'informel.

6- Personne ne saurait contester aujourd'hui, même si le législateur n'en fait pas une mention expresse, qu'un des attributs de l'état d'une personne

[5] En réalité, il existe divers textes de loi sur la médecine traditionnelle notamment celui créant un service de la santé communautaire et de médecine traditionnelle au Ministère de la Santé publique, celui créant l'Institut de recherche sur les plantes médicinales, celui recommandant la collaboration entre médecins et tradipraticiens et même celui permettant aux tradipraticiens de regrouper en association. Dès lors ne peut-on pas affirmer que la médecine traditionnelle est légalisée, mais que son exercice n'est pas réglementé ?

est sa santé[6]. Toute personne a droit à la santé[7] comme l'édicte du reste la Déclaration universelle des droits de l'homme[8] et l'accès aux soins médicaux doit être considéré comme un droit reconnu à tous les individus. Toutefois entre cette reconnaissance universaliste des droits aux soins et la satisfaction réelle des besoins de santé, le Cameroun comme la plupart des pays en voie de développement butent encore aujourd'hui contre de nombreux obstacles techniques, économiques et même sociaux. En outre, la santé est considérée comme un facteur indispensable et même une condition préalable au développement socio-économique.

7- C'est dans cette optique que l'Organisation Mondiale de la Santé a pensé que les pays en voie de développement avaient tout intérêt à utiliser toutes les ressources sanitaires disponibles et propose la réhabilitation de la médecine traditionnelle. En effet dans son rapport[9], l'O.M.S. exhorte les pays en voie de développement à recourir aux guérisseurs, herboristes et accoucheuses traditionnelles pour pallier les carences de leurs systèmes sanitaires. Dans le but qu'elle s'est fixé « *d'amener tous les peuples au niveau de santé le plus élevé possible* »[10], l'O.M.S. est particulièrement concernée par la médecine traditionnelle qui se prévaut être une médecine globale simple et peu coûteuse. L'Organisation mondiale de la Santé s'intéresse aux remèdes et techniques traditionnels dans les pays en voie de développement. L'intérêt de l'O.M.S. pour les besoins de la santé des pays nécessiteux se concrétise par la matérialisation d'un projet passant par la formation de ceux qui, au contact des populations, devront satisfaire les besoins de santé.

8- Des “ laboratoires ” sont implantés en Hollande, Australie, Israël, Thaïlande, Chine, au Cameroun[11], Mexique, Népal, aux Philippines et aux U.S.A. Les praticiens formés sont, dans certains pays, particulièrement remarquables dans les activités extrahospitalières, dans les campagnes et dans les villes. Cette médecine proche des racines culturelles des populations doit être exercée par des particuliers aptes à dispenser des règles d'hygiènes et à effectuer les premiers traitements. La maladie se présente comme un mal à l'égard duquel la guérison n'est pas toujours certaine ; et cette incertitude

---

[6] *Cf.* R. SAVATIER, « Un attribut essentiel de l'état des personnes : la santé humaine » D. 1958, Chronique XVII, 95.

[7] En fait l'expression « droit à la santé », est incorrecte et inintelligible car aucune société ne peut garantir le droit à la santé à moins de faire une sorte de promesse d'immortalité ; il s'agit plutôt « d'un droit aux soins ». Cf. A. DEMICHEL, Le droit de la santé, Bordeaux, Les études hospitalières, 1998, p. 20.

[8] L'art. 25 de la D.U.D.H. dispose “ Toute personne a droit à un niveau de vie suffisant pour assurer sa santé... ”.

[9] *Cf.* Rapport O.M.S. 622, année 1978.

[10] *Cf.* Art 1 de la constitution de l'O.M.S.

[11] En effet au Cameroun il y a eu la création d'un institut national spécialisé dans la recherche sur les plantes médicinales.

de la guérison explique sans doute pourquoi l'on trouve dans la plupart des pays du tiers monde, une coexistence d'au moins deux sciences médicales : l'une officielle, conventionnelle ou moderne et l'autre parallèle, différente ou traditionnelle[12].

9- En fait, qu'elles soient modernes ou traditionnelles, ces thérapeutiques appartiennent aux actions de santé et s'associent à la quête de bonheur et de bien-être des populations. Et c'est fort à propos que nous soutenons avec Salifou DEMBELE[13] que « *l'application passionnée de connaissances et technologies étrangères n'a pas toujours atteint l'objectif fixé [...] En somme, cette expérience traduit l'idée selon laquelle, les services de santé conventionnels organisés à l'occidental n'ont aucune chance de s'étendre au point de répondre aux besoins fondamentaux en matière de santé de toute la population. Les implications financières et les ressources humaines requises sont trop importantes* ».

10- Au Cameroun, comme dans la plupart des pays en voie de développement, la médecine traditionnelle est une pratique millénaire qui a de tout temps fait ses preuves à côté de la médecine moderne. Cette forme de médecine qui fait partie du patrimoine socioculturel du Cameroun[14] participe malgré son caractère empirique à l'amélioration de l'état de santé des populations. De tout temps, l'homme a utilisé les médicaments naturels pour traiter les maladies. Même si la pratique clinique actuelle fait de plus en plus appel aux composés de synthèse, l'intérêt pour les plantes et les produits naturels[15] comme source potentielle de nouveaux médicaments ne s'est jamais démenti. Cette médication populaire accessible et bienfaisante connaît un renouveau fulgurant. En fait, tout acte thérapeutique relève d'un choix ; et ce sont d'ailleurs les mêmes principes actifs, extraits des plantes à doses infinitésimales (gélules phytothérapiques), qui sont aujourd'hui reconstitués synthétiquement.

11- Il est évident que dans de nombreux villages éloignés des centres de santé, le seul recours en cas de problème de santé est le guérisseur traditionnel. De même, un grand nombre de maladies en zone rurale pourraient être évitées ou soignées avec de moyens simples, par des

---

[12] La plupart des scientifiques font une distinction entre les médecines, en les regroupant par grandes familles fondées soit sur l'origine, soit sur l'ancienneté, soit encore et le plus souvent sur les caractéristiques scientifiques.

[13] *Cf.* S. DEMBELE, « Recherche sur la réglementation de la médecine traditionnelle en Afrique noire », thèse de droit de la santé. Bordeaux I, 1997.

[14] L'ampleur de ce phénomène social dans notre pays est loin de se réduire à la seule consultation et au seul traitement ; il constitue une véritable culture.

[15] Les plantes médicinales sont à l'origine des premiers médicaments. Elles ont des propriétés qui leur permettraient de soigner certains maux grâce aux molécules qu'elles contiennent : infusion; extrait d'huile essentielle, etc. Chaque procédé permet d'extraire une ou plusieurs molécules pour remplacer les molécules de synthèse.

personnes non scientifiquement qualifiées, mais facilement accessibles comme le guérisseur traditionnel. Cela amène certains auteurs à penser que, «*face à la consommation accrue des produits chimiques ou dérivés de synthèse, certains malades cherchent de plus en plus à se préserver et exigent des soins moins agressifs* »[16]. L'apparition de certaines maladies telle que le V.I.H., et le coût encore élevé des médicaments pour la plupart des malades font que, avec la découverte possible de médicaments nouveaux, et l'utilisation plus large des ressources de la pharmacopée africaine, le traitement de certaines maladies pourrait devenir plus efficace et économiquement plus abordable. En effet, parmi les patients, on trouve des personnes infectées par le V.I.H.[17], qui viennent chez le guérisseur en espérant trouver le médicament salvateur. Ainsi, à défaut de trithérapie, nombre de malades se rabattent sur la médecine traditionnelle[18]. À la faveur de l'explosion du Sida, les tradipraticiens ont largement la côte ; même s'ils ne guérissent pas, ils soulagent et font de bons résultats dans le traitement des maladies opportunistes.

12- La médecine traditionnelle a connu d'importants succès ces dernières années du fait de la paupérisation de la population.[19] Actuellement on estime, en l'absence des données chiffrées, qu'environ 60 % de la population camerounaise y a au moins eu recours une fois dans leur vie. Ainsi plus de la moitié de la population se déclare prête à se faire soigner par un thérapeute non médecin. La forte augmentation du coût de la vie oblige les pouvoirs publics à envisager des approches alternatives en matière de santé. Il devient évident que le recours exclusif à la médecine officielle occidentale n'a pas apporté une solution satisfaisante aux problèmes de la protection médico-sanitaire. Et la nécessité d'une prise en compte de la médecine traditionnelle, longtemps déconsidérée face à la médecine moderne devient chaque jour plus évidente. La plupart des malades estiment que la médecine moderne a une brutalité allopathique[20] ayant recours à des doses chimiques massives ou à des produits synthétiques puissants.

---

[16] *Cf.* en ce sens, S. Dembélé op. cit.

[17] A la faveur de l'explosion du Sida en Afrique, les tradipraticiens ont la cote. Certes ils ne guérissent pas mais ils soulagent. Ils jouent un rôle non négligeable dans la prise en charge de malades infectés, et incapables de se procurer la trithérapie qui coûte environ 200 000 francs CFA par an. Grâce aux produits traditionnels, ils ont fait des résultats fantastiques dans le traitement des maladies opportunistes et aujourd'hui beaucoup de malades vaquent à leurs occupations. Cf Yvette PARES, *Sida, de l'échec à l'espoir : le regard d'une scientifique, médécin et tradipraticienne*, Ed. Yves Michel, 2007, p. 41.

[18] *Cf.* D. BEKOUTOU, *La médecine traditionnelle en question*, Journal Découverte – Afrik – afrique – maghreb, n°54, 2007, p. 1.

[19] Rapport technique Af. n°1 M.T.A., O.M.S. Bureau régional Afrique, Brazzaville 1990.

[20] La médecine allopathique, c'est la médecine soignant par les contraires, dans le but d'écraser les symptômes de la maladie ; elle est considérée comme une médecine brutale.

13- Dès lors, nous convenons avec F. LAPLANTINE[21] que « *nous ne sommes plus en présence d'un phénomène marginal ou résiduel, mais plutôt d'un phénomène en développement croissant* », ainsi que l'atteste le succès de ces pratiques dans notre société. C'est ainsi que l'O.M.S. dans le cadre des soins de santé primaires, estimait il y a plus d'une vingtaine d'années, que l'intégration de la médecine traditionnelle dans le circuit de la médecine moderne reste la seule alternative possible afin d'atteindre l'objectif qu'elle s'était fixé à savoir la « *santé pour tous d'ici l'an 2000* »[22].

14- La vogue des tradipraticiens a été largement favorisée par la volonté politique de revaloriser la médecine traditionnelle, ce qui a abouti à la création nationale des associations de guérisseurs traditionnels. Ces associations ont retrouvé leur légitimité avec la promulgation de la loi n° 90/052 du 19 septembre 1990 sur la liberté d'association, qui a entraîné une prolifération d'associations de guérisseurs régulièrement déclarées dans les préfectures de leur lieu d'exercice[23]. Ces associations donnent à la profession le cadre organisationnel de base, officiel et quasi légal, dans lequel les tradipraticiens travaillent. À travers ses recommandations, l'O.M.S. prônait dans le cadre du développement des soins de santé primaire, la collaboration des médecins avec les guérisseurs traditionnels, envisagés comme relais potentiel entre les services de santé et la communauté à laquelle ils appartiennent[24].

15- Il est donc nécessaire que l'exercice de cette profession soit réglementé, ce qui permettrait d'une part de protéger les praticiens de cette forme de médecine et d'autre part de protéger la santé des populations en les mettant à l'abri des guérisseurs incompétents et des charlatans[25]. Ceci d'autant que l'individu demandeur de santé, sollicite des actes efficaces et non agressifs émanant d'une personne dont l'aptitude est reconnue. Il importe dès à présent de préciser l'objet de la présente étude.

---

[21] *Cf.* F. LAPLANTINE, P-L. RABEYRON, *Les médecines parallèles,* Que sais-je ? Paris, P.U.F. 1987. Comme le remarque fort bien cet auteur, l'on est très souvent confronté à un mouvement de va et vient entre le dénigrement radical et l'engouement absolu. La communauté scientifique ainsi que le corps médical sont divisés ; il existe à l'intérieur du corps médical, une distance énorme entre cette radicalisation allant jusqu'au rejet pur et simple de la médecine traditionnelle. Par contre pour certains, les deux médecines doivent coexister. *Cf.* à ce propos la lettre circulaire du ministre de la santé publique exhortant la collaboration entre les deux formes de médecines, Cf. infra.

[22] Force est de constater que cet objectif de l'O.M.S. n'a pas été atteint ; néanmoins il doit être poursuivi afin que les soins de santé puissent être accessibles à tous.

[23] La déclaration préalable d'une association de tradipraticien à la préfecture territorialement compétente permet à celle-ci d'être valablement formée et une telle déclaration confère à l'association une personnalité morale.

[24] *Cf.* Déclaration d'Alma-Ata, OMS, 6-12 septembre 1998, Op cit.

[25] *Cf* supra, p. 153 et s.

16- Le travail ici va consister à analyser l'activité du tradipraticien au regard des divers concepts juridiques existants. Il s'agit en fait d'établir la possibilité pour le droit de régir les pratiques traditionnelles de soins. Par conséquent, il faudrait faire le bilan des différents problèmes juridiques qu'elle est susceptible de poser, pour ensuite formuler des suggestions qui, en les remaniant, pourraient inspirer des propositions de loi permettant de développer le secteur médical traditionnel dans notre pays, qui en a bien besoin.

17- Ce travail va amplement contribuer à baliser le chemin en apportant l'illustration et l'éclairage pour des analyses juridiques futures. La difficulté de codifier les comportements et attitudes qui caractérisent l'exercice de la médecine traditionnelle révèle l'importance de l'implication des acteurs – que sont : les pouvoirs publics, les juges et les doctrinaires – pour contenir ou prévenir les conflits que cette forme de médecine pourrait engendrer.

18- Cette médecine, élément fondamental des stratégies de santé pour les communautés de notre continent au cours du temps, semble désormais appeler à un nouveau destin de service et de devoir, face aux immenses difficultés socio-économiques qui affligent notre pays. Le seul espoir prévisible réside dans le recours aux pratiques utiles, c'est-à-dire rationnelles, de la médecine traditionnelle. La médecine traditionnelle a suscité un vif intérêt pour les sociologues, les anthropologues et les ethnologues[26]. Cependant, la plupart de leurs ouvrages ont été conçus soit en faveur, soit contre les guérisseurs. Les uns ont célébré leurs miracles, les autres les ont qualifiés de charlatans ; bref tous ont sacrifié aux besoins d'une thèse.

19- Sur un plan strictement juridique, il y a très peu de littératures consacrées à l'activité du tradipraticien. L'absence de documentation spécifique et de recueils de jurisprudence est la moins importante. En revanche, deux obstacles majeurs méritent d'être signalés, car ils pourraient avoir des répercussions sur la qualité scientifique de toute recherche sur la médecine traditionnelle et le droit : l'absence d'un texte national réglementant l'exercice de la médecine traditionnelle et le caractère balbutiant de la jurisprudence. Serait-ce que ce sujet est peu important ou au contraire qu'il comporte des problèmes difficiles à résoudre sous l'angle du droit ? Quoi qu'il en soit, il convient de noter, outre les monographies de l'O.M.S. sur le droit Africain de la santé en général et sur la médecine traditionnelle en particulier, l'existence de deux importantes contributions

---

[26] *Cf.* E. de ROSNY, *Les yeux de ma chèvre, sur les pas des maîtres de la nuit en pays douala,* Paris, Plon, 1981 ; *L'Afrique des guérisons,* Paris, Khartala, 1992 ; D. TABUTIN, *Population et société en Afrique au sud du Sahara*, Paris, L'Harmattan, 1988 ; Abayomi SOFOWORA, *Plantes médicinales et médecine traditionnelle d'Afrique*, Karthala, 2010 ; Yvette PARES, *La médecine africaine*, une efficacité étonnante, Yves Michel, 2004.

portant l'une sur les médecines différentes en Europe[27] et l'autre sur la réglementation de la médecine traditionnelle en Afrique[28].

20- L'appréhension juridique des actes du tradipraticien est particulièrement complexe. Nul ne conteste que, lors de la rencontre entre les deux individus que sont le patient et le guérisseur traditionnel encore appelé tradipraticien, une relation juridique s'instaure entre eux. Quel est le lien qui va s'établir entre les deux protagonistes et quelles peuvent en être les conséquences ?

21- Devant le nombre élevé de charlatans qui sillonnent les villes et la diversité des problèmes juridiques qu'ils créent, la justice paraît très embarrassée. De toute évidence, les procédés employés par certains tradipraticiens demeurent critiquables. L'ampleur des abominations fait naître le sentiment qu'il devient nécessaire et urgent d'élaborer des règles de principe afin d'encadrer les activités liées à la médecine traditionnelle. Il paraît alors légitime de penser que la mise en place d'une réglementation spéciale permettra de dissiper définitivement la confusion qui y subsiste encore. Les plaintes contre les tradipraticiens se font de plus en plus nombreuses. De plus, le foisonnement de pancartes dans les villes sur lesquelles sont inscrites une liste indéterminée de maladies qui peuvent être soignées par les guérisseurs traditionnels, dont le sida et le cancer par exemple, laisse l'observateur perplexe. Sur le principe même de la condamnation, on relève bien l'embarras du juge par rapport aux notions de contrat, de responsabilité – qu'elle soit civile ou pénale - d'exercice illégal de la médecine[29] ou même de sorcellerie. Ainsi se pose donc avec acuité le problème de la prise en compte l'exercice de la médecine traditionnelle et de son intégration dans le système formel. Il s'agit de la cerner, de l'organiser et de protéger les populations concernées.

22- Intégrer la médecine traditionnelle dans le système formel, c'est être attentif à sa dimension sociale, économique et aussi juridique. Parfois devant l'échec d'autres thérapeutiques, le recours aux guérisseurs traditionnels ; est conseillé par d'authentiques médecins[30]. Ne s'agit-il pas là de sa légitimation ? Il faut mentionner également que c'est dans les échecs et les carences de la médecine moderne qu'il faut rechercher l'une des raisons du succès de la médecine traditionnelle. En effet certains individus qui, présentant un dossier

---

[27] *Cf.* M. FAITROP, « Les aspects juridiques des médecines différentes », thèse Droit, Bordeaux 1, 1989.

[28] *Cf.* S. DEMBELE, « Recherche sur la réglementation de la médecine traditionnelle en Afrique noire », thèse droit, Bordeaux 1, 1997.

[29] *Cf.* infra p. 276, n° 37.

[30] *Cf.* S. ALALOUF, *Des mains qui guérissent,* Paris, Laffont 1975 ; *Cf* aussi Yvette PARES, *Perles et sagesse de la médecine traditionnelle africaine,* Yves Michel, 2009, p. 16.

médical volumineux et passant d'un médecin à un autre, ont finalement recours à un guérisseur traditionnel[31].

23- Notre but durant cette étude, sera d'exposer les règles juridiques pouvant présider l'exercice de cette forme de médecine dans notre système sanitaire. Cette forme d'appréhension de la médecine traditionnelle permettra de la cerner plus précisément au travers de la place qu'elle occupe au sein de notre système sanitaire. Les objectifs poursuivis dans ce travail posent des problèmes techniques dans leur mise en œuvre, notamment : clarifier un débat séculaire, mais qui se pose avec une particulière acuité actuellement du fait de l'ampleur du développement de la médecine traditionnelle[32].

24- Jusqu'à nos jours, les rapports entre le tradipraticien et ses patients ne sont pas encore clairement définis. Aussi, lorsqu'un patient se plaint du comportement de son praticien, les tribunaux sont embarrassés pour concilier l'intérêt du malade et la sécurité dont le tradipraticien doit pouvoir bénéficier lorsqu'il prend les mesures qui s'imposent. Ainsi les procès intentés aux tradipraticiens ne sont pas une nouveauté, mais nous estimons que les raisons évoquées pour mettre en cause leur responsabilité doivent varier et connaître des développements. D'autant plus que cette forme de médecine montre à l'observateur un panorama juridique aux multiples aspects. Nous avons ainsi la modeste intention de proposer quelques aménagements pour réparer l'injustice dans laquelle se trouvent souvent confinées les victimes de cette forme de médecine.

25- Plusieurs spécialistes de la santé ont, et continuent de penser que les pays du tiers monde et notamment le Cameroun, qui ont de grandes difficultés à résoudre leurs problèmes sanitaires, devraient utiliser toutes les ressources sanitaires disponibles. C'est dans cette optique que nous avons entrepris cette étude sur les aspects juridiques de l'exercice de la médecine traditionnelle. Aussi nous paraît-il capital de nous pencher sur son évolution historique au Cameroun.

26- Cette approche historique de l'évolution de la médecine traditionnelle au Cameroun, permet de retracer son parcours. Si la médecine traditionnelle a toujours été source d'intérêt, elle s'inscrit aujourd'hui plus que jamais au cœur d'une actualité brûlante, suscitant la curiosité, les ardeurs, les querelles, en animant les colloques[33] et les conférences les plus passionnés.

---

[31] A ce propos, E. De ROSNY affirme dans son ouvrage que : « on continue de se rendre chez le Nganga ni par plaisir, ni par manque de médecin, mais parce qu'il guérit ». Cf. Les yeux de ma chèvre, Paris, Plon, 1981, p.29 ; *Cf* Yvette PARES, op. cit.

[32] Ceci d'autant que ce qui pouvait encore, il y a quelques années être considéré comme des sentiers empruntés épisodiquement par quelques-uns est entrain de former des autoroutes.

[33] *Cf.* par exemple, Actes du colloque scientifique, Médecine traditionnelle, Santé communautaire médicament. Yaoundé Cameroun, 9-10 fév. 1994. *Cf* . aussi notre article

27- Il est démontré que la richesse du savoir-faire médical existait dans notre pays avant l'ère coloniale. À ce propos le Dr AUJOULAT[34] notait : « *une médecine indigène existait avant l'arrivée des Européens en Afrique noire, aujourd'hui encore elle poursuit plus ou moins clandestinement son action. Il est dommage qu'elle ait été réduite à l'état de médecine hérétique impitoyablement poursuivie pour ses erreurs, guère honorée par ses victoires* ». Il est en effet reconnu que la médecine traditionnelle apporte parfois des réponses, là où la médecine moderne se heurte.

28- La période coloniale est donc marquée par l'introduction de la médecine moderne dans notre pays, avec pour mission principale de « *sauvegarder les intérêts du colonisateur en zone à potentiel agricole ou minier. La priorité était ainsi accordée à la santé des troupes et de la main d'œuvre indigène. Et c'est à cette époque que la médecine traditionnelle devenue "officieuse" plonge dans le déclin, parce que combattue avec la plus grande mésestime. Il est certes vrai que la médecine traditionnelle n'était pas acceptée par les Occidentaux qui l'assimilaient à la sorcellerie. La médecine occidentale était considérée par les administrations coloniales comme le seul système acceptable de protection sanitaire évolué, alors que l'énorme majorité de la population continuait à être soignée par les systèmes traditionnels autochtones et par toutes sortes de guérisseurs* »[35].

29- Depuis 1971, le Ministère de la Santé publique a entrepris d'organiser la profession de tradipraticien, sollicitée par des associations ou des individus réclamant sa reconnaissance.

30- En 1976, une conférence de gouverneurs de provinces a ainsi été convoquée par le Ministère de la Santé publique pour la mise au point d'une stratégie de revalorisation de la médecine traditionnelle camerounaise. De cette conférence sont issus trois organes :

- une commission nationale de médecine traditionnelle chargée d'aider le gouvernement dans la définition et l'exploitation de cette médecine,

- un Comité Permanent de la Médecine traditionnelle, chargé de coordonner les activités de recherche et de pratique de médecine traditionnelle. Ce comité comprend des membres dont les activités sont plus techniques que politiques,

---

« La profession de tradipraticien et le particularisme de l'exercice illégal de la médecine » in revue Cames - Série pharm. Med. Trad. Afr. Année 2004, vol. 13, pp. 103-110.

[34] Dr L.-P. AUJOULAT cité dans " contribution à l'étude des méthodes et stratégies éducatives intégrés à la santé publique en République Unie du Cameroun" Mémoire de maîtrise en santé publique par NOAH ZINGUI Jacques. Université Libre de Bruxelles 1975-1976, p. 183.

[35] *Cf.* S. DEMBELE, Th. préc.

- un Institut de Recherche Médicale et d'Étude des Plantes Médicinales, chargé de recherche opérationnelle dans le domaine de la médecine traditionnelle, sous la tutelle du Ministère chargé de la Recherche Scientifique.

31- En 1979, la décision ministérielle n° 031/D/MSP/BD[36] portant création et organisation de la section de médecine traditionnelle au sein de la direction de la santé a été prise.

32- Dès 1981, c'est le début du recensement des tradipraticiens, sur recommandation de la Commission Nationale de Médecine traditionnelle. Ce recensement[37] fut interrompu sur instructions du 1er Vice-président de l'Assemblée Nationale d'alors qui avait plutôt recommandé d'élaborer au préalable des textes juridiques sur la médecine traditionnelle. La même année, une unité de médecine traditionnelle est créée à l'hôpital Central de Yaoundé.

33- En 1983, trois textes sont élaborés par un comité ad hoc ; il s'agit du :

- projet de loi portant reconnaissance et institution de la médecine traditionnelle,

- projet de décret portant réglementation de la profession de tradipraticien,

- projet de décret portant création d'un centre national de médecine traditionnelle.

Ces différents textes sont envoyés à la Présidence de la République pour appréciation. En 1989, ils sont retournés pour consultation et avis des autres départements ministériels.

34- En 1989, création d'un service de la santé communautaire et de la médecine traditionnelle au sein de la direction de la médecine préventive et rurale, (DMPR) dans le cadre de l'organigramme du Ministère de la Santé publique. Des rencontres de groupe ou isolées ont lieu avec des tradipraticiens et des responsables de la DMPR en vue d'étudier les modalités de recensement, de collaboration, de dialogue ou d'étude des projets de textes juridiques[38].

35- La loi n° 90/053 du 19 décembre 1990 portant liberté d'association[39], donne le point de départ à la prolifération des associations des

---

[36] Ladite décision a été signée par le Ministre de la Santé publique.

[37] Ce recensement était initié par le Pr. LANTUM, sociologue et pionnier dans la recherche sur la médecine traditionnelle.

[38] Cette importante source documentaire nous a été communiquée par le Service de la santé communautaire et la Médecine traditionnelle du Ministère de la santé publique.

[39] La loi définit l'association comme « une convention par laquelle deux ou plusieurs personnes mettent en commun, de façon permanente, leurs connaissances ou leurs activités

tradipraticiens. Depuis cette loi, un certain nombre de tradipraticiens se sont regroupés en association, luttant pour que leur activité puisse être créditée par toute la population et surtout par les pouvoirs publics, d'un capital de légitimité indéniable. Le souci majeur étant d'épurer la profession, c'est-à-dire « *séparer le bon grain de l'ivraie* » en mettant à la porte les charlatans. Et, en attendant que leur soit reconnu un statut légal, les différentes associations de tradipraticiens ont rédigé des statuts suivis des règlements intérieurs[40].

36- En 1991, suite aux multiples requêtes des tradipraticiens de traiter des malades dans les formations sanitaires publiques, une note circulaire du ministre de la Santé publique du 16 septembre 1991 donne des instructions aux responsables des formations sanitaires en vue d'une collaboration entre les tradipraticiens et les médecins pour le traitement des malades dans leurs structures sanitaires. Sur la base des projets de textes antérieurs, d'autres avant-projets de textes sont élaborés avec le concours de toutes les directions et de la cellule juridique du ministère de la Santé publique. Les avis des autres départements ministériels et institutions sont sollicités. Les projets de textes consensuels issus de cette concertation sont les suivants :

- projets de loi reconnaissant la médecine traditionnelle en République du Cameroun,

- projet de décret d'application organisant la profession de tradipraticien de santé.

Transmis à la haute hiérarchie en 1991 pour discussion, ces avant-projets sont retournés pour étude approfondie, avec recommandations de faire preuve de prudence, compte tenu de la situation socio-politique qui prévalait à l'époque. En attendant l'aboutissement des textes en question, le ministère de la Santé fait la promotion du dialogue[41], de la confiance entre les deux médecines, et est en faveur du regroupement des tradipraticiens en association[42].

Le ministère camerounais de la Santé a présenté en avril 2007, un avant-projet de loi qui réglementera l'exercice de la médecine traditionnelle. Le document prévoyait notamment le développement de cette forme de médecine et la création d'un Comité consultatif national. L'objectif était que

---

dans un but autre que de partager les bénéfices ». Elle est régie, quant à sa validité, par les principes généraux du droit applicables aux contrats et aux obligations.

[40] *Cf.* par exemple, les statuts de l'association pour la promotion de la médecine traditionnelle du Cameroun.

[41] *Cf.* Lettre circulaire du ministre de la santé publique exhortant la collaboration entre médecin et tradipraticiens.

[42] Depuis cette date, plusieurs associations de tradipraticiens reconnues par le ministère de la santé publique ont vu le jour et de nombreuses journées africaines consacrées à la médecine traditionnelle sont régulièrement organisées.

d'ici à 2015, la médecine traditionnelle soit entièrement intégrée dans le système national de santé. Force est de constater qu'il n'a pas été atteint.

37- Cette approche historique démontre bien l'intérêt que suscite la médecine traditionnelle au sein de la population camerounaise. Il apparaît dès lors, indispensable de déterminer le champ d'application de cette étude.

38- L'étude des aspects juridiques de l'activité du tradipraticien est complexe. Cette complexité tient surtout à la méconnaissance de tous les phénomènes qui gravitent autour de cette activité. Doit-on dès lors se croiser les bras ou est-il souhaitable, au contraire, de forcer la recherche et d'envisager un travail exploratoire en cherchant à comprendre ou mieux à expliquer la relation qui pourrait exister entre le droit et les comportements observés dans l'exercice de cette forme de médecine ?

39- Quoi qu'il en soit, il nous faut avant tout circonscrire notre champ d'exploration dans l'immensité des aspects juridiques que recèle l'exercice de la médecine traditionnelle. Notre mode d'expérimentation passera essentiellement par l'étude de la relation juridique qui lie les protagonistes de cette forme de médecine en l'occurrence le tradipraticien et le malade, et des conséquences juridiques qui en découlent. Notre souci dans cette étude est de dépasser l'argumentation simpliste qui consiste à plaquer les mots magie ou sorcellerie sur ces pratiques. Mots qui, s'ils disent à leur manière quelque chose de ce qui peut s'y passer, ne le disent en général que d'une certaine extériorité, qui évite ainsi la confrontation avec la rationalité symbolique et donc avec les tentatives de théorisation internes à ces autres façons d'envisager la médecine traditionnelle[43]. Il convient dès à présent de définir ce que c'est que la médecine traditionnelle.

40- Il n'existe pas de définition unique de la médecine traditionnelle. La médecine traditionnelle est une expression assez vague désignant en général les pratiques de soins de santé anciennes liées à une culture et qui avaient cours avant l'application de la science aux questions de la santé par opposition à la médecine moderne officielle ou allopathique.

41- En fait, qu'elles soient modernes ou traditionnelles, toutes les thérapeutiques concourent à la recherche du bien-être des hommes et elles appartiennent aux actions de santé. Ce vocable santé comporte plusieurs sens : d'après le Dictionnaire Larousse[44], la santé désigne l'état d'une personne non atteinte de maladies ou d'imperfections organiques ou fonctionnelles susceptibles de limiter son activité physique ou mentale. En général, la santé désigne l'état de l'être vivant, notamment de l'être humain, chez lequel le fonctionnement de tous les organes est harmonieux et régulier. L'O.M.S. définit la santé comme un « état de complet bien-être physique,

---

[43] *Cf.* F. LAPLANTINE, op. cit. p. 67.
[44] *Cf.* Dictionnaire Larousse 2000.

mental et social, et ne consistant pas seulement en une absence de maladie ou d'infirmité »[45]. Cette définition correspond à la conception de nombreux grands systèmes de médecine traditionnelle.

42- Le terme médecine traditionnelle a un contenu propre particulièrement difficile à dégager. Dès lors, un effort de clarification est indispensable. En effet, les critères changent d'une époque à l'autre et d'une culture à l'autre. C'est pourquoi il n'est guère aisé de trouver une définition exacte au terme "médecine traditionnelle". Cette expression comme le souligne R. H. BANNERMAN[46], « *désigne en général les pratiques des soins de santé anciennes liées à une culture et qui avaient cours avant l'application de la science aux questions de la santé par opposition à la médecine scientifique moderne officielle ou allopathie* ».

43- La médecine traditionnelle a été pratiquée à des degrés divers par toute forme de culture ; et la difficulté de définition provient de ce que les praticiens de cette forme de médecine mettent l'accent sur les aspects moraux et spirituels de l'existence. Et dès lors, la médecine traditionnelle n'est pas seulement les soins, mais elle intègre aussi un corps de savoir à la fois théorique et empirique. La médecine traditionnelle est en réalité constituée par une diversité de savoirs et de pratiques dont l'unité et la traditionnalité sont bien difficiles à saisir.

44- Par médecine traditionnelle, l'Organisation Mondiale de la Santé entend "*l'ensemble de toutes les connaissances et pratiques explicables ou non pour diagnostiquer, prévenir ou éliminer un déséquilibre physique, mental ou social en s'appuyant exclusivement sur l'expérience vécue et l'observation transmise de génération en génération oralement ou par écrit*"[47]. En fait ce qui est recherché, c'est un bien-être physique, aussi mental, voire spirituel, bref l'amélioration de soi-même. On se situe quelquefois du côté du sacré et même du secret[48].

45- La conception restrictive[49] à laquelle nous souscrivons considère la médecine traditionnelle comme l'ensemble de la thérapeutique africaine utilisant, comme les autres, des substances extraites des trois règnes : animal, végétal et minéral. Le règne végétal étant de loin le plus utilisé. D'ailleurs, la plupart des « scientifiques » qui s'intéressent à la question ont tendance à ramener l'étude de la médecine traditionnelle à celles des végétaux sous

---

[45] *Cf.* constitution de l'O.M.S.

[46] *Cf.* R.H. BANNERMAN, J. BURTON, CH'EN WEN-CHIEH, In *médecine traditionnelle et couverture des soins de santé : document. O.M.S.* 1980, p. 12.

[47] *Cf.* OMS série de rapport technique. n° 1 Afro 1976, p.3 ; V. aussi stratégie mondiale pour la médecine traditionnelle pour 2000-2005 ; pour 2014-2023 ; Résolution WHA 62.13 de l'assemblée mondiale de la santé sur la médecine traditionnelle adoptée en 2009.

[48] *Cf.* F. LAPLANTINE, *Anthropologie de la maladie,* Paris, Payot, 1986, p. 343-388.

[49] *Cf.* O.M.S., série Rapport technique, op. cit.

l'angle thérapeutique. Le qualificatif « traditionnel » souligne simplement le fait que cette forme de médecine n'est pas moderne c'est-à-dire ne relève pas du paradigme biomédical élaboré en Occident.

46- Dans la conception française, la médecine traditionnelle signifie médecine liée à la culture française, elle correspond en fait, à ce que nous connaissons et appelons chez nous, médecine moderne ou officielle ou encore conventionnelle. La médecine moderne est généralement définie comme une « *science ayant pour objet la conservation et le rétablissement de la santé, ou comme l'art de prévenir et de soigner les maladies de l'homme* ». Et à ce mot médecine sont venus s'adjoindre d'autres qualificatifs[50]:

- alternative, c'est-à-dire une solution de remplacement correspondant à un choix du patient ou du praticien de recourir à tel ou tel mode d'action. C'est en fait l'alternance d'un système (allopathique), qui ne donne pas assez de résultats, pour des médecines différentes apportant une satisfaction aux maux des patients.

- l'expression "médecines différentes" est également utilisée, son usage est explicite des considérations divergentes portées sur ces genres de pratiques, qu'il s'agisse de la preuve de l'efficacité de cette forme de médecine ou de la formation des praticiens.

- douces : c'est alors aux notions de non-agressivité, d'absence de douleurs qu'il est fait appel, mais il ne semble pas que certaines, phytothérapies ou manœuvres vertébrales, puissent être ainsi qualifiées.

- nouvelles : ces médecines le sont par l'actualité du débat, mais l'origine de certaines, telles l'acupuncture, la phytothérapie, ne permet pas l'amalgame avec d'autres disciplines telles la mésothérapie ou la chiropractie.

- parallèles : par ce qu'elles se situent en marge de la pensée allopathique[51] officielle. « *Elles sont dites parallèles, car elles ont été rejetées sans examen scientifique sérieux de l'enseignement médical officiel qui a toujours défendu l'orthodoxie des théories établies, soit par les habitudes transmises de génération en génération, soit par une rationalité réductionniste issue du positivisme du XIXe siècle* »[52].

47- En définitive, tous ces différents concepts : médecine traditionnelle, médecine différente, alternative et parallèle, traduisent les querelles de

---

[50] *Cf.* M. FAITROP op. cit.

[51] C'est-à-dire qui soigne par les contraires, dans le but d'écraser les symptômes de la maladie.

[52] *Cf.* Dr A. Claris, *Initiation aux thérapeutiques naturelles*, Ed. Lehning. 1980.

légitimité entre le système de soins autochtone et celui importé[53]. Quoi qu'il en soit, notre étude sera essentiellement centrée sur la médecine traditionnelle africaine, telle que pratiquée dans le contexte de l'étude qui est le Cameroun.

48- Pour des raisons de précisions terminologiques, il importe de noter que tout au long de notre étude lorsque nous parlerons du tradipraticien, vocable recommandé par l'O.M.S., cela visera aussi bien le guérisseur traditionnel que le praticien traditionnel de santé et même quelques fois les accoucheuses traditionnelles. De même nous emploierons indifféremment les expressions patients, malades, clients, ou consommateurs de soins pour désigner les personnes qui vont en consultations chez le tradipraticien.

49- En général, on peut identifier en médecine traditionnelle trois types de praticiens qui ont recours à des degrés divers aux plantes médicinales :

- Les phytothérapeutes, sont ceux qui jouissent du prestige et de la réputation d'être les véritables praticiens de la médecine traditionnelle,

- le guérisseur traditionnel encore appelé tradipraticien,[54] quant à lui est défini comme une personne reconnue par la collectivité dans laquelle elle vit comme compétente pour dispenser des soins de santé, grâce à l'emploi de substances végétales, animales et minérales, et d'autres méthodes basées sur le fondement socioculturel et religieux aussi bien que sur les connaissances, comportements et croyances liés au bien-être physique, mental et social ainsi qu'à l'étiologie des maladies et invalidités prévalant dans la collectivité[55].

- Les guérisseurs mystiques sont ceux qui fondent leur pratique sur leurs prétendus pouvoirs surnaturels de diagnostic. Il leur arrive aussi d'administrer des plantes médicinales censées avoir des pouvoirs spirituels particuliers.

- le sorcier quant à lui est un praticien qui aurait le pouvoir d'intercepter un sort ou d'exorciser l'esprit malfaisant que possède le malade ; il prescrit aussi des plantes médicinales mais ceux censés avoir des effets exorcisant[56].

50- D'emblée, et suivant en cela les recommandations de l'O.M.S, nous excluons de cette étude, tous les guérisseurs qui utilisent des pouvoirs maléfiques. En effet, dans un premier temps, l'O.M.S. recommandait une approche globale des médecines traditionnelles qui accorderait une large place aux « forces intangibles » et suggérait notamment d'entreprendre des recherches sur ses « aspects métaphysiques ». Quelles années plus tard,

---

[53] *Cf.* FASSIN, D. et FASSIN, E. *De la quête de légitimation à la question de légitimité : les thérapeutes traditionnels au Sénégal*, in cahiers d'études africaines, 1988, p.207 et s.
[54] Terme employé par l'O.M.S. et que nous utiliserons tout au long de notre étude.
[55] *Cf.* série de Rapports techniques AFRO, n° 1, 1976 pp.3-4.
[56] Cf. F. LAPLANTINE, op. cit.

l'O.M.S. a opéré un revirement. Elle précise qu'en médecine traditionnelle, il est indispensable de séparer le mythe de la réalité afin, tout comme en médecine moderne, de pouvoir distinguer les procédés et les remèdes efficaces de ceux qui sont inutiles ou dangereux. Les « forces intangibles » sont désormais définitivement écartées de la définition de la médecine traditionnelle telle que conçue par l'O.MS. Seule l'utilisation de la phytothérapie s'avère médicalement acceptable pour circonscrire une médecine traditionnelle conforme à la rationalité scientifique.

51- Naguère, l'acupuncture, forme traditionnelle de thérapeutique pratiquée sans interruption en Chine depuis quatre millénaires, était considérée par la médecine moderne comme un ramassis de vieilleries. Ces dernières années, cependant, l'alliance du praticien traditionnel, du médecin, du scientifique et du politique l'a remise à l'honneur, non seulement comme méthode curative, mais également comme forme d'anesthésie lors des opérations chirurgicales, et cela avec des résultats étonnants. Des exemples comme celui-ci pourraient être multipliés et exploités pour le plus grand profit de la santé et du bien-être.

52- Nous voudrions centrer notre réflexion uniquement sur les seuls les guérisseurs traditionnels qui utilisent les substances végétales, animales et minérales c'est-à-dire ceux dont la mission est de guérir le mal. Le guérisseur traditionnel prend pour le patient qui s'adresse ou se confie à lui des décisions dont chacune peut être lourde de conséquences et c'est pourquoi il serait dangereux de laisser chaque praticien juger dans sa conscience ce qu'il a à faire. L'accent doit être mis sur la manière responsable d'exercer pour protéger la société contre le charlatanisme[57] ou contre des méthodes réputées dangereuses ou controversées. Dès lors la médecine traditionnelle devrait également s'inspirer du patrimoine moral qui nous vient aussi bien d'Hippocrate que de l'évangile ou de la Déclaration des droits de l'homme. Ceci d'autant plus que Hippocrate est revendiqué tout autant par les classiques que les parallèles, car si ses principes incluaient la thérapie par des contraires, - qui renvoie à de nombreuses, si ce n'est à la plupart, des médicaments allopathiques, ils faisaient aussi la part belle à la thérapie par ses semblables, à la base de plusieurs thérapies parallèles telles que la phytothérapie et l'homéopathie -.

53- Les différents types de tradipraticiens utilisent souvent comme élément plus ou moins essentiel de leur art de guérir, "*le fondement religieux aussi bien que les croyances prévalant dans la collectivité*". De problèmes particuliers et difficiles se posent nécessairement lorsqu'on se demande s'il convient d'accorder une reconnaissance légale à de telles méthodes ou d'y recourir dans la prestation des soins de santé. Bien que cette situation prête à

---

[57] *Cf.* infra, n° 397 et s.

diverses interrogations, et apporte le doute sur la rigueur et l'honnêteté scientifiques des tradipraticiens, les faits et leurs conséquences demeurent.

54- Certes dans notre culture, les forces surnaturelles ont une telle importance dans les conceptions que les gens se font de la santé et de la maladie que les rites religieux, invocations, de l'art de guérir traditionnel peuvent donner de bons résultats. En revanche, les risques de tromperie et de mauvaise utilisation ou de nocivité de telles méthodes sont évidents. Médicaments miracles, abus, escroquerie, ce sont là des stratégies dangereuses pour la santé que les malades accueillent malheureusement avec espoir et naïveté.

55- Au Cameroun la sorcellerie est régie par le Code pénal[58] ; mais il va sans dire qu'une intervention législative dans ce domaine si chargé d'émotivité est extrêmement difficile. Percer le secret de la sorcellerie n'est nullement le but de notre démarche. C'est la raison pour laquelle nous ferons dans notre travail abstraction de l'étude des aspects mystiques de la médecine traditionnelle ; c'est à dire de ce qu'il est convenu d'appeler "aspects irrationnels".

56- La médecine traditionnelle par la place qu'elle occupe dans le système sanitaire de notre pays, soulève quelques interrogations juridiques. En général, deux catégories de populations occupent ce terrain de discussion : ce sont les praticiens et les patients. En effet le rapport tradipraticien[59] et malade, fait naître une relation juridique aux répercussions diverses et les conséquences qui en découlent sont également génératrices de droit.

---

[58] En effet la pratique de sorcellerie est un délit pénal, punit de peines d'emprisonnement et/ou d'amende.

[59] D'après l'article 4 du projet de loi cadre de l'OMS, le terme tradipraticien de santé s'applique aux catégories professionnelles suivantes :
- tradithérapeutes,
- accoucheuses traditionnelles,
- herboristes,
- médico-droguiste.

Est « tradithérapeute », celui qui est reconnu par une collectivité donnée dans laquelle il vit, comme compétent pour diagnostiquer et dispenser des soins de santé basés sur les concepts de la maladie et des invalidités prévalant dans ladite collectivité. Les tradithérapeutes se différencient comme suit :
- phytothérapeutes : ceux qui soignent principalement par les plantes ;
- psychothérapeutes : ceux qui soignent principalement par les techniques basées sur le vécu social et les relations entre thérapeute et malade ;
- chikinésithérapeutes : ceux qui pratiquent principalement avec la main nue ou armée d'instrument, des massages ou des modifications sur le corps afin de donner ou rendre aux parties malades ou blessées leur fonction ;
- phlebotomistes : ceux qui pratiquent principalement les techniques de saignée pour soigner. Etc.

57- La science juridique moderne s'efforce de saisir, pour en rendre compte, tout ce qui est projeté dans la vie. Elle ne doit laisser aucun domaine inexploré. Dès lors la question fondamentale que nous sommes en droit de nous poser, est celle de savoir dans quelle mesure la médecine traditionnelle pourrait-elle participer du Droit médical ? En d'autres termes, comment appréhender juridiquement l'activité du tradipraticien ? Est-il possible d'intégrer la relation unissant le tradipraticien et le malade dans une forme juridique préexistante en lui appliquant ses règles et ses conséquences ?

58- Ces diverses interrogations ne sont pas sans fondements. Une telle étude est éminemment ancrée dans l'actualité de notre pays, parce que la médecine traditionnelle constitue une réelle opportunité pour la résolution des problèmes sanitaires d'où l'intérêt d'un débat étayé de considérations juridiques, mais qui présente certaines spécificités et ambiguïtés. En fait, à travers ces interrogations, ce sont les questions touchant aux aspects juridiques de l'activité du tradipraticien qui seront évoqués.

59- Le malade ne doit pas, sous prétexte d'une liberté d'exercer « l'art de guérir », être la victime de celle-ci. Des bornes, des limites doivent être posées. Mais comment doivent-elles l'être ? Faut-il opposer une obstruction systématique au risque de passer à côté d'une possibilité pour notre société d'augmenter son potentiel santé, ou bien faut-il au contraire, permettre une liberté totale au risque de faire du malade une victime de son praticien ? Une réglementation précise doit être envisagée[60].

60- On pourrait se demander pourquoi dans notre travail, nous avons envisagé la médecine traditionnelle sous forme d'une étude entre le droit commun médical français et la pratique juridique du Cameroun ? D'abord, le droit positif camerounais, a adopté en matière civile[61] et même pénale, des solutions et des principes du droit positif français. Aussi peut-on en déduire que les principes généraux du droit français ont influencé ceux du droit camerounais. C'est pourquoi une telle étude mettant en parallèle le droit et la médecine traditionnelle nous est apparue particulièrement appropriée.

61- De plus, le choix de notre sujet nous est apparu aussi approprié, parce qu'en droit camerounais, aucune réglementation spécifique n'a été prévue par le législateur en matière d'exercice de la médecine traditionnelle. De ce fait, on peut dès lors déduire que c'est le droit commun et, plus précisément les règles générales en matière de droit médical qui s'appliquent. Toutes ces considérations exigent que des précisions méthodologiques soient données.

---

[60] Dans l'attente d'une intervention du législateur, nous pensons fermement que la doctrine doit faire œuvre créatrice.

[61] Il n'existe pas de code civil camerounais ; le droit positif camerounais s'inspire totalement du code civil français. Par contre il existe un code pénal camerounais, qui contient quelques spécificités (telle par exemple la répression de la sorcellerie) par rapport au code pénal français.

62- La démarche méthodologique conditionne le travail scientifique, car la méthode éclaire les hypothèses et détermine les conclusions[62]. Dès lors, comme toute étude scientifique, celle du droit doit se conformer à une démarche méthodologique.

63- Sans avoir l'ambition de parvenir à trouver des solutions satisfaisantes à tous les problèmes juridiques qui se posent en médecine traditionnelle et d'aplanir toutes les difficultés susceptibles de surgir tout au long de notre étude, nos efforts convergeront essentiellement vers un seul but : faire un bilan des problèmes juridiques posés par cette forme de médecine et formuler quelques suggestions.

64- Au-delà de la difficulté juridique que comporte une telle étude, difficulté découlant de la nature même du sujet, il nous a semblé malgré tout judicieux de baliser le chemin, d'apporter un éclairage sur certains points obscurs et d'établir un bilan sur ce qu'il faut entendre par aspects juridiques de l'exercice de la médecine traditionnelle. Cela nous semble d'autant plus utile que ces notions seront sans nul doute appelées à prendre une place de plus en plus importante dans notre société[63]. Nous tenterons d'en faire ressortir les imperfections, les carences et les ambiguïtés et de proposer un certain nombre de remèdes ou de recommandations au niveau du droit en vigueur.

65- Notons également que l'un des graves inconvénients ou plutôt l'une des grandes lacunes du droit camerounais en matière médicale est l'absence quasi totale de moyens d'analyse sur la question qui a fait l'objet de notre étude. Nous nous efforcerons d'y remédier en portant un jugement personnel chaque fois que cela sera nécessaire, en recourant notamment aux techniques du raisonnement par analogie, *a contrario, a fortiori.* Nous nous referons également à l'importance source de droit que constituent les règles édictées par le droit français. De plus, nous tenterons d'éclairer les rares solutions proposées par la jurisprudence camerounaise pour résoudre les problèmes non prévus tant par le Code civil que par le Code pénal.

66- Sans pour autant nier que les ouvrages et les décisions de jurisprudence françaises relatifs au droit médical constituent le support essentiel de notre étude, nous les utiliserons dans la mesure où ils nous permettent de parvenir au dessein qui est la nôtre, celui d'analyser sur le plan juridique l'activité des tradipraticiens. Cette analyse présente un intérêt majeur tant pour le tradipraticien que pour le malade. Il peut sembler curieux, voire inattendu, que beaucoup de tradipraticiens ne prêtent pas une attention particulière aux obligations que leur impose l'exercice de leur profession. Pour eux, il ne s'agit là que de devoirs soumis à leur pouvoir

---

[62] *Cf.* M. KAMTO, *Pouvoir et droit en Afrique*, Paris, LGDJ, 1987, p. 47.
[63] Lorsque l'exercice de la médecine traditionnelle sera enfin réglementé.

souverain et dont le manquement ne peut engager leur responsabilité juridique. Et même les malades toujours ne savent généralement pas qu'ils ont des droits envers les tradipraticiens. En s'adressant au tradipraticien, ils croient devoir se mettre à son entière disposition. Aussi une meilleure information permettrait-elle aux tradipraticiens de prendre davantage conscience des obligations qui leur sont imposées et aux malades d'en prendre connaissance.

67- Mais il n'en demeure pas moins qu'en l'absence de régime spécifique, les textes du droit commun de la responsabilité civile, pris à la lettre, paraissent inadaptés à régir la responsabilité civile du tradipraticien. Face à cette apparente inadaptation du droit aux faits, la jurisprudence camerounaise devrait faire œuvre constructive, tant sur le fondement des textes régissant la responsabilité contractuelle, responsabilité de droit commun, que sur le fondement de ceux régissant la responsabilité délictuelle fondée sur la faute. Ce qui malheureusement n'est pas le cas. Face à cette lacune de la jurisprudence camerounaise, nous estimons que la théorie tridimensionnelle du Droit[64], telle qu'exposée par ROUBIER et, fondée sur la justice, la sécurité juridique et le progrès social devraient s'appliquer, ce d'autant qu'elle impose la recherche des intérêts en présence : ceux des membres de la profession, ceux des usagers directs, et ceux des personnes qui peuvent subir le contrecoup de l'exercice de la profession.

68- En fait la contribution à l'étude des aspects juridiques de l'exercice de la médecine traditionnelle, impose une opération de qualification consistant à faire enter des faits, en l'occurrence l'activité du tradipraticien dans des catégories élémentaires du droit. En effet, il importe de déterminer la nature de la relation qui unit les deux protagonistes afin de les classer dans l'une des catégories existantes pour définir ensuite le régime juridique qui pourrait y correspondre. La référence au droit commun n'est certes pas exempte de critique, car un rattachement systématique à des mécanismes juridiques connus risque parfois de conduire à la déformation de ces derniers.

69- Quoi qu'il en soit, l'analyse des relations qui se forment au titre de la médecine traditionnelle peut s'effectuer par référence au droit commun et, malgré une réelle dissociation entre les deux pratiques, par référence à l'activité médicale courante. Tout bien considéré, les règles de droit édictées dans le domaine médical en général, traduisent en réalité une application particulière du droit commun. Après avoir dans un premier temps, essayé de cerner malgré sa complexité, la nature juridique de la relation qui unit le

---

[64] *Cf.* P. ROUBIER, *Théorie générale du droit. Histoire des doctrines juridiques et philosophiques des valeurs sociales*, 2è éd., Paris, Sirey, 1951

tradipraticien au patient (première partie), il sera légitime de se demander dans un deuxième temps, quelles sont les règles juridiques qui pourraient régir les incidents nés de la relation entre le tradipraticien et le patient (deuxième partie).

PREMIÈRE PARTIE

LA NATURE JURIDIQUE COMPLEXE DE LA RELATION LIANT LE TRADIPRATICIEN AU PATIENT

« *Aucun système juridique ne peut renoncer à utiliser des concepts généraux, sans quoi, il ne serait pas en mesure de maîtriser la très grande variété des situations de faits qui peuvent se présenter* ».

C. PERELMAN, *L'usage et l'abus des notions confuses, le raisonnable et le déraisonnable, au-delà du positivisme juridique,* LGDJ, 1984, p.163.

70- Nul ne conteste que la vie sociale prend forme par le fait des personnes, c'est-à-dire des volontés agissantes, que la vie contraint à des constants rapports entre elles. Rapports dont la complexité et l'ampleur sont fonction du degré d'évolution de la société à laquelle ces personnes appartiennent.[65] Pour vivre, ces personnes se livrent à des activités à l'occasion desquelles des contacts, des liaisons s'établissent avec autrui, tel par exemple l'exercice de la médecine traditionnelle, où le tradipraticien non seulement prescrit un traitement, mais en même temps vend les produits traditionnels qu'il prescrit lui-même et qui sont destinés à soigner le mal « diagnostiqué » par lui. Autant d'actes accomplis et desquels résultent nécessairement des liens juridiques avec autrui.

71- Le droit constitue un moyen essentiel et indispensable d'organisation de la vie sociale, il a pour fonction de guider et de contrôler l'activité humaine, tant par l'interdiction de certains actes que par l'imposition de certains autres.[66] Et, aux situations juridiques qui lui sont soumises, le juge doit donner une solution : il ne peut refuser de le faire sous prétexte du silence, de l'obscurité ou de l'insuffisance de la loi[67]. Dès lors, le juge n'a d'autres ressources que d'adapter les textes aux faits qui lui sont soumis, en interprétant la loi et au besoin en comblant ses lacunes. Celles-ci sont d'autant plus à prévoir que la loi, comme toute disposition écrite, est statique, en tout cas d'une élasticité relative ; alors que les besoins sociaux évoluent. C'est au juge qu'il incombe d'adapter la loi aux situations nouvelles, comme à celles qui n'ont pas été explicitement prévues par elle. Ceci est d'autant plus vrai que, le Code civil n'avait pas consacré spécialement un texte à la responsabilité médicale ; en conséquence, les tribunaux ont dû se livrer à un travail d'interprétation des textes généraux et ont élaboré des solutions appropriées aux problèmes soulevés tant par l'évolution de la médecine que par l'application des règles de la responsabilité classique, en les adaptant à celle-ci.[68] Tel est ce que nous suggérons au juge camerounais. Mais il doit le faire en tenant compte des spécificités de la médecine traditionnelle.

72- Relevons que la relation étudiée n'étant soumise à aucune législation spécifique doit par conséquent relever du droit commun ; c'est-à-dire du

---

[65] *Cf.* A. FAUTSH, *Manuel de Droit privé et public* ; coll. Eléments de Droit ; 3è éd. 1960 ; p. 5.

[66] *Cf.* A. FAUTSH, op. cit. p. 6.

[67] Ce principe est consacré par l'article 4 du code civil, qui déclare coupable de forfaiture, le magistrat qui, arguant de ces motifs, refuserait de juger.

[68] Cf. Arrêt Mercier ; Cass. Civ., 20 mars 1936, D.P. 1936. I.88, concl. MATTER, rapp. JOSSSERAND. S. 1937 I. 312, note BRETON-CAPITANT ; Les grands arrêts de la jurisprudence civile, H. CAPITANT, F. TERRE et Y. LEQUETTE, Dalloz, 10è éd. ; 1994 ; p. 402, n° 93 ; Gaz. Pal. 1936. 2. 41.

régime édicté par le Code civil à l'égard de toutes les personnes qui causent un dommage à autrui. La médecine traditionnelle comporte dans sa réalisation, une multitude d'opérations dont la complexité n'a d'égale que la diversité. Deux principales personnes se trouvent impliquées dans cette activité de soins, créant des rapports juridiques particuliers.

73- Dès lors, une première analyse doit être faite afin de déterminer la nature juridique de la relation qui lie le tradipraticien au patient qui le consulte ; nature juridique caractérisée comme on le constatera tout au long de cette étude par sa complexité. En fait, il s'agit d'un essai de qualification juridique de la relation liant le tradipraticien au patient. (**Titre I**). En effet cette relation constitue l'axe central autour duquel viendront se greffer d'innombrables rapports de droit. Dans une seconde analyse, la détermination des conditions de validité de cette relation (**Titre II**) révélera également l'existence d'une multitude de rapports juridiques.

74- Un tel cheminement, seul, permettra de démontrer l'existence de liens de droit de prime abord difficilement décelables, et de leur attribuer une qualification juridique adéquate.

TITRE 1

L'ESSAI DE QUALIFICATION DE LA RELATION LIANT LE TRADIPRATICIEN AU PATIENT

75- Si la plupart des actes accomplis par le tradipraticien n'entraînent pas de difficultés particulières et ne nécessitent pas une solution contentieuse, ils produisent en tout cas des effets qui se coulent dans un moule juridique et qui sont susceptibles d'analyse et d'interprétation selon des règles juridiques. Il en va ainsi du rapport liant le tradipraticien et son client, le malade. Bien qu'il soit considéré, avant tout, comme un rapport humain où deux personnes apportent l'une à l'autre les éléments les plus intimes de leur personnalité : le malade sollicite du guérisseur traditionnel un secours humain et ce qu'offre ce dernier, ce sont ses connaissances et surtout ses aptitudes thérapeutiques.

76- L'analyse des rapports de droit qui lient le tradipraticien au patient conduit à étudier une relation bilatérale assez complexe.[69] Toutefois, l'individualisation de la relation qui se forme entre le tradipraticien et son patient, et qui marque l'émergence de nouveaux rapports de droit, devrait permettre de mieux comprendre l'évolution plus générale de la nature juridique de cette relation thérapeutique. Le souci de protection[70] des personnes ayant recours à la médecine traditionnelle justifie une telle démarche pour la détermination de la nature juridique de la relation étudiée.

77- Du fait du particularisme de la relation unissant le tradipraticien au patient, les différents rapports de droit qu'elle engendre n'entrent pas toujours dans le moule des relations médicales classiques ; et ne peuvent pas tous être régis par les règles de responsabilité applicables à l'activité médicale. Par conséquent, l'étude de la spécificité de la relation étudiée impose une opération de qualification consistant à faire entrer des faits en l'occurrence les actes nés de la médecine traditionnelle dans des catégories élémentaires du droit.

---

[69] Toute la difficulté réside dans l'absence de moyens d'analyse, que pourraient constituer un texte national, portant réglementation de l'exercice de cette forme de médecine.

[70] Il est ici question non seulement de la protection des personnes qui se prêtent à la médecine traditionnelle en tant que patients, mais également de la protection juridique des tradipraticiens qui ne doivent pas tomber sous le coup des condamnations arbitraires du seul fait de l'exercice de la médecine traditionnelle.

78- La mise en évidence de la nature juridique de la relation unissant le tradipraticien à son patient présente un intérêt non négligeable[71], contrairement aux apparences hautement trompeuses en ce domaine[72]. En effet l'analyse proposée permettra une critique constructive du régime de responsabilité actuellement appliqué relativement à la médecine traditionnelle, tout en la complétant. En effet la détermination de la nature juridique de relation existant entre le tradipraticien et son patient engendrera nécessairement l'apparition de responsabilités multiples[73].

79- Les références plus ou moins explicites au droit médical classique et au droit commun apporteront une aide substantielle pour la détermination de la nature juridique de la relation étudiée. Dès lors la recherche de qualification juridique de la relation liant le tradipraticien au patient, nous conduira dans un premier temps à démontrer que la nature juridique de la relation unissant le tradipraticien au patient est nécessairement et probablement contractuelle (**CHAPITRE I**), et dans un second temps, il s'agira de procéder à l'identification de cette relation (**CHAPITRE II**).

---

[71] Le principal intérêt tient au bouleversement que la reconnaissance du statut du tradipraticien et surtout de la relation contractuelle le liant à son patient est susceptible d'apporter à l'ordonnancement juridique des différentes actions en responsabilité.

[72] L'approche pourrait s'avérer inutile au regard des réticences liées jadis et même encore aujourd'hui à l'exercice de la médecine traditionnelle. De même il convient de relever que l'obligation d'assumer les conséquences dommageables de ses actes à la charge du tradipraticien ne résulte pas, au regard de l'exposé des motifs des jugements rendus à cet effet, de l'existence d'une quelconque relation avec son patient, mais paraît s'attacher à sa seule qualité de tradipraticien.

[73] La relation tradipraticien-patient peut être émaillée de multiples incidents confrontant l'un et l'autre protagoniste avec les règles de droit qui les régissent.

CHAPITRE 1

LA NATURE JURIDIQUE NÉCESSAIREMENT CONTRACTUELLE DE LA RELATION LIANT LE TRADIPRATICIEN AU PATIENT

80- La relation soignant - soigné qui est essentielle dans toute pratique médicale est très souvent occultée lorsqu'il s'agit de la médecine traditionnelle. Tout se passe comme si la question de l'efficacité biologique de ces méthodes engendrait un débat manichéen entre leurs défenseurs et leurs détracteurs. La relation thérapeutique, quels que soient les protagonistes en cause, - médecine moderne ou médecine traditionnelle - met en présence deux personnes qui possèdent des attributs complexes qui font un être humain. Ils sont corps biologique - avec toute la difficulté de définir ce concept -, membre d'un autre corps social, mais ils sont aussi sujets de droit.

81- Aucun auteur n'ayant jusqu'ici abordé le délicat problème de la détermination de la nature juridique de la relation née de la médecine traditionnelle[74], un sentiment de prudence doit dominer la question de la qualification de la nature juridique de la relation étudiée. Cette attitude de prudence s'explique essentiellement par le fait qu'aucune disposition légale n'évoque expressément le problème. De plus, la situation ne saurait être clarifiée par l'analyse d'une jurisprudence camerounaise qui se révèle peu abondante dans ce domaine et très souvent confuse[75]. Les quelques rares décisions rendues et relatives à la médecine traditionnelle sont difficilement exploitables à ce stade du développement dans la mesure où elles ne concernent pas directement la relation qui unit le tradipraticien au patient.

82- La loi viendra sûrement organiser les activités des tradipraticiens en établissant les conditions afférentes à l'exercice de la médecine traditionnelle, en définissant également le statut de ses acteurs, et en organisant les relations entre praticien et patient. Mais en attendant, les

---

74 Quelques auteurs ont fait des recherches sur la médecine traditionnelle et le Droit, mais seulement dans le cadre de la réglementation, ou sur certains autres aspects juridiques de celle-ci, sans apporter de qualification juridique à la relation unissant le tradipraticien et le patient.

75 La plupart des litiges relatifs à la médecine traditionnelle sont qualifiés par le juge de pratiques de sorcellerie. Nous pensons qu'il s'agit là d'un amalgame malheureux. En effet le juge doit pouvoir distinguer dans les actes du tradipraticien, ceux qui relèvent de l'irrationnel et ceux qui ne le sont pas.

travaux et opinions doctrinaux pourraient être le déclic et susciter une prise de conscience de la nécessité de réglementer très rapidement la médecine traditionnelle, compte tenu des problèmes qu'elle engendre. Face à cette carence législative, la tâche s'avère difficile. Pourtant malgré cette difficulté, la recherche de la nature juridique de la relation étudiée s'impose.

83- Dans cette optique de qualification de la nature juridique de la relation existant entre le tradipraticien et son malade, nous nous attacherons dans un premier temps, à mettre en évidence l'accord de volontés qui existe entre les deux parties (Section 1). Cet accord de volontés ayant pour effet logique la création d'obligations réciproques à la charge de chacune d'elle (Section 2). Une telle démarche permettra in fine de caractériser ce qui semble bien constituer une relation contractuelle à part entière.

SECTION 1 : L'ACCORD DE VOLONTÉS ENTRE LE TRADIPRATICIEN ET LE PATIENT

84- Selon l'analyse classique, le cœur de toute convention est l'accord de volontés qui en détermine la teneur. L'accord de volontés est constitué par le consentement commun aux deux parties ; l'accord de volontés le plus répandu et le plus instantané est celui qui n'a pas été précédé de négociations.

85- Le principal interlocuteur du patient est le tradipraticien avec qui s'effectue une prise de contact à l'occasion de leur rencontre. Les notions de consultation et même de diagnostic ont aussi leur importance en médecine traditionnelle, et recourent parfois aux techniques et aux méthodes d'approche ayant quelquefois leurs correspondants en médecine moderne ou conventionnelle. À ce propos M. DEMBELE[76] soutient que, « *dans la pratique thérapeutique traditionnelle, la place accordée à la personne humaine avec toutes ses composantes est d'une grande importance. Cette valeur a amené certains spécialistes à affirmer qu'elle est le pilier de la médecine traditionnelle. Souvent le diagnostic nécessite un long entretien qui permet au patient de s'extérioriser. Ce qui est demandé au malade c'est de parler de son état en n'omettant rien des détails en apparence les plus anodins, et le thérapeute de comprendre la dynamique de la maladie depuis son apparition jusqu'à sa transformation actuelle* ». Au plan thérapeutique, certains auteurs soutiennent que « *le thérapeute est le contenant du médicament* »[77] ; s'il n'établit pas une bonne relation fondée sur le dialogue et l'écoute, son action thérapeutique sera inutile parce qu'entachée d'incompréhension et d'indifférence.

---

[76] *Cf.* S. DEMBELE, « Recherche sur la réglementation de la médecine traditionnelle en Afrique noire » ; thèse Droit de la santé, Bordeaux 1, 1997, p.47 et s.

[77] *Cf.* L.J. KITENGE, « Collaboration entre médecins et tradipraticiens, Mémoire Santé et Développement », Bordeaux 2, 1982, p. 13.

86- Dès lors, l'écoute du patient, l'étude de la signification des phases et des périodes morbides sont les concepts cardinaux des soins, tandis que son instrument consiste dans une individualisation médicinale qui s'efforce d'être adéquate. Le diagnostic peut être effectué au moyen de l'iridologie, l'iris de l'œil considéré comme le reflet de tout l'organisme, de la chirologie qui est l'étude non seulement des lignes de la main, mais aussi de l'état des ongles. Le diagnostic peut également être effectué au moyen de l'analyse de la couleur des urines.

87- De toute évidence, un échange de consentement semble intervenir dans cette rencontre entre tradipraticien et malade (§1) ; et l'étude de la portée des consentements échangés (§2) permettra de confirmer le caractère contractuel de l'accord de volontés ainsi défini.

§1. L'ÉCHANGE DES CONSENTEMENTS ENTRE TRADIPRATICIEN ET PATIENT

88- La mise en évidence de l'effectivité d'un échange de consentement entre le tradipraticien et son patient (B), entendu au sens contractuel du terme implique avant toute chose que soient exposés les préalables à cet échange de consentements (A).

A- LES PRÉALABLES À L'ÉCHANGE DES CONSENTEMENTS CONTRACTUELS

89- D'emblée l'on pourrait croire qu'il n'existe aucune relation entre le tradipraticien et le patient qui le consulte et qu'il n'y a pas d'accord entre eux. Certaines considérations méritent d'être prises en compte en ce qu'elles conduisent à déterminer le caractère (1) de cette relation, et à asseoir son fondement contractuel de droit privé (2).

1- Le caractère de la relation

90- Une observation hâtive pourrait laisser penser que le patient qui va chez le tradipraticien le fait peut-être par une sorte d'habitude ou pour quelques raisons encore, sans qu'il y ait un quelconque acte juridique. En effet nous convenons avec L. KORNPROBST[78], que « chacun fait quotidiennement du droit sans s'en rendre compte ».

91- Quoi qu'il en soit, cette relation est bel et bien une relation de personne à personne établie sur le mode de droit privé, dans la mesure où la plupart des soins se pratiquent au sein des « cabinets » privés[79]. En effet la médecine traditionnelle est effectuée dans un environnement exclusivement

---

[78] *Cf.* L. KORNPROBST, *Le contrat de soins médicaux*, Paris, Sirey, 1960.

[79] Généralement ils disposent dans leur concession d'une salle destinée aux consultations et pour certains, d'une salle destinée aux malades qui suivent leurs traitements sur place ; permettant ainsi au praticien de suivre l'évolution de la maladie.

privé[80], et c'est une activité qui relève bien d'une personne privée. En principe, l'exécution de soins en médecine traditionnelle est intégralement prise en charge par le tradipraticien, personne privée.

92- L'organisation générale de la médecine traditionnelle montre que les « cabinets » de soin privés exercent de loin, le monopole en ce domaine puisque toute l'activité découle de l'initiative privée. De plus en plus aujourd'hui, on constate que cette activité repose sur des préoccupations de profit et de rentabilité financière. Bien que n'étant pas la raison d'être et la motivation de la plupart de ses praticiens[81], on constate qu'ils tirent leur subsistance de l'exercice privé de leur activité. Le législateur doit dès lors tirer toutes les conséquences d'une telle situation en édifiant un bloc de compétence judiciaire pour toute action en indemnité des dommages résultant de la médecine traditionnelle. Il n'est pas excessif de penser à la souscription obligatoire d'une assurance responsabilité civile, couvrant les actes dommageables des praticiens traditionnels de santé.

93- La démonstration réalisée incline à penser que l'activité du tradipraticien est d'utilité publique[82] et possède un caractère privé, y compris lorsqu'elle se pratique dans un établissement public. En principe, le patient hospitalisé dans un hôpital public a un statut public. Or le patient retenu pour des besoins de soins et de surveillance chez son tradipraticien ne saurait être assimilé au malade hospitalisé dans un service hospitalier public. Par voie de conséquence, cette relation engendre essentiellement la création de relations de droit privé telles que celles liant directement le tradipraticien au patient.

94- La nécessité de l'intervention du législateur dans la réglementation de l'exercice de la médecine traditionnelle et notamment dans la réglementation des relations entre le tradipraticien et le patient ne saurait être niée. Cependant, la confusion avec une situation statutaire publique pourrait certainement être déduite de cette intervention du législateur. Mais une telle réflexion repose sur de simples spéculations intellectuelles, qui consistent à faire référence à la réglementation à laquelle les relations sont soumises, et non comme il se doit, à leur objet, pour déterminer si leur nature est d'ordre public ou privé. La médecine traditionnelle fait participer des personnes privées et il se forme des relations de droit privé ; par conséquent, même si cette activité venait à être réglementée - tel est d'ailleurs notre souhait - même si ses dispositions étaient intégrées dans un code, ce contenant de nature publique, ne saurait dissimuler le contenu même de cette

---

[80] Mis à part les tradipraticiens qui dans le cadre de la collaboration avec les médecins disposent d'un bureau de consultation et de soins à l'hôpital central de Yaoundé et à l'hôpital régional de Maroua.

[81] En effet certains travaillent encore gratuitement, mais il faut avouer qu'ils se font de plus en plus rares.

[82] *Cf.* infra n° 502.

réglementation qui au fond, traitera de matières d'ordre privé, confirmant ainsi la qualification contractuelle de droit privé.

2- L'affirmation de la qualification contractuelle de droit privé

95- S'il y a manifestement un échange de volontés entre le tradipraticien et son patient, une opération de qualification juridique de cet accord de volontés s'impose afin de parvenir à mettre en évidence sa nature contractuelle. Peut-on appréhender séparément les accords du tradipraticien et du malade en leur refusant tout caractère de réciprocité ? Peut-on estimer qu'il se forme plutôt une succession d'actes juridiques unilatéraux n'ayant *a priori* aucun lien entre eux, en supposant que la volonté du tradipraticien qui prodigue des soins et celle du patient qui souhaite en obtenir sont dans des actes juridiques distincts ?

96- En fait, l'interprétation qui pourrait voir dans la possibilité qu'a le patient d'interrompre son consentement à tout moment, la preuve évidente d'une absence de caractère obligatoire de l'engagement initial, conduit tout naturellement sur le terrain de l'acte juridique unilatéral[83] et tendrait naturellement à nier l'existence d'un tel caractère. Or si chacune des parties s'engage à se soumettre aux soins pour l'une et l'effectuer pour l'autre, n'y a-t-il pas une volonté commune et une connexité d'objet dans la réalisation de ces soins ?

97- Des droits et obligations naissent d'actes juridiques isolés par lesquels s'expriment d'un côté la volonté de prodiguer les soins et de l'autre la volonté de s'y soumettre. Absolument rien ne s'oppose alors à ce que les droits et obligations soient fondus dans un acte juridique unique qui soit à même de contenir l'accord de volontés qui s'est manifestement établi. Loin de s'engager chacun de son côté, tradipraticien et patient échangent leur consentement et s'obligent l'un à l'égard de l'autre, devenant ainsi réciproquement créancier et débiteur. Un certain nombre de questions méritent d'être posées en ce qu'elles conduisent aussi à se demander s'il y a effectivement un échange des consentements.

B- L'EFFECTIVITÉ DE L'ÉCHANGE DE CONSENTEMENTS ENTRE LE TRADIPRATICIEN ET SON PATIENT

98- Il peut exister quelques réticences à admettre qu'il se produit un échange de consentements entre le tradipraticien[84] et son malade, futur consommateur, et qu'il se forme par conséquent, une relation contractuelle

---

[83] *Cf.* C. LAROUMET, Le contrat, p.74 n° 86 et s ; B STARCK, H. ROLAND, L. BOYER, Le contrat, p. 20et s ; n° 62 et s.

[84] Les tradipraticiens apparaissent en même temps comme des soignants et des pharmaciens ; en effet ils détiennent presque toujours une « pharmacie » traditionnelle d'où proviennent les produits qu'ils vendent aux patients et qui sont destinés à soigner le mal qu'ils ont diagnostiqué.

directe entre les deux parties. En effet, une certaine vision de la médecine traditionnelle peut conduire à nier l'existence d'un quelconque échange de consentements entre le tradipraticien et le patient, la rencontre de leurs volontés n'étant à aucun moment établie. L'existence d'une convention de soin relative à la médecine traditionnelle implique nécessairement que le consentement du patient ait été donné. Cette manifestation de volonté doit aussi nécessairement rencontrer celle du tradipraticien pour qu'il y ait contrat. Il convient d'établir en premier lieu, l'existence de consentements entendus au sens contractuel du terme (1), et en second lieu, de définir et de repousser les limites potentielles qui pourraient être apportées à cette existence (2).

1- L'existence de consentements contractuels

99- La difficulté provient surtout de l'absence de loi, qui aurait pu imposer expressément une forme contractuelle à la relation étudiée, en précisant par exemple l'étendue de l'engagement de chaque partie[85]. Quoi qu'il en soit, la qualification avancée loin de se déduire des termes de la loi provient de l'interprétation des faits constatés lors des investigations sur le terrain. Aussi, afin de démonter qu'il s'agit bien de consentements au sens couramment entendu par le droit commun, il convient de mettre en évidence l'ensemble des faits qui tendent à confirmer leur existence.

100- Le consentement initial du patient, indispensable à la formation du contrat de soin, se traduit par l'appel de ce dernier au tradipraticien, très souvent comme c'est le cas, pour une consultation au « cabinet » de celui-ci. Le contrat est formé dès que le guérisseur accepte de prodiguer les soins. Le contrat de soins liant les deux parties est donc un contrat consensuel. Il est parfait dès l'échange des consentements, sans qu'aucune condition de forme ne soit nécessaire. L'échange de parole entre le soignant et le soigné passe toujours par un défilé de présentation, de plaintes – *« j'ai mal là, j'ai tel problème » -, de symptôme - « vous devez avoir telle chose » - et de médicaments - « vous prendrez telle mixture, tant de fois par jour et pendant tel nombre de jours »* -.

101- En effet en vertu du dogme de l'autonomie de la volonté, en matière de contrat, c'est le principe de la liberté contractuelle qui s'impose. Les parties peuvent exprimer leur volonté selon le mode qui leur convient. La volonté n'a nul besoin d'être coulée dans des formes ou formules déterminées par la loi.

102- Dès que les parties sont d'accord, il suffit, en application du principe du consensualisme, d'une manifestation extérieure de leur volonté, même si

[85] Cette situation n'est pas non plus tranchée par la jurisprudence ; et cette pénurie de décisions spécifiques dans ce cadre n'est pas propre à offrir des éléments de réponses.

celle-ci est implicite[86]. Confirmant tacitement ce principe, l'article 1108 du Code civil a énuméré limitativement les quatre conditions qui sont nécessaires pour la validité du contrat et n'a exigé aucune forme spéciale[87]. En l'absence de texte exprès exigeant une forme spéciale, on peut considérer le contrat de soin liant le tradipraticien et le patient comme un contrat consensuel[88]. Aucun écrit ne peut être exigé pour sa validité. Il se forme simplement par la rencontre de volontés des deux parties. Le patient peut exprimer son consentement au moment où il va rencontrer le tradipraticien pour solliciter des soins. Le tradipraticien reçoit l'accord de la personne malade, il reçoit en fait une réponse en retour de son offre de soin. Il s'agit en fait d'une réponse à la sollicitation du tradipraticien qui fait une offre en informant le public à travers des pancartes ou affiches ou des tracts qu'il est capable de soigner telle ou telle maladie ; il demande en quelque sorte aux éventuels malades de le consulter.

103- Le terme consentement dans ce cas, peut sembler inadéquat, car il rend compte en principe d'un modèle où la volonté est efficiente, où s'établit un accord juridique qui lie les parties et produit des effets de droit. En l'espèce, le consentement de la personne malade n'est pas l'expression d'une volonté créatrice d'une relation entre les deux parties, mais une condition dont la fonction est d'autoriser le geste que pratiquera le tradipraticien. L'on pourrait croire que ce consentement n'équivaut pas à un échange de volontés créateur d'un rapport de droit. Une telle attitude de négation de l'existence de consentement, et donc d'un contrat liant le tradipraticien au patient, reposerait sur de simples spéculations intellectuelles. Les qualifications juridiques retenues dans le raisonnement précédent paraissent totalement justifiées. Il s'agit d'attribuer à ce terme sa signification juridique réelle. Effectivement derrière cette adhésion à une sollicitation se cachent en réalité les notions d'offre et d'acceptation[89]. Il y a bien en l'espèce, à la fois une manifestation de volonté de chacune des parties. Le tradipraticien révèle ses compétences et souhaite prodiguer des soins, le patient quant à lui souhaite recevoir des soins ou mieux souhaite être soulagé d'un mal qui le ronge ; et entre les deux, il y a un accord de volontés. Les parties s'entendent sur les différentes obligations qu'elles s'engagent à observer pendant le traitement. Il y a donc un accord de volontés sur des propositions d'une des parties, accord qui forme le contrat. Le tradipraticien, qui s'est vu proposer par le

---

[86] *Cf.* A. WEILL et F. TERRE, *Les obligations*, p. 54, n° 55 ; dans le même sens *cf.* aussi J. GHESTIN, Traité de droit civil, La formation du contrat, Paris, LGDJ, 1993, p. 36, n° 48.

[87] Le principe demeure celui du consensualisme, cependant le formalisme est de plus en plus souvent imposé surtout dans les contrats solennels, qui ne sont valables que si certaines formalités sont respectées.

[88] Sur la notion de contrat consensuel, cf., F. TERRE, Ph. SIMLER, et Y. LEQUETTE, *Les obligations*, p. 138 et s. N° 128 et s.

[89] Cf. AUBERT, Notion et rôle de l'offre et de l'acceptation dans la formation du contrat, 1970.

patient de rentrer dans les soins ou plutôt d'être soigné de son mal, va accepter son offre.

104- À l'évidence, notons que la détermination des auteurs respectifs de l'offre et de l'acceptation ne présente aucune difficulté : l'offre de participer au soin est émise par le patient et fait l'objet de l'acceptation émise par le tradipraticien. L'opération se traduit concrètement par un échange de parole entre les deux parties ; l'offre et l'acceptation se manifestent par cette parole donnée. Il s'agit bien d'une offre au sens contractuel du terme et elle présente d'ailleurs tous les caractères traditionnels.

105- Il reste qu'une telle analyse n'est pas exempte de critiques, plus ou moins fondées, qui sont susceptibles de constituer des limites à l'existence des consentements contractuels ainsi définis.

2- Les limites à l'existence de consentements contractuels

106- La principale limite émane de situations bien précises dans lesquelles la nature contractuelle de la relation est remise en question du fait de l'inexistence apparente du consentement de l'une des parties, en l'occurrence le patient. La deuxième limite est d'ordre plus général, puisqu'elle résulte de l'interrogation suivante : l'échange de consentements constitue-t-il en médecine traditionnelle véritablement la source des engagements des parties alors même que ceux-ci doivent être d'origine légale ?

107- Les hypothèses d'absence de consentement aux soins prodigués par le tradipraticien doivent être évoquées dans ce cas particulier où les soins se déroulent sans que le consentement du patient ou d'un tiers ait pu être recueilli. En considérant le consentement comme élément constitutif du contrat[90] de soin liant le patient au tradipraticien, l'on pourrait penser qu'aucun rapport contractuel ne peut alors se former dans ce cas. L'hypothèse visée est celle d'un soin mis en œuvre dans des situations d'urgence, sans que le consentement de l'intéressé ou de sa famille ait été recueilli. Le problème est ici de savoir s'il s'agit effectivement d'un cas d'absence de consentement.

108- Afin d'éclairer la présente démonstration, il serait intéressant que nous la rapprochions d'une situation qui présente une similitude de raisonnement ; il s'agit en fait de la ramener au domaine médical classique : Une personne inanimée a besoin de soins de toute urgence, sa famille ne peut être consultée par manque temps. Y a-t-il en pareil cas, une absence réelle et totale de volonté ? Le médecin manifeste sa volonté de sauver

---

[90] En effet, le consentement est la première condition d'existence d'un rapport contractuel, c'est la volonté de chacune des parties de se lier envers l'autre en vertu du contrat. Il n'y a pas de contrat sans consentement parce que le contrat est une œuvre de volonté.

l'individu qui lui, ne peut manifester pareillement son opinion, gardant le silence pourrait-on dire, contre sa volonté, car l'on suppose que s'il pouvait s'exprimer, il souhaiterait que sa vie soit sauvée par les soins du médecin. Il est possible d'estimer que la volonté du malade, son consentement, est implicite, résultant d'un silence circonstancié d'où l'on peut déduire cette volonté. Le non-recueil de consentement et l'ensemble de ce raisonnement dans les situations d'urgence sont fondés à la fois sur l'intérêt du malade et sur l'obligation générale de sauver l'individu[91]. Le malade s'exprimera dès qu'il le pourra et légitimera rétroactivement, ou ratifiera, son engagement présumé. Il est une sorte de « cocontractant à venir »[92]. Son consentement dans ce cas est donc différé.

109- Appliquée à la médecine traditionnelle, sur les malades en situation d'urgence - ceci d'autant que dans les zones éloignées des centres de santé modernes, la seule personne accessible et à, même d'apporter les premiers soins, c'est le tradipraticien – il découle de cette réflexion qu'une convention de soin s'établit bien en ce cas, convention certes incomplète puisqu'elle devra être ratifiée par le malade dès qu'il sera en état de le faire. Dans de telles hypothèses, nous pensons que le consentement est effectivement présumé, mais également différé. Cette solution est alors conforme au droit commun : si le principe est que le silence ne vaut pas acceptation, la solution contraire se rencontre, par exception, lorsque l'offre est faite dans l'intérêt exclusif de la personne qui n'est pas matériellement ou physiquement en situation de consentir expressément et personnellement. Son destinataire est alors présumé l'avoir acceptée.

110- Certes, en l'occurrence, cette façon de voir est critiquable[93], dans la mesure où elle conduit finalement à présumer l'existence d'une volonté pour le moins artificielle. Il est effectivement difficile d'admettre qu'une valeur déclarative puisse être donnée à un comportement passif en présumant l'existence d'un consentement dans des circonstances dans lesquelles il est impossible à la personne d'exprimer sa volonté.

111- Pour nous, la solution s'avère encore plus contestable lorsque l'acceptation est déduite du silence d'une personne qui n'a même pas eu connaissance de l'existence de l'offre ; parce que malade et incapable d'exprimer sa volonté. Une telle situation se rencontre essentiellement dans l'hypothèse de convention d'assistance bénévole pour laquelle la Cour de cassation française a cependant estimé que malgré le silence de la personne

---

[91] En ce sens, cf. le nouvel art. 16-3 al.2 du code civil français, issu de la loi du 29 juillet 1994 relative au respect du corps humain.

[92] M.H. PARIZEAU, *Le consentement, en pratique, Médecine et hygiène*, 1986, n°44.

[93] Req. 28 mars 1938 D.P. 1939.I.5 (en l'espèce, un locataire est jugé avoir accepté l'offre de remise partielle de son loyer que lui a faite son bailleur) ; civ. 1ère, 16 avril 1996, B n° 181, Def. 1996, 1013, RTDC 1996, 894.

blessée, inconsciente, son acceptation devait être présumée, l'offre de secours étant faite dans son intérêt exclusif[94]. Les circonstances étant analogues lors de la mise en œuvre des soins en médecine traditionnelle et en situation d'urgence, la solution retenue par la Cour de cassation française pourrait bien être appliquée en ce domaine.

112- Face aux critiques précédemment énoncées, l'hypothèse énoncée se justifie cependant par le fait que le raisonnement auquel elle donne lieu ne paraît juridiquement acceptable que si l'intérêt de la personne se révèle suffisamment important pour qu'il soit possible d'estimer que si ladite personne avait été apte à s'exprimer, elle aurait certainement donné son accord pour l'intervention. Tout dépend alors de la nature juridique de l'intérêt qui est en jeu. Elle est parfaitement acceptable lorsque l'intérêt est d'ordre extra patrimonial. Il n'est absolument pas choquant de présumer l'existence du consentement d'une personne lorsqu'il y va de sa santé, voire de sa vie, d'accepter l'offre de soin qui lui est faite.

113- De toute évidence, semblables circonstances pourraient se rencontrer en cas de soins entrepris en situation d'urgence, mais encore faut-il qu'elles se réalisent dans le seul intérêt de la personne malade. Il reste que deux objections peuvent être encore opposées à l'application de cette solution jurisprudentielle aux hypothèses de soins médicaux traditionnels en situation d'urgence.

114- En effet, il ne saurait être possible d'évoquer véritablement, en cette occurrence, un intérêt exclusif de la personne qui suppose en principe qu'il ne puisse résulter de la convention aucune charge d'aucune sorte pour elle. Or le patient va devoir dans certains cas, supporter certaines contraintes inhérentes aux soins, telles que s'astreindre à certaines obligations de faire ou de ne pas faire, en modifiant par exemple son mode de vie le temps du traitement. Si un échange de consentement est effectivement établi et conduit à la formation de cette convention[95], nous estimons à l'évidence que cet échange de consentement suppose bien implicitement une forme contractuelle.

115- De la nécessité de l'existence du consentement du patient pour la formation du contrat de soin, il résulte que ce contrat est nul lorsque son consentement fait défaut. Dans certains cas, la volonté exprimée par le patient au moment de la formation de la convention de soin pourra n'avoir aucune efficacité juridique du fait de l'absence de discernement et de conscience. Le contrat de soin est alors entaché de nullité pour défaut de consentement. La nullité du contrat de soin pour défaut de consentement du

---

[94] Civ. 1ère, 1er déc. 1969 et les notes critiques au D. 1970, 422 ; JCP 1970. II. 16445. Cf. aussi Soc., 21 juil 1986, B n° 421 ; Civ. 1ère, 10 oct. 1995, RTDC, 1996, 895.

[95] *Cf.* supra, n° 100 et s.

patient lors de sa formation couvre toute situation dans laquelle le patient, bien que possédant la capacité juridique selon les règles du droit commun, se trouve lors de la conclusion du contrat dans une situation ne lui permettant pas de se rendre compte de ce qu'il fait, parce qu'il n'est pas en possession de toutes ses facultés mentales ; le consentement donné par un tel patient n'a aucune efficacité juridique.

116- En effet il se trouve lors de la formation de cette convention de soin, dépourvu de la capacité juridique. La nullité du contrat résulte, au moins d'une manière théorique, de l'absence non du consentement, mais de l'absence de la capacité juridique nécessaire pour la validité du contrat et ce, même si en général, on peut constater que l'incapacité juridique de la personne résulte en réalité, de son incapacité à consentir ou à exprimer sa volonté. Il en est ainsi, des malades mentaux prenant des soins psychiatriques chez un tradipraticien, ou de très jeunes enfants qui ne sont pas encore parvenus à l'âge de raison. C'est pourquoi, on estime que le défaut de consentement est présumé lorsqu'il y a incapacité légale[96]. La nullité du contrat pour défaut de consentement dans ce cas de figure se produit dans deux hypothèses :

117- D'abord, en application des règles du Code civil, la nullité du contrat pour défaut de consentement peut être invoquée à l'égard d'une personne ayant la capacité juridique de conclure des actes juridiques, mais atteinte d'une altération de ses facultés mentales. C'est le cas du majeur ou du mineur émancipé[97] qui souffre d'une maladie mentale, mais qui n'a pas encore été placé sous un régime légal de protection. Bien qu'elle soit juridiquement capable de conclure un contrat de soin, cette personne se trouve dans un état de totale inconscience, ce qui a pour effet de priver de toute valeur juridique la volonté exprimée lors de la formation de ce contrat.

118- Ensuite le contrat devrait aussi être nul pour défaut de capacité juridique de la personne. La nullité du contrat pour défaut de consentement peut être prononcée. C'est le cas lorsqu'une personne ayant la capacité juridique s'est trouvée, lors de la formation du contrat, pendant un certain temps, dans un état d'inconscience, à tel point qu'elle ne pouvait plus exprimer une volonté nette et valable, et ce, en l'absence de tout trouble de ses facultés mentales[98]. Il en est ainsi quand une personne, à la suite d'une maladie, se trouve dans un état d'inconscience. À la différence de la première hypothèse, dans laquelle le consentement fait défaut, ici

---

[96] A. WEILL et F. TERRE, op. cit., p. 231, n° 218.

[97] Le mineur non émancipé est dépourvu de la capacité juridique. Dès lors, le contrat conclu par lui et non par son représentant légal est entaché de nullité relative pour défaut de capacité juridique de contracter.

[98] *Cf.* O. SIMON, *La nullité des actes juridiques pour trouble mental*, RTDC, 1974, n° 707 et s.

l'inconscience de la personne ne revêt généralement qu'un caractère provisoire.

119- La nullité du contrat de soin relatif à la médecine traditionnelle pour défaut de consentement du patient atteint d'une altération de ses facultés mentales, pourrait tout aussi bien puiser son fondement juridique dans le nouvel article 489 du Code civil selon lequel, « *pour faire acte valable, il faut être sain d'esprit. Mais c'est à ceux qui agissent en nullité pour cette cause de prouver l'existence d'un trouble mental au moment de l'acte* ». À défaut de texte traitant du cas de la personne en état d'inconscience pour une cause autre que le trouble mental, il convient de se référer aux conditions générales de formation des actes juridiques, prévues par l'article 1108 du Code civil. Le fondement juridique de la nullité du contrat de soin unissant le tradipraticien et le patient étant précisé, il convient dès à présent de déterminer la nature de l'annulation pour cette cause. Si l'absence de consentement résulte de l'état intellectuel du contractant, comme en cas de contrat conclu en état d'aliénation mentale, la nullité du contrat est relative.

120- Cette solution a d'ailleurs toujours été admise pour les actes effectués par l'aliéné interdit. L'opinion dominante retient la même solution lorsque l'aliéné a contracté alors qu'il n'avait pas encore fait l'objet d'une mesure de protection. Il paraît inopportun que le consentement du dément puisse, grâce à la nullité absolue, écarter les conséquences d'un contrat qui tourne à son détriment. L'article 489 alinéa 2 du Code civil a retenu formellement la sanction de la nullité relative. En vertu de cet article, « du vivant de l'individu, l'action en nullité ne peut être exercée que par lui ou par son tuteur ou curateur [...], s'il lui en a ensuite nommé un. Elle s'éteint par le délai prévu à l'article 1304 du C.civ. »[99].

121- L'échange de consentement en médecine traditionnelle a-t-il véritablement pour effet d'engager les parties ? Si la réponse à cette interrogation ressort de l'étude de la portée des consentements, il paraît d'ores et déjà opportun de préciser que l'existence d'obligations d'origine conventionnelle entre les deux parties a pour conséquence de conforter leur nature contractuelle.

§2. LA PORTÉE DU CONSENTEMENT DANS LA RELATION TRADIPRATICIEN-MALADE

122- L'existence d'un accord de volonté étant établie, il est dès à présent nécessaire de démontrer qu'il a pour effet de lier et d'engager les parties concernées, afin de mettre en évidence la portée contractuelle de leurs consentements et de confirmer, corrélativement la qualification juridique précédemment avancée. Mais le consentement en médecine traditionnelle

[99] *Cf.* O. SIMON, *La nullité des actes juridiques pour trouble mental*, op. cit.

possède manifestement une nature particulière puisque sa portée (A) est plus étendue (B) qu'il n'y paraît dans la mesure où elle ne se limite pas à ce seul caractère contractuel.

A- LA PORTÉE CONTRACTUELLE DU CONSENTEMENT

123- Aux termes de l'article 1134 du code civil, « *le contrat a force de loi entre les parties et n'est révocable, en principe que par consentement mutuel* »[100]. Le malade a la possibilité de se retirer, de rompre ou d'arrêter toute fréquentation du tradipraticien quand bon lui semble et cela entraînera du coup la rupture du lien juridique par l'effet de sa volonté unilatérale. Quelles sont les conséquences de cette interruption ? Cette interruption empêche-t-elle toute qualification contractuelle de la relation étudiée ? Il s'agit en l'occurrence d'établir que les rapports de droit possèdent bien une force obligatoire entre les parties, condition sine qua non de la formation d'un lien de nature contractuelle. L'on pourrait penser que les volontés émises par les parties ressemblent peu à un échange de consentement au sens contractuel du terme, puisqu'un tel accord lie et engage en principe les cocontractants. Or en l'espèce, il n'en irait pas ainsi, le patient pouvant à tout moment révoquer son accord ou interrompre sa participation.

124- L'analyse de la nature juridique de la faculté d'interruption du consentement conduit cependant à l'anéantissement total d'une telle interprétation. Bien que la loi n'ait pas expressément réglementé l'exercice de la médecine traditionnelle, elle ne l'interdit cependant pas[101]. Le droit commun doit pouvoir s'appliquer en ce domaine et, de fait, la faculté de résiliation doit être octroyée aux deux parties ; la résiliation unilatérale revêtant, au demeurant un caractère d'ordre public[102]. En l'absence de toute réglementation, il est légitime de penser que la personne qui se prête à la médecine traditionnelle et qui souhaite interrompre sa participation, peut exprimer cette volonté par tout moyen sans avoir à respecter un quelconque formalisme.

---

[100] En effet cet article dispose clairement que : « Les conventions légalement formées tiennent lieu de loi à ceux qui les ont faites. Elles ne peuvent être révoquées que de leur consentement mutuel, ou pour les causes que la loi autorise. Elles doivent être exécutées de bonne foi ».

[101] Au Cameroun, l'intérêt pour la médecine traditionnelle est stimulé par l'impérieuse nécessité de pallier les carences en matière sanitaire et d'assurer les soins de santé aux populations ; il est encore renforcé par la volonté politique de faire revivre ce vieil héritage culturel. Les véritables premières mesures sur la voie de la réglementation, ont été adoptées avec la loi n° 90/053 du 19 décembre 1990.

[102] Cf. Civ. 1ère, 5 fév. 1985, B. n° 54 ; RTDC 1986, 105. Dans les contrats à exécution successive dans lesquels aucun terme n'a été prévu, la résiliation unilatérale est, sauf abus sanctionné par l'art. 1134 al.3, offerte aux parties.

125- Une telle interprétation est d'ailleurs conforme à la pratique médicale courante où le consentement est révocable sans forme et à tout moment sans que cela entraîne la restitution des dons ou des sommes perçues, si les soins effectués l'étaient à titre onéreux[103]. En effet dans le contrat de soin relatif à la médecine traditionnelle, comme dans le contrat de travail ou de louage, certaines prestations ne peuvent donner lieu à restitution, en raison de leur nature. Ainsi, le locataire ne peut pas rendre la jouissance du local, le travailleur ne peut pas reprendre son travail ; il en est de même des soins reçus par le patient. Dès lors, il bien évidemment impossible de revenir complètement sur le passé et la rupture du contrat ne produit d'effets que pour l'avenir.

126- Il reste que la rupture même anticipée n'a pas à être justifiée par un motif légitime, quelle que soit la personne qui exerce cette faculté. Il ne saurait être question d'exiger du patient qui se retire une quelconque explication afin de justifier sa décision. Mais il peut être utile de relever les principales raisons qui motivent l'interruption des soins. Si la lassitude de se prêter à un traitement parfois contraignant et surtout l'absence de résultats probants peuvent constituer la première cause, le mobile déterminant de l'arrêt du traitement résidera parfois dans un sentiment de danger ou d'insécurité du fait du dosage approximatif de certains médicaments.

127- Dans ce dernier cas, il est possible de relever la similitude existant avec la possibilité de retrait qu'octroie le code de travail[104] au salarié, lorsque sa situation de travail présente un « *danger grave et imminent pour sa vie et sa santé* ». La comparaison ne saurait être cependant étendue au-delà de cette identité de cause impulsive du retrait dans la mesure où l'exercice de ce droit par le salarié n'entraîne pas, en principe, une rupture du contrat de travail, alors même que l'interruption de soins en médecine traditionnelle a pour effet principal de provoquer la rupture anticipée du contrat liant le tradipraticien au patient. Le patient peut à tout moment rompre ; il n'a pas point besoin d'observer un quelconque délai de préavis. On imagine d'ailleurs mal que dans l'hypothèse d'un problème médical grave, l'une ou l'autre partie soit dans l'obligation de respecter un délai de préavis avant d'interrompre leur convention. Les conséquences pourraient alors s'avérer désastreuses pour la santé du patient. Il est d'ailleurs possible de remarquer que c'est une solution identique qui est retenue par le législateur pour l'ensemble des activités médicales particulières et dans ce cas, le consentement de la personne intéressée est révocable à tout moment. Celui-ci n'étant obligé de justifier son retrait, il est dès lors tentant de qualifier d'inconditionnelle cette faculté de révocation unilatérale. Cependant, si le

---

[103] Mis à part les cas d'escroquerie, où le guérisseur peut demander des sommes considérables au patient pour de véritables panacées. Cf. infra, p. 235, n° 405.

[104] Cf. art. L. 231-8 du code de travail.

patient bénéficie bien dudit caractère inconditionnel, le tradipraticien quant à lui dispose d'une faculté de révocation conditionnelle, car il ne peut interrompre les soins que si cet arrêt n'est pas de nature à nuire à la santé du malade concerné. Il est tenu d'assurer la continuité du traitement. Une telle obligation ne présente pas un caractère exceptionnel, tout au moins dans le domaine médical, puisqu'elle incombe à tout praticien dans les hypothèses de rupture du contrat médical classique[105].

128- Si les relations de soins relatifs à la médecine traditionnelle sont en principe des relations à durée indéterminée, il est néanmoins possible d'apporter une atténuation et d'admettre que certaines conventions représentent par leur nature, de véritables contrats à durée déterminée. Il en va ainsi des conventions qui ne supposent qu'un seul et unique acte, tel le fait de se rendre chez un tradipraticien pour l'achat de plantes médicinales destinées à soigner une maladie banale, sans nouvelle intervention ultérieure. Peut-on considérer une telle convention comme un contrat à durée déterminée ? Cette analyse s'avère acceptable uniquement lorsque l'acte de soin se révèle de faible importance, comme la prise de médicaments pour calmer une douleur légère. Elle semble cependant contestable lorsque le soin implique la prise d'un traitement qui doit se prolonger dans le temps. En effet, l'analyse du contrat de soin médical traditionnel montre que, mise à part cette hypothèse dérogatoire, l'exécution est susceptible de se prolonger, pour certaines maladies chroniques, dans le temps.

129- Quoi qu'il en soit, il faut faire preuve d'une extrême prudence en ce domaine, car il serait tentant de parvenir à des solutions en apparence identiques en se fondant sur d'autres considérations. Dans l'hypothèse où la relation de soins liant le tradipraticien et le patient est de « courte durée », le principe est aussi celui de la révocation unilatérale. Dans tous les cas, la volonté unilatérale de l'un des contractants peut mettre fin au contrat ; la volonté même une fois émise est toujours autonome. La rupture unilatérale est toujours possible. Nul besoin de rechercher une qualification et une explication juridique particulière à cette faculté d'interruption de traitement au soin médical traditionnel ; les mécanismes de droit commun s'y appliquent sans réserve, confirmant ainsi, l'existence de relation contractuelle entre le tradipraticien et le patient.

130- Il a toujours été admis que dans les contrats qui supposent une confiance constante et réciproque, le simple changement de volonté de l'un des contractants pouvait être une cause de résiliation unilatérale en raison de la disparition de la confiance initiale, mobile du contrat. Une telle faculté se rencontre notamment dans les contrats de mandat et de dépôt qui reposent

---

[105] En Droit médical, cette obligation traduit l'application du principe général de continuité des soins qui s'impose au médecin par le code de déontologie médical.

sur une confiance mutuelle entre les parties. Le mandataire et le mandant disposent tous deux du droit de révoquer à tout moment le contrat les unissant[106], excepté cependant dans le cas d'un mandat d'intérêt commun pour lequel un consentement mutuel est exigé à cette fin. S'agissant du dépôt, seule l'une des parties dispose de cette faculté ; l'article 1944 du Code civil précise que la chose doit être remise au déposant aussitôt qu'il le réclame, alors même que le contrat aurait fixé un délai déterminé pour la restitution.

131- Cette notion de confiance se trouve au cœur de la relation qui lie le tradipraticien au patient, confiance réciproque nécessaire à la continuation des soins, qui suppose leur collaboration commune et constante. Cette confiance mutuelle est corrélative à leur caractère intuitu personae. La jurisprudence a également tendance à reconnaître, d'une manière générale, l'existence d'une faculté de résiliation unilatérale dans les contrats conclus intuitu personae lorsque l'une des parties a perdu confiance en son cocontractant[107]. La possibilité d'interruption du traitement qui équivaut à une interruption ou tout simplement à un retrait de consentement, conduit par là même à mettre en évidence un des nombreux caractères du consentement : sa précarité. Une telle faculté d'interruption n'est cependant pas l'apanage de la médecine traditionnelle puisque même dans le domaine médical classique, semblable faculté est également clairement définie[108].

132- En outre, il serait erroné de penser que les développements précédents auraient plutôt leur place au sein de l'étude générale des caractères du consentement, élément de validité du contrat relatif à la médecine traditionnelle. L'appréhension anticipée du caractère précaire du consentement, se justifie par le fait qu'il est le seul à toucher directement l'existence même de la convention de soin relative à la médecine traditionnelle. Mais bien qu'étudiées en tant qu'élément constitutif du contrat de soin relatif à la médecine traditionnelle, la valeur et l'importance du consentement du patient ne sauraient se réduire à cet aspect contractuel, car sa portée est infiniment plus large.

B- L'EXTENSION DE LA PORTÉE DES CONSENTEMENTS

133- L'analyse du contenu (1) et du moment (2) du consentement permettra d'établir que le particularisme de la relation étudiée se trouve à l'origine de l'extension de la portée desdits consentements dans le domaine de la médecine traditionnelle. Le contenu du consentement étant connu, il convient à présent d'examiner le moment du consentement.

---

[106] Cf. Art. 2003 et 2004 du Code civil.

[107] En ce sens, Paris, 11 oct. 1989, RTDC, 1990, 278.

[108] *Cf.* J. SAVATIER, AUBY et PEQUIGNOT, op. cit. ; SAURY, *Manuel de droit médical* ; MEMETEAU, *Droit médical abrégé,* Litec 1986.

1- Le contenu des consentements

134- De toute évidence, le consentement représente un principe fondamental de toute activité de soin dépassant la simple règle de droit de consentement des parties dans la formation des contrats[109]. Dès lors, le consentement du malade ne devrait pas seulement être une exigence contractuelle, mais il doit désormais constituer une obligation plus générale qui permette l'exercice d'une liberté fondamentale, celle de se prêter à une activité de soin médical traditionnel, quoique non réglementée, mais portant potentiellement atteinte à la personne. Malgré une finalité double, le consentement à l'acte de soin effectué par le tradipraticien n'en demeure pas moins unique et indivisible, car il est contenu dans un seul et même acte d'expression de la volonté. Le consentement ici est donc à la fois un élément constitutif d'une activité, le consentement de la personne objet d'un fait juridique - le consentement à l'acte de soin traditionnel - qui préserve d'une atteinte à l'intégrité physique[110], et un élément constitutif d'un contrat, le consentement de la personne sujet d'un acte juridique, - le consentement au de soin médical traditionnel -, qui préserve d'une atteinte à l'intégrité morale, à la volonté.

135- En effet, il ne saurait être question d'estimer que le consentement puisse constituer à lui seul, le fait justificatif de l'atteinte de la personne qui se prête à la médecine traditionnelle. Il importe donc de ne pas croire que les accords de volontés pourraient valablement permettre des atteintes au corps humain. Ce principe qui est valable en droit médical l'est aussi dans l'acte de soin posé par le praticien traditionnel[111]. L'analyse du contenu du consentement étant faite, il convient à présent d'examiner le moment du consentement.

2- Le moment du consentement

136- Au titre du contrat médical classique, certains auteurs distinguent traditionnellement le consentement qui porte sur la formation du contrat, de l'assentiment qui se manifeste à un moment ultérieur, lors de l'exécution du contrat. En effet, le malade n'aurait pas consenti par avance au traitement et à toutes les opérations suivantes, et doit de ce fait, accorder son assentiment à chaque nouvel acte thérapeutique entrepris[112]. La volonté de contracter ne se manifesterait que par le choix du praticien et serait donc antérieure à

---

[109] En ce sens, cf. LABRUSSE-RIOU art. préc. p. 254.

[110] En ce sens, cf. A. FAHMY ABDOU, *Le consentement de la victime*, LGDJ, 1971.

[111] En ce sens, cf. D. THOUVENIN, art. préc. n° 83

[112] En ce sens, cf. R. NERSON, « le respect par le médecin de la volonté du malade », Mélanges MARTY, 1978, 871 ; L. MELENNEC et G. MEMETEAU, « Le contrat médical. La responsabilité du médecin », in *Traité de droit médical sous la direction* de L. MELENNEC, Maloine, 1982.

l'acceptation du traitement ou de l'opération qui intervient dans la phase d'exécution du contrat.

137- Outre le fait que le contrat médical ne se forme qu'une fois obtenu l'accord des deux parties sur le traitement ou l'opération envisagée, l'interprétation retenue précédemment n'est pas transposable à la convention de soin relative à la médecine traditionnelle. Le patient n'est pas informé de manière complète et détaillée sur les différents actes qu'exigeront les soins. Il ne connaît pas non plus par avance les traitements qu'il subira, les médicaments qu'il devra prendre. Il serait souhaitable, pensons-nous, et ceci vu la dangerosité potentielle de certains produits administrés, d'obtenir un assentiment répété pour chacune des opérations auxquelles il a souscrit globalement.

138- À l'issue de ces développements, l'existence d'un échange de consentement entre le tradipraticien et le patient est effectivement établie. Il faut à présent démontrer que l'accord de volontés ainsi défini a pour effet de créer des obligations multiples que chacune des parties s'engage à exécuter, et ce, afin de caractériser définitivement la nature contractuelle de cette relation.

SECTION 2 : LA CRÉATION D'OBLIGATIONS RÉCIPROQUES A LA CHARGE DE CHACUNE DES PARTIES

139- La démarche consiste dans un premier temps, à déterminer l'ensemble des obligations qui naissent à la charge de chacune des parties à cette convention de soin relative à la médecine traditionnelle. Une fois les obligations des différentes parties précisément définies, la présente étude à laquelle il faut ajouter les multiples raisonnements précédents ayant conduit à démontrer l'existence d'un accord de volontés[113] entre les parties, devrait permettre d'asseoir définitivement la nature contractuelle de la relation unissant le tradipraticien et le patient.

140- Dans le but de cerner les diverses obligations des parties à la convention relative à la médecine traditionnelle, la cohérence du raisonnement passe toujours par de constantes références au contrat médical classique, qui constitue indubitablement la relation contractuelle de base en la matière. Ceci nous permet d'observer que la convention de soin médical traditionnel et le contrat médical classique qui naît de l'activité médicale courante comportent de nombreux points communs qui ne sauraient

---

[113] *Cf.* supra n° 84 et s.

cependant dissimuler leurs disparités[114]. Ainsi le contrat de soin médical traditionnel et le contrat médical classique, se forment par l'initiative du patient qui émet une demande de soins à laquelle répond l'offre de soins du tradipraticien. Qu'il s'agisse des obligations du tradipraticien (§1) ou de celles du patient (§2), de nombreuses ressemblances peuvent être révélées avec les obligations qui résultent du contrat médical classique.

§1. LES OBLIGATIONS DU TRADIPRATICIEN

141- Il convient de noter que le contrat de soin médical traditionnel crée à la charge du tradipraticien, deux obligations principales qui se résument en obligation de faire et de ne pas faire. En l'occurrence l'obligation de soigner (A) et l'obligation de se taire (B).

A- L'OBLIGATION DE SOIGNER

142- Sur un plan strictement juridique, l'obligation du tradipraticien de donner des soins au patient constitue la première, voire l'obligation essentielle, née du contrat de soin médical traditionnel. En effet, ce n'est qu'en vertu de cette convention que le tradipraticien doit apporter son concours. Comme nous l'avons vu à propos du consentement du Tradipraticien au contrat soins, ce dernier est libre de choisir sa clientèle.

Dès lors, même si un malade fait appel à lui, il peut, tout aussi bien refuser de le soigner. Le tradipraticien n'est pas tenu de donner des soins ; toutefois à partir du moment où il a consenti au contrat, il ne devrait plus ensuite refuser, sans raison légitime, de soigner le patient. Sous peine de voir sa responsabilité contractuelle engagée ; dès lors que cette absence de soins aura causé un préjudice au malade[115].

143- L'obligation contractuelle de donner des soins nous amène à nous poser deux questions : d'abord, on peut s'interroger sur la nature juridique de l'obligation de soins (1) ; autrement dit, constitue-t-elle une obligation de moyens ou une obligation de résultat. Ensuite, on peut se demander en quoi consiste réellement cette obligation. C'est le problème de son contenu (2).

1- La nature juridique de l'obligation de soins

144- La question qui nous vient d'emblée à l'esprit et qu'il convient d'expliciter est celle de savoir si l'obligation de soin médical traditionnel qui

[114] La principale disparité réside dans la non-scientificité de la médecine traditionnelle, établie sur des concepts empiriques contrairement à la médecine moderne établie sur des concepts biologiques et suffisamment éprouvés.

[115] En ce cas, il pourra être passible de l'infraction pénale d'omission de porter secours, qui punit d'un emprisonnement de un mois à trois ans et d'une amende de 20.000 à 1 million de francs ou l'une de ces deux peines seulement celui qui s'abstient de porter à une personne en péril de mort ou de blessures graves l'assistance que, sans risque pour lui ni pour les tiers, il pouvait lui prêter soit par son action personnelle, soit en provoquant un secours.

lie le praticien traditionnel au patient est une obligation de moyen ou de résultat ? Avant de répondre à cette question, il paraît utile de rappeler, certes rapidement, ce qui distingue, en droit commun, les obligations de moyens des obligations de résultat.

145- Selon la classification des obligations proposée par la doctrine française[116], les obligations se divisent en obligations de moyens, appelées encore obligations de prudence et de diligence, et en obligation de résultat, dites également obligations déterminées. Suivant qu'il y ait ou non identité entre l'objet de l'obligation assumée par le débiteur et le résultat recherché par le créancier, on se trouve en présence d'une obligation de résultat. C'est ce qui les distingue l'une de l'autre. Lorsque l'obligation est de moyen, le débiteur ne promet que d'apporter tous les soins nécessaires et toute sa diligence à l'exécution de sa mission. Sans garantir, pour autant son succès. Il est seulement tenu d'employer tous les moyens possibles pour donner satisfaction à son créancier. Mais il ne garantit pas le résultat. Au contraire, il y a obligation de résultat toutes les fois que le débiteur a pris l'engagement de parvenir à un résultat précis en vue duquel cet engagement a été pris. Par voie de conséquence, si l'objet de l'obligation de moyens consiste à mettre en œuvre tous les moyens possibles et nécessaires pour parvenir au résultat recherché par le créancier, l'obtention de ce résultat constitue l'objet même de l'obligation de résultat. Autrement dit à la différence de l'obligation de moyens, l'objet de l'obligation de résultat est identique au résultat recherché par le créancier.

146- La distinction entre ces deux types d'obligations est d'un intérêt capital en matière de responsabilité civile[117]. En effet, lorsque le débiteur est tenu d'une obligation de moyens, le seul fait que le résultat escompté par le créancier ne soit pas atteint ne suffit pas à engager sa responsabilité civile. Encore faut-il que la preuve d'une faute du débiteur soit rapportée. L'intéressé doit ainsi prouver que le débiteur n'a pas mis tous les moyens possibles et nécessaires en vue d'atteindre ce résultat et qu'il ne s'est pas montré suffisamment diligent.

147- En revanche, lorsque l'obligation dont le débiteur est tenu est une obligation de résultat, il suffit, pour pouvoir engager la responsabilité civile du débiteur, de prouver que le résultat recherché n'a pas été atteint. Le seul fait que ce résultat n'ait pas été obtenu engage la responsabilité de plein droit ou plus précisément, la responsabilité sans faute du débiteur. Ce dernier ne

---

[116] *Cf.* DEMOGUE, Traité des obligations, T. V, n° 1237, T. VI, n° 1965.

[117] *Cf.* P. ESMEIN, Remarques sur de nouvelles classifications d'obligations, Etudes Capitant, p. 235 ; cf. aussi FROSSARD, La distinction des obligations de moyens et des obligations de résultat, thèse Lyon 1965 ; J. BELLISSENT, Contribution à l'analyse de la distinction des obligations de moyens et des obligations de résultat, A propos de l'évolution des deux ordres de responsabilité, thèse Montpellier, 2001.

peut pas s'en exonérer en prouvant qu'il n'a pas commis de faute et qu'il s'est comporté comme un débiteur normalement prudent et diligent par rapport au modèle de référence du bon père de famille ; il lui faut, pour ce faire, invoquer la cause étrangère ou un cas de force majeure l'ayant empêché d'atteindre le résultat. Autrement dit, il doit apporter la preuve de l'absence de lien de causalité entre son fait et le dommage subi par le créancier[118]. Il en résulte que la preuve doit porter sur la causalité et non sur les éléments permettant de porter un jugement de valeur sur le comportement du débiteur, et ce, même s'il ressort dans certain cas d'une cause étrangère, que le débiteur n'a pas commis de faute. Pour pouvoir engager la responsabilité civile du débiteur de l'obligation, le créancier doit apporter la preuve de la faute de ce dernier, de l'existence du préjudice et du lien de causalité entre la faute et celui-ci chaque fois que l'obligation assumée est une obligation de moyens, mais si celle-ci est une obligation de résultat, le créancier doit seulement prouver la non-obtention du résultat escompté et du préjudice subi. Nul besoin pour lui de prouver la faute du débiteur dans la mesure où il s'agit d'une responsabilité sans faute ni de rapporter la preuve du lien de causalité, le lien entre la prestation fournie par le débiteur tenu d'une obligation de résultat, et le dommage invoqué étant présumé.

148- En prodiguant les soins nécessaires au patient, le tradipraticien, n'assume, en principe, qu'une obligation de diligence et de prudence. L'obligation de soins constitue ainsi l'exemple type de l'obligation de moyens. Ainsi que ce soit le médecin ou le tradipraticien qui se lie au malade par le contrat médical, il ne s'engage pas en principe à guérir le malade, mais seulement à faire tout son possible pour mettre en œuvre tous les moyens médicaux permettant d'obtenir la guérison. La nature contractuelle de l'obligation de soins ne modifie pas cette situation.

149- D'une manière générale, et sans égard au domaine dans lequel les soins médicaux seront donnés, mais en se référant au seul aléa qui leur est inhérent, il convient de mettre principalement, à la charge du praticien une obligation de moyens[119] ; aussi l'échec thérapeutique ou l'absence de guérison du malade ne doit pas pouvoir engager la responsabilité contractuelle du praticien. Le malade mécontent devra alors prouver la mauvaise exécution ou l'inexécution du contrat. Il lui faudra pour cela, établir la preuve de la faute à l'égard de son obligation de soins, et il doit démontrer que le praticien n'a pas usé de tous les moyens possibles et nécessaires et qu'il n'a pas eu la diligence et la prudence suffisantes dans les

---

[118] *Cf.* MARTY, « la relation de cause à effet comme condition de la responsabilité civile », RTDC 1939. 685 ; LEROY, *Le juge judiciaire et le lien de causalité médicale*, Petites Affiches 29 juil. 1994 ; MARTEAU, « La notion de causalité dans la responsabilité civile », th. Aix, 1913.

[119] Sur le critère de la distinction des obligations de moyens et des obligations de résultat, v. supra. N° 145 et s.

soins apportés. La charge de la preuve n'est pas modifiée non plus que n'est supprimée la nécessité de prouver la faute du débiteur de soins, en l'occurrence le praticien. Le fondement essentiel de la responsabilité en matière de soins médicaux traditionnels est, tout en prenant en considération le fait que l'obligation du praticien est à cet égard, une obligation de moyens, la faute de ce dernier. Faute dont la charge de la preuve incombe au malade[120].

150- L'affirmation de ce principe par la jurisprudence civile française en droit médical classique, il y a une soixantaine d'années, devait être confirmée par le législateur, comme le montrent les dispositions du code de déontologie médicale français. Tout en reconnaissant l'existence du contrat médical, le célèbre arrêt de la Cour de cassation français en date du 20 mai 1936[121] a clairement rangé l'obligation du médecin de donner les soins au malade parmi les obligations de moyens. Selon ledit arrêt, « il se forme entre le médecin et son client un véritable contrat comportant, pour le praticien, l'engagement, sinon bien évidemment de guérir le malade, ce qui n'a jamais d'ailleurs été allégué, du moins de lui donner des soins non pas quelconques, ainsi que paraît l'énoncer le moyen du pouvoir, mais consciencieux et attentifs, et réserve faite des circonstances exceptionnelles, conformes aux données acquises de la science ». Ainsi, après avoir longtemps hésité sur le fait de savoir si dans le cadre de la responsabilité contractuelle, l'obligation de soins devait être une obligation de moyen ou une obligation de résultat, la Cour de cassation s'est clairement prononcée en faveur de la première solution en posant le principe de l'existence d'une obligation de moyen à la charge du médecin en matière de soins médicaux[122]. Ce principe a fait l'objet d'une jurisprudence constante[123].

151- Pour notre part, nous estimons que le tradipraticien n'est tenu également, que d'une obligation de moyens quant aux soins qu'il s'engage à donner en vertu du contrat le liant au patient. C'est également le patient qui assume la charge de la preuve, car l'obligation du tradipraticien de soigner le malade est une obligation de moyens. Ainsi, la faute du tradipraticien ne peut pas être présumée uniquement parce que le malade a subi des préjudices en raison de l'acte de soin effectué. L'obligation du tradipraticien en ce qui

---

[120] *Cf.* J. MAZEN, « Essai sur la responsabilité civile des médecins », Th. préc. p. 74 et s.; J. SAVATIER, Th. préc. p. 270 et s. ; R. et J. SAVATIER , AUBY et PEQUIGNOT, *Traité de droit médical.* op. cit., n° 310, P. 290 ; P. LE TOURNEAU et L. CADET, *Le droit de la responsabilité*, Dalloz Action, 1996, p.497, n° 2028.

[121] Arrêt Mercier préc.

[122] *Cf.* F. TERRE, Ph. SIMLER et Y. LEQUETTE, Paris, Dalloz 2002, n° 586.

[123] *Cf.* Cass. civ, 1ère, juin 1960, JCP 60, II. 11787 ; RTD civ, 1961 p. 112 ; JCP 1969, II. 15799 ; Cass. civ. 1ère, 28 nov. 1987, D. 1989, somm. P. 61 ; Cass. Civ., juin 1990, Bull. Civ. 1ère, 7 oct. 1992; CA Paris, 29 oct. 1993, D. 1993 p. 589; JCP, 1993, II.22071. ; D. 1995, somm. P. 97 ; CA Versailles, 28 mars 1996, D. 1996, I.R., P. 138

concerne les soins apportés au patient, est donc de toute évidence, une obligation de moyen. La faute susceptible d'engager la responsabilité du tradipraticien est nécessaire. Cette solution doit être appliquée au plan civil[124].

152- Afin de savoir si l'obligation assumée est de moyens ou de résultat, le critère généralement retenu en droit commun est que le médecin n'apporte à son malade, qu'une obligation de moyens[125]. En effet, personne ne peut nier le fait que donner des soins est souvent très aléatoire. Par voie de conséquence, c'est l'application du critère de l'aléa qui fait de l'obligation de soins du tradipraticien une obligation de moyens, en raison du caractère aléatoire inhérent, dans la plupart des cas, aux soins. Comme l'a fait justement remarquer Monsieur J. PENNEAU, « c'est le critère lui-même qui marque les limites du principe : dans tous les cas où l'aléa est absent, l'obligation devient de résultat »[126]

153- Il résulte de ces développements que la qualification de l'obligation en obligation de moyens ne dépend pas du fait que l'on ait affaire à un tradipraticien, mais du fait que les soins médicaux présentent un caractère aléatoire. Le tradipraticien comme toute autre personne est soumis aux règles du droit commun quand il s'agit de déterminer la nature de l'obligation. Le tradipraticien ne s'oblige pas à guérir le malade. Le résultat aspiré par l'acte de soins n'est pas garanti. La responsabilité du tradipraticien ne peut être engagée que par la preuve certaine de sa faute[127]. En fait, c'est le caractère aléatoire des soins médicaux qui permet de déterminer si l'obligation du tradipraticien est une obligation de moyens ou de résultat.

154- En ce qui concerne la médecine conventionnelle, et en l'état actuel de la science, le principe est que, pour pouvoir engager la responsabilité du médecin, il faut rapporter la preuve d'une faute. Mais une telle preuve n'est plus nécessaire si le juge estime, d'après le rapport de l'expert que les soins donnés au malade ne présentaient pas un caractère aléatoire. Avec le progrès médical qui exclut de plus en plus le caractère aléatoire des soins médicaux, n'arrivera-t-on pas à une situation inverse ? C'est-à-dire estimer que le principe de l'obligation de soins (obligation de moyens) sera l'exception, et l'exception (l'obligation de résultat), le principe ? En tout état de cause, à notre époque, dans la majorité des cas, la responsabilité du médecin, quant aux soins donnés à son malade, ne peut être engagée qu'en cas de faute de sa part. L'obligation de moyens lui est, en général, imposée.

---

124 *Cf.* infra, n° 605 et s.

125 *Cf.* J. PENNEAU, *La responsabilité médicale,* Dalloz 1992, p. 35, n° 31.

126 *Cf.* J. PENNEAU préc.

127 Cf. infra n° 531 et s.

155- L'obligation de soins, considérée comme une obligation de résultat en l'absence de tout caractère aléatoire, connaît des applications diverses. En effet, en application du critère de l'aléa, la jurisprudence française considère que les actes médicaux considérés comme courants et dépourvus de caractère aléatoire mettent à la charge du médecin une obligation de résultat. Si l'acte incriminé aboutit à un échec, ce seul fait suffira à engager la responsabilité du médecin, et ce, même en l'absence de toute faute prouvée. Une fois la nature juridique de l'obligation de soigner qui incombe au tradipraticien analysé, venons-en à l'étude de son contenu.

2- le contenu de l'obligation de soigner

156- Les soins médicaux traditionnels que le tradipraticien s'oblige à apporter au malade dans le cadre de leur relation contractuelle doivent s'entendre de façon très large. Dans le cadre de la collaboration tradipraticien-médecin, le diagnostic doit être posé, comme nous l'avons suggéré par un médecin dans les règles de l'art. En fait, il s'agit d'un acte important et délicat qui doit être aussi exact et précis que possible, en raison ses conséquences sur l'issue de la maladie. Plus largement entendu, c'est l'acte qui permet de connaître l'état général du patient[128]. En fait l'acte médical qu'est le diagnostic se compose d'une recherche et d'un jugement sur l'état de santé du patient, afin d'identifier l'affection dont il souffre. Ce sont des actes essentiellement aléatoires.

157- Comme l'a si justement exprimé un auteur, *« l'état même de la science ne permet pas de formuler un diagnostic sûr ; les théories scientifiques sont en contradiction sur certains points, avec l'art médical en perpétuel progrès, et présentent encore des lacunes qui peuvent entraîner l'homme de l'art à commettre des erreurs très graves »*[129]. *C'est la raison pour laquelle en droit médical, l'obligation du médecin n'est pas « une obligation d'infaillibilité »*[130], lui imposant la réussite dans l'établissement du diagnostic. Il est seulement tenu d'avoir recours et d'utiliser tous les moyens qui sont ou devraient être à sa disposition pour lui permettre d'aboutir à un diagnostic aussi précis que possible. C'est à partir de l'application du principe de l'obligation de moyens à l'établissement du diagnostic qu'a été établie la distinction doctrinale entre l'erreur et la faute de diagnostic. On admet en fait qu'un diagnostic erroné ne constitue pas une faute susceptible d'engager la responsabilité du médecin. La faute de diagnostic, n'apparaît d'après M. PENNEAU, « *que si l'erreur a été rendue possible parce que les moyens et, plus généralement, la diligence*

[128] *Cf.* notamment, en doctrine française, A. DEMICHEL, *Droit médical*, op. cit., H. ANRYS, *Tentative de définition de l'acte médical, le concours médical*, 1970, p. 9233.
[129] *Cf.* MAZEN, Th. op. cit.
[130] *Cf.* L. KORNPROBST, *Contrat de soins médicaux*, op. cit., p. 93, n°196.

nécessaires à l'établissement d'un diagnostic exact n'ont pas été mis en œuvre »[131].

158- Le tradipraticien doit déterminer le traitement à suivre. Il doit enfin assister le malade et surveiller l'évolution du traitement. En fait il existe une indivisibilité entre le diagnostic et le traitement, car le premier conditionne le second. En clair, les deux peuvent se commander et se succéder. Le tradipraticien à l'instar du médecin dispose d'une liberté thérapeutique ; cela ne fait aucun doute et ce, même en l'absence de texte spécifique. Il est seul juge du traitement qu'il donne au malade et qu'il estime approprié en la circonstance. Nous pensons cependant que cette liberté ne doit pas être totale. En effet certaines limites doivent lui être apportées et ceci essentiellement dans le but de préserver la santé du malade et son intégrité physique. Comme précédemment analysé[132], il y a deux principes qui fondent le statut du corps humain : l'inviolabilité et la non-patrimonialité. En vertu du principe de l'inviolabilité du corps humain, la licéité de l'atteinte à l'intégrité du corps humain est subordonnée à deux conditions : la nécessité thérapeutique[133] et le consentement du malade dont le but doit essentiellement viser à lutter contre la maladie.

159- Outre l'obligation de soigner, le tradipraticien doit aussi être astreint à l'obligation de se taire.

B- L'OBLIGATION DE SE TAIRE

160- L'obligation de se taire[134] ou l'obligation au secret contractuel est un des devoirs humains le plus ancien et le plus sacré. De plus, le praticien apparaît ici comme le type de confident auquel on ne peut rien cacher. Pour se faire soigner utilement, le malade est obligé de lui révéler les détails les plus personnels et impossibles à livrer à la publicité sans inconvénient. Le malade doit donc pouvoir compter sur la discrétion du praticien ; il doit avoir la confiance la plus entière en celui entre les mains duquel il se remet[135]. Nous convenons avec M. CLEMENT que *« pour que le malade puisse librement exposer sa maladie, il faut qu'il ait confiance en celui ou celle qui va recevoir ses informations, voir ses révélations. Le secret professionnel est un élément fondamental de l'acte de soin »*[136]. Le secret dans tout art de soigner apparaît dès lors comme un principe fondamental ayant pour finalité

---

131 *Cf.* J. PENNEAU, « Faute et erreur en matière de responsabilité médicale », LGDJ, 1973.

132 Cf. infra, n° 378et s.

133 Le nouvel article 16-3 al. 1 du Code civil dispose que « il ne peut être porté atteinte à l'intégrité du corps humain qu'en cas de nécessité thérapeutique pour la personne ».

134 *Cf.* en ce sens, A-D. TJOUEN, le médecin et son patient : l'obligation de se taire. Lex Lata, n° 7 du 15 janv. 1995, p.3.

135 *Cf.* Nordmann, Th. Préc., p. 121, n° 61

136 *Cf.* J.M. CLEMENT, *Droits des malades et bioéthique*, Berger-Levrault, paris, 1996, p. 25.

essentielle, d'assurer la confiance des malades. Les praticiens doivent assumer une obligation de secret à l'égard des faits que les malades lui confient à l'occasion des soins. La question fondamentale qui se pose à ce niveau est celle de savoir si le praticien traditionnel de santé doit aussi être astreint au secret ? La réponse à cette question passe nécessairement par l'analyse du fondement juridique de l'obligation au secret (1), de son étendue et des limites qui doivent y être apportées (2).

1- Le fondement de l'obligation au secret

161- La révélation implique que les informations soient effectivement portées à la connaissance d'autres personnes que les détenteurs initiaux et qu'elles portent sur des faits secrets. Peu importe que la révélation soit écrite ou faite de vive voix, faite en public ou en privé, qu'elle soit partielle ou totale. L'obligation au secret a été nettement affirmée par le législateur. En effet l'article 310 du Code pénal « puni d'un emprisonnement de trois mois à trois ans et d'une amende de 20. 000 à 100 000 francs celui qui révèle sans l'autorisation de celui à qui il appartient, un fait confidentiel qu'il n'a connu ou qui lui a été confié qu'en raison de sa profession ou de sa fonction »[137]. Ce texte permet d'assurer le respect effectif par le tradipraticien de l'obligation au secret. De même en s'appuyant sur l'article 1135 du Code civil, aux termes duquel les conventions obligent non seulement à ce qui y est exprimé, mais encore à toutes les suites que l'équité, l'usage ou la loi donnent à l'obligation d'après sa nature, il est permis de penser que le client attend du praticien qu'il garde le secret sur tout ce qui lui sera confié[138].

162- En droit médical, l'obligation du médecin au secret médical n'est pas seulement une obligation purement contractuelle, elle est une obligation qui est rattachée non pas à un contrat, mais à l'exercice de la profession médicale. L'existence du contrat médical a ici seulement pour effet de faire revêtir l'obligation au secret qui est d'origine professionnelle, d'un caractère contractuel dont l'inobservation est de nature à engager la responsabilité contractuelle du médecin. Le secret médical n'a pas été fait dans l'intérêt du médecin mais dans celui du malade et dans l'intérêt de l'ordre public ;

163- Nous pensons pour notre part que l'obligation au secret doit s'imposer au praticien traditionnel face à la légèreté et aux nombreuses omissions de celui-ci. La persistance et la montée des indiscrétions de même que les négligences de certains sont indescriptibles. En réalité, l'état de santé de la personne appartient à l'intimité de sa vie privée, et le secret a pour but

---

[137] En fait l'article 310 du Code pénal précise, relativement au médecin et au chirurgien, qu'ils sont toujours tenus au secret professionnel, sauf dans la limite d'une réquisition légale ou d'une commission d'expertise.

[138] *Cf.* En ce sens, BESSERVE, Th. Op. cit. p. 52.

principal la protection de cette intimité[139] ; dès lors personne ne peut nier que la finalité essentielle du secret est de protéger l'intimité du patient. C'est à juste titre que l'on a considéré que le secret est l'une des expressions premières du droit à la vie privée. L'existence du contrat a seulement pour effet de faire revêtir l'obligation au secret qui est d'origine professionnelle d'un caractère contractuel dont l'inobservation est de nature à engager la responsabilité contractuelle du cocontractant. L'établissement d'une sanction pénale prouve que le législateur entend imposer l'obligation au secret à tout professionnel, indépendamment de la nature de la relation qu'il a avec l'autre partie. Jusqu'où peut et doit aller le secret ? Cette question nous amène à nous interroger sur son étendue et ses limites.

2- L'étendue et les limites de l'obligation au secret

164- D'une manière générale, le secret est défini comme « un fait qu'on a intérêt à tenir caché »[140], « *une information qui n'est pas divulguée, que l'on tient cachée, une confidence* »[141]. Il s'agit de tout fait ou qualité dont la connaissance sera limitée dans une personne ou dans un nombre limité de personnes.

165- Par secret médical, il faut entendre tout ce que le malade a confié à son médecin et lui a demandé de considérer comme une information confidentielle. Pourtant, il ne faut pas en déduire que la conception du secret médical dépend seulement de la volonté de celui qui a confié le secret mais également d'un ensemble de faits qualifiés de secrets par nature, qu'il s'agisse d'un secret confié ou d'un secret connu par le praticien dans l'exercice de son activité.

166- Le secret médical consiste dans la recommandation, tacite ou expresse, du malade de ne pas relever un fait considéré par lui comme une information confidentielle. C'est en ce sens que s'est expressément prononcé l'article 310 du Code pénal en disposant « *un fait confidentiel qui lui a été confié* ». Selon Mme Thouvenin, « *par secrets confiés, on entend une communication. En effet, le terme communiquer ne renvoie pas à n'importe quel destinataire : il s'agit de confidents choisis par décision individuelle ou de ceux qui partagent une fonction ou une charge de la cité* »[142]

[139] *Cf.* dans le même sens, G. MEMETEAU, qui estime que, « dégagée de la référence contractuelle, la théorie de l'intérêt privé de la personne se rattacherait aisément à celle de la protection de la vie privée et il est, croyons nous, essentiel d'esquisser ce rapprochement. »

[140] *Cf.* PERRAUD-CHARMANTIER, *Le secret professionnel, ses limites, ses abus*, Préface O. Martin, Paris, 1926, p. 238.

[141] *Cf.* D. THOUVENIN, *Le secret médical, droit pénal, droit médical et hospitalier*, Litec, Fasc. 33-10, p.7.

[142] *Cf.* D. THOUVENIN, op. Cit.

Le malade qui entre dans le cabinet du praticien traditionnel est donc censé exiger le secret pour tout ce qu'il dit et pour tout ce qu'il demande au praticien de constater. Le secret se présume donc toujours.

167- L'article 310 du Code pénal précise que le secret s'impose aux praticiens hors le cas où la loi les oblige ou les autorise à se porter dénonciateurs. Il ne peut être fait aucun reproche au praticien à partir du moment où la divulgation du secret a été ordonnée ou autorisée par la loi. Bien qu'ils n'aient pas été expressément prévus par un texte, il existe des cas où la révélation du secret médical est justifiée. Ces cas ont été admis par la jurisprudence et/ou la doctrine. Il est admis que l'obligation au secret n'est pas opposable au patient, qui peut lui-même délier le praticien. En toute hypothèse, qu'elles trouvent leur fondement dans ou en dehors d'un texte légal, les limites à l'obligation au secret médical peuvent être relatives aux parties dans le contrat médical ou aux intérêts sociaux. Outre les obligations du praticien traditionnel, le patient est également tenu d'un certain nombre d'obligations.

§ 2. LES OBLIGATIONS DU PATIENT

168- Le contrat qui lie le tradipraticien et le patient est un contrat synallagmatique.[143] Les deux contractants s'obligent réciproquement l'un envers l'autre. Après l'analyse des obligations que doit assumer l'homme de l'art, il convient maintenant, d'étudier celles qui incombent au patient. À une certaine époque, les tradipraticiens n'exigeaient aucune rétribution ; la notion de « don » exigeant que l'on donne de sa personne. Le malade, une fois guéri, pouvait revenir le voir pour lui offrir soit une machette qui lui servira à couper d'autres écorces ou plantes médicinales, soit un coq ou une chèvre. Aujourd'hui les choses ont beaucoup changé ; le guérisseur installé vit de sa pratique et la question des honoraires ne saurait être passée sous silence. Si pour la plupart ces derniers sont en général faibles, ils peuvent dans certains cas atteindre des sommes importantes.

169- Ainsi le patient contracte principalement une obligation de rémunération (B), en contrepartie des soins donnés par le tradipraticien. Mais cette obligation n'est pas la seule. Le contrat de soin médical traditionnel fait naître également à la charge du patient l'obligation de coopération. (A) et de rémunération (B).

A- L'OBLIGATION DE COOPÉRATION

170- En contractant avec le tradipraticien, le patient doit savoir qu'il s'engage à participer à la bonne exécution des soins c'est-à-dire à coopérer ou à collaborer avec lui pour atteindre la finalité essentielle de la convention qui est la guérison ou l'atténuation de sa souffrance. La détermination

---

[143] *Cf.* infra n° 214 et s..

l'étendue de cette obligation (1), nous conduira à examiner son fondement juridique (2).

1- L'étendue de l'obligation

171- L'obligation de collaboration implique que le patient, d'une part, donne au praticien les renseignements nécessaires pour remplir ses obligations et, d'autre part, observe le traitement et les conseils donnés. Le malade doit donner au praticien auquel il fait appel, tous les renseignements que ce dernier demande et qui lui sont indispensables. Si le patient s'abstient de donner ces renseignements, le tradipraticien ne pourra pas remplir son rôle de façon satisfaisante. En droit médical, certains auteurs[144] font remarquer que « le malade n'est point privé de tout rôle actif, sauf dans le cas de sommeil opératoire, dans la mesure où il ne respecte les prescriptions médicales que par un effet de sa volonté ». L'ordonnance contient pour le malade des conseils qu'il est libre de suivre ou non[145]. On considère dès lors que la négligence du patient constitue une des causes éventuelles de la survenance de son dommage. C'est la raison pour laquelle le droit médical intègre cette notion de rôle actif du patient et plus généralement l'idée de participation du malade à la bonne exécution des soins en mettant à la charge de celui-ci une obligation de collaboration, née du contrat médical, laquelle lui impose des devoirs particuliers[146].

172- Avant de réaliser un traitement, le tradipraticien doit, comme nous l'avons vu, procéder à un travail d'investigation. En établissant un diagnostic, il assume une obligation d'interrogation. Il doit poser au malade toutes les questions concernant son état de santé. Il lui appartient donc d'obtenir tous les renseignements utiles à l'exécution de ses obligations. À ce propos M. Salifou DEMBELE soutient que « *le tradipraticien établit son diagnostic en partant de très loin dans le passé et dans l'entourage socio-familial de la personne à soigner, chez laquelle le guérisseur doit rétablir tout l'équilibre de l'organisme. Le malade se trouve ainsi dans un environnement familier et se voit traiter avec respect comme quelqu'un venu demander de l'aide et en droit de l'obtenir. Il est examiné dans sa globalité et même s'il se plaint de malaises physiques, le guérisseur s'intéresse aussi à son état psychique* ». Il poursuit en indiquant que *« Souvent, ce diagnostic nécessite un long entretien qui permet au patient de s'extérioriser, de raconter ses problèmes même apparemment « étrangers » à la maladie, ses anecdotes, ses échecs, ses succès, ses goûts, ses angoisses, bref tout ce qui*

---

[144] *Cf.* en ce sens, G. MEMETEAU, *Traité de la responsabilité médicale, Les études hospitalières*, 1996, p. 42, n° 41.

[145] *Cf.* R. SAVATIER, *Les contrats de conseil professionnel en droit privé*, D. 1972, chron. 137, spéc. n° 20.

[146] *Cf.* en ce sens, BERNARDOT et KOURI, *La responsabilité civile médicale*, Scherbrooke, 1980, n° 325 et s.

touche au psychisme. Ce diagnostic global a tendance à être relégué au second plan par la médecine moderne qui ne privilégie que les seules analyses biologiques quantifiables »[147].

173- C'est, en fait, dans ces situations que l'importance de l'obligation de collaboration du patient se manifeste le plus. Le patient a l'obligation de renseigner exactement son soignant sur la nature de son mal et sur les affections qu'il a eues antérieurement et pouvant avoir un rapport avec le mal actuel. En fait, bien que l'intérêt du malade soit tellement évident qu'on ne conçoive guère que ce dernier puisse cacher au guérisseur des informations nécessaires à l'obtention de sa guérison ou à l'amélioration de sa santé, on pourrait imaginer le cas d'un patient qui, par un sentiment de pudeur ou de fausse honte, dissimulerait certains faits dont il n'est pas en mesure d'apprécier l'importance. Ce qui aurait pour effet d'induire le praticien en erreur dans le traitement prescrit. Dans cette éventualité, le client aurait évidemment à supporter les conséquences dommageables qui pourraient résulter, pour lui, de sa non-coopération. En toute hypothèse, il faut admettre que, comme le malade n'est pas toujours capable d'apprécier l'intérêt médical de telle ou telle révélation, le silence du patient sur certains faits n'est pas toujours de nature à préjuger que le patient manque à son obligation de collaboration et donc, à exclure la faute du tradipraticien. En cas de litige, Il s'agira d'une question de fond relevant de l'appréciation souveraine du juge.

174- Il convient, enfin de rappeler que si le malade s'engage à donner au guérisseur tous les renseignements relatifs à son état et à ses antécédents médicaux, ce dernier ne doit pas, cependant, une fois ces renseignements donnés, s'en contenter. Il doit surtout se soucier de donner des soins prudents. Pour que le traitement puisse produire son effet, le malade doit suivre tous les conseils du praticien. Le malade qui a librement choisi son guérisseur, accepté d'être soigné par lui, après avoir été, le cas échéant, éclairé sur son état et ce qu'il convient de faire pour y remédier, a l'obligation de se soumettre au traitement prescrit, d'absorber les médicaments au moment convenu, de prendre les précautions jugées nécessaires ou autres, de suivre le régime alimentaire, d'admettre les restrictions, les contraintes, les suggestions qui constituent la thérapeutique choisie et décidée par le praticien. C'est à ce prix seulement que ce dernier peut remplir utilement l'obligation de moyens qu'il a souscrite aux termes de cette convention de soin.

175- D'après l'état actuel de nos connaissances, la jurisprudence camerounaise n'a pas encore eu à se pencher sur l'obligation du malade d'obéir aux prescriptions et conseils du tradipraticien. Il résulte de ces

[147] Cf. S. DEMBELE, Th. Préc. P. 46.

développements que pour que, le patient exécute parfaitement son obligation d'observer les prescriptions et les conseils de soin, le tradipraticien devrait pouvoir donner à son patient toutes les informations nécessaires relatives au traitement et toutes les explications sur les précautions à prendre. Après avoir cerné l'obligation de collaboration du patient et déterminé son contenu, il convient à présent de nous interroger sur son fondement juridique.

2- Le fondement juridique de l'obligation

176- En général, en matière médicale, il est unanimement admis que l'obligation de collaboration est imposée au patient dans le cadre du contrat qui le lie au médecin. La nature du contrat elle-même l'implique : le malade fait appel aux soins du médecin, le médecin les donne, puis le malade s'y soumet. Si le médecin s'engage à donner des soins consciencieux, attentifs et conformes aux données de la science pour tenter de guérir ou d'atténuer la souffrance de son patient, ce dernier doit, de son côté, l'aider à atteindre cette finalité en suivant ses indications, ses conseils et ses prescriptions. Les caractéristiques de certains actes médicaux justifient également l'existence de l'obligation.

177- D'une manière générale, le fait que l'obligation de coopération s'impose au patient n'est pas spécifique au contrat de soin. C'est une variante de l'obligation plus générale d'exécuter le contrat de bonne foi, exigeant du créancier de tout faire et de tout mettre en œuvre pour faciliter l'exécution par son débiteur de ses obligations[148]. En effet, le client en contractant avec le professionnel, s'engage à mettre celui-ci en mesure d'accomplir sa tâche. Le rapport qui s'établit entre eux est un rapport de collaboration. Dans les professions libérales, le professionnel resterait souvent impuissant sans le concours du client[149]. Pour réussir, le praticien a besoin du malade ou le défendeur de l'inculpé. Ces nécessités de la profession libérale se traduisent pour le client par certaines obligations juridiques. Ainsi, le malade a le devoir de renseigner le praticien sur les points susceptibles d'éclairer son diagnostic et de se conformer à ses prescriptions.

178- Si le non-respect de l'obligation de coopération ne peut, à l'évidence, faire l'objet d'une exécution forcée, il peut cependant justifier l'inexécution du contrat par le praticien. Étant bien une obligation contractuelle, le praticien sera fondé à se déclarer relevé de ses obligations ou à cesser ses soins si le malade ne collabore pas. Certes, le malade dispose de la faculté d'accepter ou de refuser le traitement proposé par le praticien. L'obligation de coopération créée par l'obligation générale de faciliter

---

[148] *Cf.* Y. PICOD, « L'obligation de coopération dans l'exécution du contrat ». JCP 1988, I, 3318.

[149] J. SAVATIER, Th. Préc. p. 225.

l'exécution du contrat, dans les limites édictées par les usages et la bonne foi, justifierait éventuellement la cessation par le praticien de son concours, quand son client refuse d'exécuter ses prescriptions. Il y a là, en effet, une application du droit commun selon lequel si l'une des parties n'exécute pas le contrat synallagmatique, l'autre peut se retirer et refuser d'exécuter ses propres obligations.

179- Il convient de préciser qu'en droit médical classique, au pouvoir reconnu au médecin d'invoquer l'exception d'inexécution, il existe une limite importante dérogeant aux règles du droit commun : celle de ne pas nuire à son malade et de s'assurer de la continuité des soins. Selon le Code de déontologie médicale camerounais, « *le médecin peut refuser ses soins pour des raisons professionnelles ou personnelles, à condition de ne pas nuire de ce fait au malade ; et d'assurer la continuité des soins prodigués au malade et fournir à cet effet des renseignements utiles* »[150]. La sanction de l'inobservation par le patient de son obligation de coopération ne se limite pas au pouvoir du praticien de cesser de donner ses soins. Elle consiste également, souvent, à exclure ou à atténuer sa responsabilité. L'inexécution par le patient de son obligation de collaboration constitue en principe une faute, susceptible de décharger le praticien de sa responsabilité. En fait l'inexécution constitue une cause exonératoire de responsabilité.

180- Enfin, il convient de signaler que l'obligation de collaboration ne constitue qu'une obligation de moyens[151]. On ne demande au patient que de faire tout ce qu'il peut pour faciliter l'exécution par le praticien de ses obligations. Il s'agit d'une question de fond relevant de l'appréciation souveraine du juge à qui il revient de déterminer si le patient a ou non, suivant le critère du bon père de famille, observé son obligation de collaboration. Si le tradipraticien a l'obligation de donner les soins nécessaires au patient, il va de soi que ces soins qui étaient à une époque gratuits ne le sont plus aujourd'hui[152], le patient ayant l'obligation de les rémunérer.

B- L'OBLIGATION DE RÉMUNÉRATION

181- Le contrat de soins comporte principalement, comme nous l'avons vu, pour le tradipraticien, l'obligation de donner des soins ; en contrepartie de ces soins, le patient doit les rémunérer (1). La rémunération constitue la plus importante et la plus constante des obligations qu'assume le patient envers le tradipraticien ; la question se pose de savoir comment en apporter la preuve en cas de litige ? (2).

---

[150] *Cf.* Art. 28 du Code de déontologie médicale Camerounais.

[151] *Cf.* Y. PICOD, l'obligation de coopération dans l'exécution du contrat op. cit.

[152] Etant donné que les praticiens traditionnels tirent leur subsistance de l'exercice privé de leur art.

1- La rémunération des soins : contrepartie de la prestation reçue

182- Autrefois les guérisseurs traditionnels conscients de leurs prérogatives s'efforçaient de maintenir les traditions de dévouement et d'abnégation de leur métier. Le guérisseur était l'ami, le confident, il prodiguait ses soins à tous les membres de la famille. La rémunération des soins était reléguée au second plan, leur action étant très souvent désintéressée[153]. Aujourd'hui la question d'argent est passée au premier plan[154] ; pour assurer leur existence, ils demandent le paiement des soins qui dans certains cas - heureusement - rares peuvent être exorbitants ; ils se livrent à une chasse aux clients effrénée, cherchant à les attirer par des procédés de publicité, comme les plaques d'affichage, la réclame dans les journaux ou à la radio.

183- Sur le plan juridique, la rémunération que doit le patient, en vertu de la convention de soin, est donc constituée par les « honoraires[155] » qui apparaissent comme la contrepartie financière des soins prodigués et des services fournis par le tradipraticien. À une certaine époque, les paiements constituaient un cadeau, pouvant consister en une somme d'argent ou à un bien d'une autre nature, mais dont le trait essentiel était d'être offert spontanément. C'était en d'autres termes, comme une simple marque de reconnaissance de la part du client. Le service rendu est souvent inappréciable par le malade dont le guérisseur a sauvé la vie ou rendu la santé. Il a bénéficié d'un service dont toute évaluation pécuniaire paraît impossible. À cela, on ajoute le désintéressement qu'exige l'exercice d'une telle activité et qui constitue une condition de la confiance. Or, cette confiance ne pourra s'épanouir que si le client a l'impression qu'on cherche à lui rendre service et non à l'exploiter.

184- Une telle conception de « l'honoraire » entraîne des répercussions considérables sur son régime juridique : elle empêcherait en principe, toute réclamation en justice contre un client ingrat. L'évolution des mœurs et des idées a conduit à remettre en cause la conception de « l'honoraire », marque de reconnaissance. Si le désintéressement est en effet indispensable dans cette activité, le terme ne doit pas faire illusion ; le tradipraticien n'a jamais réellement songé à exercer son activité par philanthropie. Le

---

[153] En général, le pouvoir de guérison étant considéré comme un don, donc gratuitement reçu, la pérennité de ce don exige la gratuité de l'acte de soin. Ainsi la plupart des guérisseurs ne demandaient aucune rémunération mais exigeaient simplement qu'une fois le malade guéri, il revienne le voir avec soit une chèvre, soit une couverture de laine, bref avec un cadeau en nature.

[154] Pour certains, ce service doit être payé parce que le remède ne devient pas « chaud » c'est-à-dire opérant, en l'absence de paiement.

[155] Dans la théorie classique du droit médical, la rémunération du médecin était dénommée « honoraires » parce que le patient ne payait pas le médecin, qui eut été déshonoré de monnayer son savoir ; il « honorait » son talent en lui versant une somme d'argent.

désintéressement suppose seulement la mise à l'écart de certains procédés de commerce et l'obligation de venir en aide même aux clients peu fortunés. Quant à l'inappréciabilité du service rendu, l'argument ne peut guère être invoqué à une époque où on a pris l'habitude de donner un équivalent pécuniaire à une foule d'intérêts moraux en principe inappréciable. La question de la rémunération ici peut, en effet, être comparée à celle de la réparation du dommage moral. Il n'y a aucune raison pour que l'évaluation de l'avantage moral soit plus difficile que celle du dommage de même nature.

185- Il est admis, aujourd'hui, sans conteste, que le tradipraticien qui s'installe, a besoin de travailler et qu'il est indispensable que son travail lui permette de vivre. Chacun de ses actes constitue un travail auquel il est fixé, un prix que le malade doit verser. Rien n'empêche d'admettre que le malade a une obligation civile au paiement des soins, corrélative aux obligations qu'assume le tradipraticien. Cette obligation est-elle susceptible d'exécution forcée ? Personne ne conteste au tradipraticien le droit de poursuivre en justice le paiement de l'honoraire qui lui est dû[156].

186- Ramené au droit médical classique, l'on observe qu'à l'antique conception de l'honoraire, marque de reconnaissance, s'est substituée une notion plus juridique de l'honoraire considérée comme la rémunération versée au médecin par le malade. Le contrat médical étant un contrat principalement synallagmatique, à titre onéreux, les honoraires sont la juste et nécessaire rétribution d'un médecin qui a rempli l'obligation résultant de ce contrat. À l'heure actuelle, le mot honoraire qui n'a plus la signification qu'on lui attribuait, apparaît comme la contrepartie financière reçue par le praticien des soins prodigués. La prestation due par le malade à cet égard, est définie, par M. HARICHAUX comme « *l'expression de l'avantage financier positif ou négatif patrimonialisé ou sous forme de revenu et retiré par le médecin de son activité* »[157]. En concluant valablement le contrat, le patient s'engage au paiement des honoraires en contrepartie des obligations accomplies par le médecin en vertu de ce contrat. Il nous apparaît important de donner quelques explications sur le principe de l'honoraire, contrepartie des soins prodigués par le médecin :

187- Premièrement, il convient de préciser que l'obligation de rémunération est celle qui dérive par l'effet du contrat médical, comme une obligation civile à la charge du patient. On a pu aussi justifier l'obligation aux honoraires par l'idée d'enrichissement sans cause, tenant compte de

---

156 Par exemple dans le domaine médical, dans une situation analogue à la présente étude, *Cf.* SAVATIER, Ibid ; BESSERVE, Th. préc. p. 69. v. Par exemple : Cass. ch. réunies, 13 mai 1963, JCP 1963, II, 13267, note R. SAVATIER.

157 Op. cit. p.3.

l'avantage dont bénéficie le client et de la prestation effectuée par le médecin.

188- Deuxièmement, pour que l'obligation de rémunération existe, le contrat doit être valable. De même un médecin ne peut pas exiger de percevoir des honoraires pour un service illicite.

189- Troisièmement, les honoraires ne sont dus au patient que lorsque le médecin remplit ses obligations découlant du contrat.

190- De même il est admis, en droit médical classique et ceci en application des règles de droit commun, qu'en principe, si l'un des contractants n'exécute pas sa prestation au moment où il doit le faire, l'autre peut refuser d'exécuter la sienne et opposer à la demande de son contractant l'exceptio non adimpleti contractus (ou exception d'inexécution). Dans les contrats synallagmatiques, si les obligations corrélatives des parties doivent être remplies, il est permis pour chacun des contractants de refuser d'exécuter son obligation si l'autre contractant n'a pas exécuté la sienne.

191- S'agissant de la relation étudiée, ce n'est qu'à partir du moment où le malade fait appel au tradipraticien, qu'il s'oblige à payer. En réalité, c'est à partir du moment où le tradipraticien a fourni les soins convenus, qu'une telle obligation de rémunération incombe au malade[158]. L'obligation du patient de payer les honoraires a pour cause principale l'accomplissement par le praticien traditionnel de ses obligations.

192- Le paiement est dû quel que soit le résultat, puisque l'obligation du tradipraticien n'est pas, comme nous l'avons vu, une obligation de résultat mais une obligation de moyens. Il s'engage simplement à employer tous ses efforts pour atteindre la finalité recherchée par le patient (la guérison ou même l'atténuation de sa souffrance), finalité incertaine.

193- En toute hypothèse, il faut admettre que le malade qui ne veut pas suivre le traitement du tradipraticien dans la mesure où celle-ci ne lui convient pas, doit au moins en payer le prix[159]. Enfin, si le principe est que le contrat de soin médical traditionnel constitue un contrat synallagmatique, à titre onéreux, imposant au patient une obligation de rémunération en contrepartie des soins prodigués par le praticien, rien n'empêche que ce

---

[158] L'article 17 du projet de loi de l'OMS prévoit que « le tradipraticien peut percevoir des honoraires dont le montant est fixé par lui dans le respect de l'éthique médicale traditionnelle ».

[159] Les guérisseurs expliquent la non gratuité des soins par le fait « qu'en ville aujourd'hui, tout s'achète au marché, même certaines écorces médicinales qu'il faudrait aller chercher autrement dans la forêt lointaine qui recule chaque année. » Dès lors les patients guéris ne peuvent quitter le guérisseur sans lui verser d'honoraires. Il garde les malades insolvables à ses côtés sous la menace d'une rechute, tant que la somme admise au début par les deux parties n'a pas été réglée. Cf. en ce sens, E. de ROSNY, op. cit. p. 56.

contrat soit conclu à titre gratuit. Il a même d'ailleurs été habituel que le tradipraticien puisse dispenser des soins gratuitement.

194- L'hypothèse émise est permise par la liberté contractuelle reconnue aux parties[160]. La gratuité des soins s'analyse comme un geste de bienfaisance ou une marque de solidarité. Mais, il faut distinguer entre la gratuité des soins et la renonciation du praticien à poursuivre le recouvrement de sa créance. La renonciation où, comme on l'appelle, la remise de dette suppose que les prix sont fixés et réclamés, mais que pour certaines raisons, le praticien dispense le patient de les payer. Quoi qu'il en soit, les honoraires sont dus aux tradipraticiens en contrepartie des services qu'il a rendus au malade, même si aucune détermination préalable de leur montant n'a été effectuée. En effet l'article 17 du projet de loi-cadre de l'OMS dispose que « le tradipraticien de santé peut percevoir des honoraires dont le montant est fixé par lui dans le respect de l'éthique médicale traditionnelle ». La question se pose également de savoir en cas de litige, comment apporter la preuve que le prix des soins a ou non été payé ?

2- La preuve du paiement

195- Une créance naît au profit du tradipraticien à la suite de l'accomplissement d'un acte de soin en vertu du contrat. Mais cette créance peut être contestée soit dans son existence, soit dans son contenu parce que le malade conteste la nature de l'acte lui ayant donné naissance. La preuve de l'existence de la créance, en application du droit commun doit être rapportée par le tradipraticien demandeur à l'action (actori incubit probatio). Mais, en raison de l'impossibilité morale et quelquefois matérielle, motivée par l'état du malade, dans laquelle se trouve le praticien, de se réserver cette preuve par écrit, il peut l'établir par tous moyens.

196- En réalité, même en droit médical classique, lorsqu'un médecin entre en rapport avec un malade, il ne peut guère lui demander une signature susceptible de prouver ensuite son droit aux honoraires. Il peut y avoir à cela une impossibilité matérielle tenant à l'état du malade. Il y a surtout une impossibilité morale : la relation professionnelle est fondée sur la confiance et le médecin tout comme le tradipraticien ne doit pas poser comme condition préalable à ses soins un engagement du malade à le payer[161]. La preuve testimoniale est admise. La preuve est libre tant pour établir que le tradipraticien s'était engagé à assurer ses soins gratuitement que pour établir que la créance est contestable. Cette solution est logique dans la mesure où le client est, lui aussi, dans l'impossibilité morale et, quelquefois, matérielle

---

[160] Ce droit est d'ailleurs aussi consacré par le Code de déontologie médical selon lequel le médecin peut donner des soins quand sa conscience le lui commande

[161] En général, seuls les charlatans exigent d'être payés avant la mise en œuvre d'un traitement.

de se ménager une preuve littérale contre le tradipraticien. Dans ces hypothèses, c'est généralement, le tradipraticien qui dit au patient combien il doit lui donner pour la prestation qu'il va effectuer. Ce montant est soit directement accepté par le patient, soit débattu puis accepté par les parties. C'est donc le praticien qui fixe unilatéralement le prix de son service. C'est le principe de l'entente directe.

197- Enfin, on admet généralement que l'obligation est encore plus impérative dans les contrats basés sur des relations de confiance, telle la relation de soin liant le tradipraticien au patient. Tenant compte des règles de droit commun qui font des conventions la loi des parties, et qui interdisent, par conséquent, à l'autorité judiciaire de substituer sa volonté à l'accord préalable des parties, la question se pose de savoir quelle pourrait être, en cas de litige, l'étendue du pouvoir des tribunaux dans la fixation ou de la réduction du montant des honoraires ?

198- S'il arrive que certains patients soient exploités par des malhonnêtes, pratiquant des honoraires disproportionnés, eu égard aux services rendus, une telle exploitation doit être sanctionnée, en application des règles de droit commun[162]. Si une personne exploite chez une autre un besoin primordial, une faiblesse constatée, une passion ou une domination révérencielle que cette personne éprouve pour l'autre et l'a amenée à conclure, pour son profit ou le profit d'un tiers, un contrat impliquant une disproportion excessive entre les obligations qu'elle assume et les intérêts matériels ou moraux qu'elle en tire le juge peut, à la demande de la victime, réduire ses obligations.

199- En transposant ces règles à notre étude, on peut constater que si le tradipraticien a pu tirer profit de la maladie dont son client est atteint et l'amener à payer ou à accepter de payer des honoraires qui sont sans mesure avec le service réellement rendu, le juge peut, à la demande du patient, les réduire et même ordonner la restitution de ceux déjà versés. La protection du malade contre une éventuelle exploitation par le tradipraticien en matière de rémunération est ainsi prévue par application des règles du droit commun.

200- En principe pour que cette créance d'honoraires puisse être considérée comme éteinte, il est indispensable que la dette qu'elle constitue pour son débiteur ait été acquittée par ce dernier. Aussi le praticien pourra- t-il se retourner contre son malade. Cependant, d'autres personnes que le malade peuvent se voir réclamer le paiement des honoraires. Ainsi, en cas de décès du malade, ce sont ses héritiers qui doivent régler les honoraires, suivant les règles du droit civil. Lorsque le malade est mineur, c'est son représentant légal qui paie les honoraires.

---

[162] Les peines de l'article 318 du code pénal réprimant l'escroquerie pourront bien s'appliquer dans ce cas. Cf. infra n°422 et s.

201- Tout bien considéré, la contractualisation de la relation liant le tradipraticien au patient, permettra d'assurer efficacement la protection des victimes. En effet le contrat demeure l'instrument indispensable des prévisions individuelles, la sécurité juridique étant assurée par sa force obligatoire. Le particularisme des relations qui se rapportent à la médecine traditionnelle ne les empêche pas d'être en totale conformité avec les règles de droit commun. Si l'existence d'un rapport de nature contractuelle entre le tradipraticien et le patient est désormais établie, il devient à présent nécessaire d'entreprendre l'étude des critères d'identification de cette relation.

CHAPITRE 2

IDENTIFICATION DE LA RELATION LIANT LE TRADIPRATICIEN AU PATIENT

202- Il ressort de l'analyse précédente que la relation contractuelle liant le tradipraticien au patient fait naître des obligations réciproques à la charge de chacune des deux parties. Le particularisme de la relation étudiée commande que l'on s'interroge sur la solution qui doit être donnée à un litige occasionné par cette activité. Dès lors, il convient de rechercher la nature et les caractéristiques du contrat sur lequel s'établit cette relation.

203- La question se pose à présent de savoir quelle qualification réelle donner à cette relation contractuelle. Autrement dit la relation contractuelle liant le tradipraticien au patient rentre-t-il dans des types établis de contrats que l'on appelle contrats spéciaux ou constitue-t-il un contrat innommé ? L'examen respectif de l'un et l'autre type de contrat va permettre d'attribuer au contrat de soin médical traditionnel une qualification juridique adéquate.

Il s'agit donc d'une part de mettre en évidence le caractère de la relation contractuelle liant le tradipraticien au patient (**Section1**) ; il s'agit d'autre part d'étudier sa qualification juridique réelle (**Section 2**).

SECTION 1 : LES CARACTÈRES DU CONTRAT LIANT LE TRADIPRATICIEN AU PATIENT

204- Le Code civil qualifie certains contrats de contrats spéciaux[163]. Toutefois, il prévoit la possibilité de conclure en pratique, d'autres conventions, sans compter celles prévues par la jurisprudence. Ces contrats sont appelés contrats innommés. Le Code civil fait allusion à cette distinction en prévoyant que « *les contrats, soit qu'ils aient une dénomination propre, soit qu'ils n'en aient pas, sont soumis à des règles générales...* »[164]. Une confrontation de la relation étudiée avec les autres types de contrat, permet de mettre en exergue son caractère civil (§1) d'une part, et ses caractères synallagmatique et consensuel d'autre part (§2).

§1. LE CARACTÈRE CIVIL DU CONTRAT DE SOIN

205- Le contrat de soin unissant le tradipraticien au patient est un contrat civil et non pas un contrat commercial. Dès lors d'importantes conséquences en découlent ; il en est ainsi du principe de l'exclusion de la compétence du tribunal de commerce. Seul un tribunal civil est compétent pour toutes les questions susceptibles de se poser au sujet de la nature du contrat étudié.

206- Deux principales raisons peuvent être évoquées pour justifier le caractère civil du contrat de soin médical traditionnel : la première réside dans le principe de la non patrimonialité du corps humain, qui s'oppose à ce qu'une relation comme celle étudiée puisse être considérée comme un contrat commercial. En vertu de ce principe, le corps humain ne saurait faire l'objet d'un droit patrimonial. Autrement dit, il est hors du commerce juridique. Le principe de la non patrimonialité du corps humain s'oppose à ce qu'un tel contrat puisse être considéré comme un contrat commercial. Sinon, il serait entaché de nullité absolue. Par conséquent, sont frappées de nullité, les conventions ayant pour effet de conférer une valeur patrimoniale au corps humain. En réalité, cette activité échappe à toute classification en droit, et déborde largement la catégorie des biens incorporels eux-mêmes, droits de propriété industrielle, commerciale artistique et littéraire compris.

207- Tout entre tradipraticien et malade, est hors commerce ; à commencer d'un côté par la personne humaine, principal, sinon unique objet des soins à fournir, et de l'autre, par ces réflexes de dévouement et de

---

[163] Un certain nombre de contrats sont spécialement organisés, soit par la loi, soit par les usages professionnels. Pour cette raison, on les appelle des contrats spéciaux, qui constituent aussi des contrats nommés, parce que la loi ou les usages qui les réglementent leur donnent un nom. Il s'agit par exemple des contrats de vente, de bail, de prêt, de mandat, etc. Cf. Ph. MALAURIE, L. AYNES, les contrats spéciaux, Paris, Cujas 1996

[164] *Cf.* art. 1107 du Code civil.

conscience professionnelle[165] qui devraient en principe caractériser tous les tradipraticiens, et qui ne se vendent ni ne s'achètent. Bien que les activités du tradipraticien, qui constituent l'objet de cette convention de soin, se rattachent directement à la personne du malade, c'est-à-dire à son corps, la validité d'un tel contrat ne doit être admise que parce que sa finalité est thérapeutique. C'est la santé, voire la vie du patient qui est en jeu.

208- La deuxième raison est que l'art de soin médical traditionnel peut être assimilé à une activité libérale. Il est en effet, pratiqué par un professionnel indépendant et libéral, le tradipraticien ; ce qui exclut que la relation qui résulte de cette activité puisse être considérée comme une relation commerciale. Les activités libérales se différencient des activités commerciales dans la mesure où le commerçant calcule le prix de revient de chacune de ses prestations. En revanche, le professionnel libéral reçoit une rémunération considérée comme la contrepartie des services intellectuels qu'il rend et qui sont fonction des souhaits des clients[166].

209- En droit médical classique, l'article 7 du Code de déontologie médicale camerounais prévoit expressément que « *la médecine ne doit pas être pratiquée comme un commerce* ». De même le Code de déontologie des chirurgiens-dentistes dispose en son article 12 que « *la profession dentaire ne doit pas être pratiquée comme un commerce* ». Le législateur a voulu interdire aux médecins d'avoir recours à des procédés revêtant un caractère commercial. Ainsi, en application de l'article 7 alinéa 2 du Code de déontologie camerounais, il est interdit au médecin de recourir lui-même à la publicité et ce, quels que soient les moyens utilisés.

210- L'assimilation d'un médecin à un tradipraticien ne saurait être effectuée ; le premier acquiert son titre à l'issue de longues études médicales, d'où ses connaissances intellectuelles et professionnelles élevées tandis que le second acquiert sa connaissance de façon empirique. La profession médicale est réglementée et bien structurée tandis que règne encore un certain désordre en médecine traditionnelle et la profession est truffée de charlatans. En général, l'exercice de la profession de tradipraticien a un caractère mixte dans la mesure où, à côté de l'activité libérale, se développe une activité que l'on peut dans une certaine mesure qualifier de commerciale. En effet, en plus des soins prodigués, le tradipraticien tient également une espèce de « pharmacie » traditionnelle pour la vente des plantes médicinales qu'il prescrit lui-même. Face à ses doubles qualités de soignant et de vendeur de plantes médicinales, il est évident que la théorie de l'accessoire s'appliquera sans conteste en cas de litige. Dans ce cas, c'est

---

[165] Pour une illustration dans le domaine médical, *Cf.* L. KORNPROSBT, op. cit., p. 20, n°25.

[166] *Cf.* R. et J. SAVATIER, J.M. AUBY et H. PEQUIGNOT, *Traité de droit médical,* Librairies Techniques, 1956, n° 237.

l'activité commerciale qui sera considérée comme accessoire et sera sans effet sur la nature civile de l'activité.

211- La jurisprudence camerounaise a adopté cette position dans un arrêt du 20 février 1975. En effet, la Cour suprême a précisé que « *la profession libérale ne sera pas considérée comme une activité commerciale, même si son exercice nécessite l'accomplissement de certaines activités de nature commerciale* »[167]. La jurisprudence française a également décidé, en appliquant la théorie de l'accessoire, qu'un médecin jouant accessoirement le rôle de pharmacien n'est pas pour autant commerçant[168]. De même le chirurgien dentiste qui achète, transforme et vend certaines marchandises pour les soins dentaires ou des appareils de prothèse n'est pas commerçant[169]. En tout état de cause, le contrat qui se forme entre le tradipraticien et le malade ne peut être qu'un contrat civil.

212- Le contrat liant le tradipraticien au patient est aussi comme nous l'avons vu, un contrat à titre onéreux. Comme le définit l'article 1106 du Code civil, le contrat à titre onéreux est « *celui qui assujettit chacune des parties à donner ou à faire quelque chose* ». Ainsi, dans un contrat à titre onéreux, aucune des parties ne s'engage gratuitement. Un tel contrat comporte donc, pour chaque prestation fournie, une rémunération d'ordre patrimoniale. En ce sens, le contrat de soin liant le tradipraticien au patient est un contrat à titre onéreux ; chacune des parties doit donner ou faire quelque chose. Ainsi, le patient verse, pour les soins reçus, une rémunération ; le tradipraticien fournit son temps et ses connaissances ; en fait, il prodigue des soins moyennant rémunération. Il faut cependant noter qu'il arrive que le tradipraticien donne des soins à titre gratuit. Dans ce cas, le service du tradipraticien ne sera pas rémunéré par le patient. Toutefois, l'absence de rémunération ne doit pas conduire à, exclure l'existence du contrat. Mais le contrat qui existe est un contrat de bienfaisance ou à titre gratuit[170]. Même en droit médical classique, l'article 31 alinéas 2 du Code déontologie médicale camerounaise dispose que le médecin « *reste libre de donner gratuitement ses soins quand sa conscience le lui commande* ». La confrontation de la relation étudiée avec les contrats synallagmatique et consensuel s'avère également nécessaire.

---

[167] Cour suprême de Yaoundé, 20 fév. 1975, inédit

[168] Alger, 2 juin 1900, D. 1902, 2, 21.

[169] Alger, 9 nov. 1904, D. 1903, 2, 243.

[170] *Cf.* J. PENNEAU, « La responsabilité médicale », Sirey, 1977 ; R. BESSERVE, « De quelques difficultés soulevées par le contrat médical », JCP 1956, 1309 ; HARICHAUX, « Le contrat médical, droit médical et hospitalier », op. cit.

§2. LES CARACTÈRES SYNALLAGMATIQUES ET CONSENSUELS DU CONTRAT DE SOIN MÉDICAL TRADITIONNEL

213- La relation liant le tradipraticien au patient présente deux principaux caractères, que l'on voudrait envisager succinctement ; il est synallagmatique (A) d'une part, et consensuel d'autre part (B).

A- LE CARACTÈRE SYNALLAGMATIQUE DU CONTRAT

214- Le contrat synallagmatique ou bilatéral est celui dans lequel les contractants s'obligent réciproquement les uns envers les autres[171]. C'est la réciprocité des obligations qui caractérise le contrat synallagmatique. On dit que ces obligations sont juridiquement la cause l'une de l'autre[172]. Le contrat liant le tradipraticien et le patient est un contrat synallagmatique. Son caractère synallagmatique se justifie par la réciprocité des obligations des parties. Le tradipraticien est tenu de donner des soins ; en contrepartie de ces soins, le contrat met à la charge du patient l'obligation de rémunérer le praticien et de suivre le traitement prescrit.

215- Le caractère réciproque des obligations dans le contrat unissant le tradipraticien et le patient a pour conséquence de les soumettre à un régime particulier[173]. D'une part, l'une des parties, le tradipraticien ou le malade, peut refuser d'exécuter son engagement tant que l'autre partie n'a pas exécuté le sien et ce, en application du principe de l'exception d'inexécution réservée aux obligations réciproques, selon lequel l'une des parties ne peut être contrainte d'exécuter son propre engagement dès l'instant que l'autre n'exécute pas le sien. D'autre part, le caractère synallagmatique du contrat de soin unissant le tradipraticien au patient pourrait également permettre à l'une et l'autre partie, par l'effet de la résolution exigeant la réciprocité des obligations, de se dégager du contrat lorsque l'autre partie n'exécute pas son obligation. Il convient cependant de préciser que l'exception d'inexécution ou la résolution ne doit pas être susceptible de nuire au malade ou de mettre sa santé en danger. L'analyse précédente ayant permis d'asseoir le caractère synallagmatique de la convention étudiée, on s'aperçoit également à l'analyse que celle-ci se rapproche sensiblement d'un contrat consensuel.

B- LE CARACTÈRE CONSENSUEL

216- Les contrats se subdivisent en contrats consensuels, solennels, et réels, selon que la simple manifestation de l'accord de volontés est suffisante ou non pour que le contrat soit formé. Le principe, en matière de contrat de

---

171 *Cf.* Art. 1102 du Code civil.

172 *Cf.* R. et J.SAVATIER, AUBY, PEQUIGNOT, « Traité de droit médical », op. cit. p. 212.

173 *Cf.* J. GHESTIN, « Traité de droit civil, la formation du contrat », LGDJ, 1993, p. 15.

soin qu'il soit traditionnel ou moderne, est celui du consensualisme. Le contrat étant consensuel, il se trouve conclu par la simple rencontre des volontés sans qu'aucune forme particulière ne soit requise. Cela signifie qu'il n'est pas exigé pour la conclusion du contrat que le consentement soit donné dans une forme précise, sauf exception prévues par la loi. Quant à l'article 1108 du C. civ., il a consacré tacitement cette solution en ne faisant pas d'une forme particulière, la condition de validité du contrat. Ce n'est qu'exceptionnellement que la loi prévoit que l'accord des volontés doit revêtir certaines formes.

217- Ce principe est applicable au contrat de soin relatif à la médecine traditionnelle et liant le tradipraticien au patient qui, en l'absence de texte spécifique, apparaît comme un contrat consensuel. Dès lors, le contrat existe du moment que l'acceptation du tradipraticien rencontre l'offre du patient. Ainsi, reprenant l'expression du tribunal de Grande instance de Yaoundé dans le domaine médical, « *le contrat se forme à partir de l'instant où, en connaissance de cause, le chirurgien a promis l'exercice de son art au bénéfice du patient qui le lui a demandé* »[174]. On peut également citer la décision du Tribunal de grande instance de Douala en vertu de laquelle « *en matière de responsabilité contractuelle du fait du médecin, le contrat qui le lie avec le patient peut être un contrat écrit ou un contrat verbal* »[175]. Il est donc clair que l'écrit n'est pas une condition de validité du contrat médical et ne saurait être une condition de validité du contrat liant le tradipraticien au patient, ceci d'autant que la grande majorité des tradipraticiens ou de ceux qui les consultent dans les campagnes sont des analphabètes.

218- Dès lors, chacune des parties en cas de besoin peut apporter la preuve par tous moyens, telle que l'impossibilité morale de se procurer une preuve écrite des engagements contractuels, résultant de cet usage. En matière médicale, la Cour de cassation française a considéré que « *le médecin, pour le paiement de ses honoraires, doit être considéré comme n'ayant pu moralement se procurer une preuve littérale de l'obligation contractée envers lui par le malade, et que celui-ci, pour la même raison, doit être admis à établir en dehors de tout écrit et quelle que soit la somme réclamée, les engagements que le médecin aurait pris à cet égard vis-à-vis de lui* »[176]. Dès lors, en cas de contestation, chacune des parties peut apporter la preuve du contrat par tous moyens, notamment par témoignage, par aveu, etc.

219- En définitive, on peut affirmer que le contrat de soin liant le tradipraticien au patient, sans qu'il soit nécessaire de le formuler par écrit, implique simplement l'accord de volontés des parties qui se manifestera, le

---

[174] TGI MFOUNDI, 8 juin 1973. Inédit.

[175] TGI Dla, 13 oct. 1988, B, 2510. Inédit.

[176] Cass. civ. 13 avril 1909, D.P. 1910.I.14.

plus souvent verbalement. Nous convenons avec M. BALUMARY qui affirme en matière médicale que : *« les convenances, l'usage universel fondé sur un sentiment très délicat de la dignité médicale empêchent de libeller sur ce point des stipulations précises »*[177]. Contrat commutatif dont le contenu est fixé au moment de sa formation, la relation unissant le tradipraticien et le malade est également caractérisée par l'*intuitu personae.*

§3. LE CARACTÈRE INTUITU PERSONAE DU CONTRAT

220- Une rapide présentation du principe posé (A) par le caractère intuitu personae des contrats s'impose avant de souligner les conséquences qui en découlent (B).

A- LE PRINCIPE

221- Certains contrats sont conclus en considération de la personne des parties. Ce sont des contrats conclus « intuitu personae ». Cette expression juridique traduit la confiance existant entre les parties. Et le contrat de soin conclu avec un tradipraticien fait partie de tels contrats. Selon la fameuse phrase de l'ancien président du Conseil national de l'ordre des médecins français, qui s'exprimait relativement à la médecine conventionnelle et que nous paraphrasons, *« tout acte soin n'est, ne peut être et ne doit être qu'une confiance qui rejoint librement une conscience »*[178]. En règle générale, la sincérité envers le malade constitue une obligation fondamentale. À la confiance du patient doit répondre la loyauté du soignant. Un bon tradipraticien entend dans tous les cas, assurer la sécurité globale du patient : il s'agit d'une sécurité médico-sanitaire par la guérison ou la prévention et d'une sécurité sociale par la promotion ou la restauration de bons rapports à l'intérieur du groupe. Il s'y ajoute l'exigence habituelle, formulée par le soignant, que la famille du patient reste auprès de lui afin de lui apporter un soutien moral efficace et l'assurer de sa solidarité entière. De même, l'attitude calculée, habituelle chez le tradipraticien : majesté, rareté des gestes et paroles, ambiance de gravité et de mystère, n'a pas d'autre but que de susciter la confiance totale du malade en son pouvoir de le soigner. Ainsi le malade ou celui qui le représente doit pouvoir faire une confiance aveugle à l'homme de l'art ; et cette confiance qui constitue l'âme du contrat comporte certaines conséquences.

---

[177] *Cf.* BALUMARY, « La responsabilité médicale et le secret professionnel », Th. Paris, 1909, n° 30.

[178] *Cf.* L. PORTES, « Du consentement du malade à l'acte médical », communication faite le 30 janvier 1950 à l'Académie des Sciences morales et politiques.

B- LES CONSÉQUENCES : UN PRINCIPE BASE SUR LA CONFIANCE

222- Du caractère intuitu personae du contrat, il en résulte plusieurs conséquences : une liberté de choix accordée au client (1), une possibilité de nullité pour erreur (2), et la possibilité de disparition de confiance.

1- Liberté de choix du client

223- Sur le plan contractuel, la liberté est l'une des conséquences juridiques du principe de l'autonomie de la volonté. Les individus sont donc libres de contracter ou de s'abstenir. Il n'existe pas d'obligation juridique de contracter et nul n'est forcé d'entrer en relation avec ses semblables[179] sous peine de sanction. Lors de l'étude du consentement des parties au contrat de soin, nous verrons que le malade choisit son praticien librement et en fonction de la confiance que celui-ci lui inspire. Cette confiance est le fondement du principe du libre choix du praticien par le malade. Nous verrons également que le tradipraticien a lui aussi une certaine liberté dans le choix de son patient[180]. En effet il peut refuser le patient pour des raisons personnelles ou professionnelles. Toujours en application des règles du droit commun, quand les qualités de chaque contractant sont la raison de l'engagement, l'erreur « d'un des contractants sur la personne de l'autre, à condition que l'erreur soit substantielle, provoque la nullité relative du contrat ». Le caractère personnel du contrat de soin liant le tradipraticien au patient met en jeu ces règles lorsque l'une des parties, tradipraticien ou malade, commet une erreur sur la qualité de l'autre. Ainsi le malade peut demander la nullité du contrat, en invoquant l'erreur sur la personne du praticien. Il peut apporter la preuve qu'il a été la victime d'une confusion quand il a cru avoir stipulé avec un praticien réputé alors qu'il ne l'avait jamais rencontré auparavant, et que ce n'est que par la suite qu'il a appris que la partie qu'il a rencontrée n'était que son remplaçant.

224- Le tradipraticien est choisi intuitu personae par le malade. C'est en raison de la confiance qu'il a dans son praticien, que le malade met son corps, sa santé voire sa vie entre les mains de ce dernier. Dès lors, il en résulte que le tradipraticien a des obligations envers le malade qui l'a choisi librement tout en ayant pris en compte ses qualités estimées essentielles pour lui. Il doit remplir personnellement ses obligations contractuelles, car le malade l'a choisi et non un autre. Il convient de préciser que cela ne lui interdit nullement de faire effectuer certaines tâches par un de ses préposés en formation.

225- En droit médical classique, la jurisprudence admet que le chef de l'équipe médicale peut être reconnu contractuellement responsable des fautes commises par l'un des membres, lorsque le malade n'a pas contracté,

---

[179] *Cf.* A WEILL et F. TERRE, *Droit. Civ., Les obligations*, Précis Dalloz 1986, p. 55 et s.
[180] *Cf.* infra, n° 301 et s

expressément ou implicitement, avec chacun des membres de l'équipe, mais seulement avec son chef[181]. En dehors de la liberté de choix du client, l'autre conséquence qui résulte du caractère intuitu personae est la disparition de confiance.

2- La disparition de confiance : cause de cessation du contrat de soin

226- Un malade n'oserait jamais confier ses problèmes à un tradipraticien s'il n'avait pas une confiance absolue en lui. En droit médical classique, le législateur a voulu protéger cette confiance du malade en son médecin. C'est ainsi que le médecin qui divulgue des secrets médicaux, peut voir sa responsabilité civile ou pénale[182] engagée ; de telles dispositions s'appliquent aussi sans conteste au tradipraticien indélicat.

227- La relation étant conclue « intuitu personae », elle implique à tout moment la confiance entre les parties. Dès lors, la disparition de la confiance peut constituer un juste motif de rupture des relations entre les parties. En effet, le malade peut à tout moment, rompre le contrat dès qu'il n'a plus confiance en son soignant[183]. La rupture est très souvent, implicite, le malade se rend chez un autre tradipraticien sans avoir à rendre compte au premier, ou n'observe tout simplement pas les prescriptions de ce dernier. Le tradipraticien peut agir de même. Il peut résilier son engagement dès lors que son client n'écoute pas les conseils qu'il lui donne ou ne respecte pas ses prescriptions. Mais dans la pratique c'est la première situation qui est plus fréquente. Toutefois cette liberté est limitée, comme nous l'avons vu précédemment lorsque nous traitions des obligations du tradipraticien. Ces restrictions sont également prévues en médecine conventionnelle par le Code de déontologie médicale.

228- En raison encore de la considération personnelle des parties, cette relation prend fin par le décès de l'un des contractants, qu'il s'agisse du tradipraticien ou du malade. Si le malade lors de son décès ne s'était pas acquitté vis-à-vis du tradipraticien des honoraires qui lui étaient dus, cette dette se transmettra aux héritiers du défunt. C'est l'élément de confiance existant entre le tradipraticien et le malade qui pourrait constituer un obstacle susceptible d'empêcher, l'assimilation de cette relation contractuelle à d'autres catégories de contrats. En effet, comme nous l'avons souligné, le défaut de confiance peut constituer un motif de rupture de la relation liant le

---

[181] V. Cass. civ. 1ère, 18 oct. 19060.II. 11846, note R. SAVATIER.

[182] Cf. article 310 du code pénal, qui punit d'un emprisonnement de trois mois à trois ans et d'une amende de 20.000 à 100.000 francs celui qui révèle sans l'autorisation de celui à qui il appartient un fait confidentiel qu'il n'a connu ou qui ne lui a été confié qu'en raison de sa profession ou de sa fonction.

[183] En principe, lorsque le contrat est conclu intuitu personae, le rapport de confiance suppose qu'il puisse y être mis fin à tout moment, chacune des parties étant en droit d'apprécier unilatéralement la confiance qu'elle peut faire à l'autre.

tradipraticien au patient comme il peut aussi prendre fin par le décès de l'un ou de l'autre.

229- Dans la plupart des cas, la relation liant le tradipraticien au patient ne se réalise pas en un laps de temps, à la différence d'un contrat à exécution instantanée, comme la vente. Cette relation contractuelle de soin peut être considérée comme un contrat à exécution successive[184]. En effet, de par sa nature même, tout contrat médical ou tout contrat de soin suppose une exécution plus ou moins prolongée. Par lui, le praticien s'engage à établir un diagnostic et à mettre en œuvre un traitement qui est susceptible de se prolonger dans le temps. On peut se référer en droit médical classique et principalement au contrat d'opération chirurgicale : « *le contrat existe dès l'instant où le chirurgien a accepté de donner son avis sur les soins nécessités par l'état du malade, et tant que l'une des parties n'y a pas mis fin, c'est le même contrat qui se poursuit. Ainsi, l'opération n'en est qu'un des éléments, elle ne résulte pas le plus souvent d'un nouveau contrat. Les étapes d'une intervention chirurgicale sont à phases multiples où l'on peut être amené à substituer à l'opération entreprise une nouvelle opération de nature différente* »[185].

230- Il convient de préciser que le caractère continu du contrat de soin ne conduit pas inexorablement à exclure l'assentiment du malade quant au choix de l'acte thérapeutique nécessaire. Il doit être mis à la charge du tradipraticien, l'obligation d'obtenir son assentiment préalable et éclairé avant d'effectuer un acte thérapeutique. Certes, l'assentiment à l'acte ne constitue pas un contrat séparé du contrat initial. Il ne s'agit pas de plusieurs contrats successifs. L'assentiment ne doit pas non plus se confondre avec le consentement à la conclusion du contrat déjà formé.

231- L'analyse précédente ayant permis de mettre en exergue les caractères de la relation liant le tradipraticien au patient il convient à présent d'attribuer à cette convention une qualification juridique adéquate.

SECTION 2 : LA QUALIFICATION JURIDIQUE DU CONTRAT LIANT LE TRADIPRATICIEN AU PATIENT

232- La qualification est un problème général, soulevé par toute règle de droit[186]. En effet, le droit est un ensemble limité de règles, alors que la vie

---

184 *Cf.* PENNEAU, *La responsabilité médicale*, op. cit. p. 21 ; R. et J. SAVATIER, AUBY, PEQUIGNOT, Traité de droit médical op ; cit. ; KORNPROBST, Contrat de soins médicaux, op. cit. p.25.

185 *Cf.* NORDMANN, « Le contrat d'opération chirurgicale », Th. Préc.

186 *Cf.* X. HENRY, « La technique des qualifications contractuelles », Th. Nancy II, 1992 ; F. TERRE, « L'influence de la volonté individuelle sur les qualifications », Th. Paris, 1957, n° 12 et 674.

quotidienne est un ensemble illimité de faits. Dès lors, il est nécessaire, pour appliquer le droit, de qualifier le fait. La qualification est toujours primordiale quelles que soient les matières de droit étudiées. Souvent il vrai, le problème passe inaperçu ; cependant dès lors que l'opération envisagée est un tant soit peu complexe, le problème n'est pas le même. Prenons le cas de la relation étudiée : est-ce un contrat spécial ? Est-ce un contrat innommé ? Cette distinction présente, cependant, un intérêt pratique. Si un contrat doit être enfermé dans le cadre de l'un des contrats spéciaux, il devra obéir à toutes les règles particulières relatives à ce contrat. Au contraire, si on veut faire jouer ses effets à un contrat innommé, on ne pourra se référer aux règles prévues pour tel ou tel contrat spécial. Seules lui seront applicables les règles générales des contrats et celles qui ont été convenues par les parties.[187].

233- Par conséquent, en présence de toute relation contractuelle, pour savoir quelle règle lui appliquer et connaître la solution à donner à un litige, s'implique la recherche de la nature du contrat. Si le contrat liant le tradipraticien au patient entre dans le cadre des contrats spéciaux (§1), il devra obéir aux règles particulières relatives à ces contrats. Or s'il est considéré comme un contrat innommé (§2), le juge devra plutôt appliquer en cas de litige les règles générales en matière de contrats.

§1. LA RELATION CONTRACTUELLE TRADIPRATICIEN-PATIENT ET LES CONTRATS SPÉCIAUX

234- De l'analyse précédente, il résulte que la relation contractuelle de soin relatif à la médecine traditionnelle, et unissant le tradipraticien au patient fait naître des obligations réciproques et interdépendantes à la charge du patient et du praticien. Le contrat étudié est un contrat synallagmatique qui a pour objet les prestations de service réciproques ; la question qui se pose dès à présent est celle de savoir quelle place il convient de donner au contrat liant le tradipraticien au patient. En clair, ce contrat rentre-t-il dans un des types établis de contrats que l'on appelle les contrats spéciaux ou constitue-t-il un contrat innommé ?

235- Après avoir relevé la complexité du problème posé (A), nous allons voir quelle est la solution qui selon nous, doit être retenue relativement à ce contrat liant le tradipraticien et le patient (B).

[187] *Cf.* J. GHESTIN, *La formation du contrat* op. cit. ; Cf. aussi Ph. MALAURIE, L. AYNES, *Les contrats spéciaux*, Paris, Cujas 1996, p. 14 et s.

A- LA COMPLEXITÉ DU PROBLÈME POSÉ

236- Le Code civil qualifie certains contrats (vente, prêt, mandat...) de contrats spéciaux. Toutefois, ils prévoient la possibilité de conclure, en pratique, d'autres conventions, sans compter celles prévues par la jurisprudence. Ces contrats sont appelés contrats innommés. L'article 1107 du Code civil fait allusion à cette distinction[188]. En réalité, la distinction entre contrats spéciaux et contrats innommés présentait un grand intérêt en droit romain. En effet, en principe, seuls les contrats nommés étaient valables. Ce qui permettait au plaideur d'intenter devant les tribunaux une action en exécution forcée. Par contre, si l'on ne pouvait pas se rattacher à un contrat clairement formulé, on ne pouvait qu'obtenir la restitution de la chose donnée, ce qui était impossible en vertu de l'équité[189].

237- Les législateurs modernes ne font pas produire cet effet à la distinction entre les contrats innommés et les contrats nommés. Aujourd'hui, toutes les conventions synallagmatiques sont obligatoires en vertu du principe de l'autonomie de la volonté. Selon MM. GARSONNET et CEZAR BRU, « *tout contrat oblige à tout ce qui est expressément ou tacitement convenu et à toutes les suites que l'usage ou l'équité donnent et à l'exécution desquelles une partie ne saurait se soustraire aux dépens de l'autre* »[190]. Dans le cas fréquent où les contractants ne s'en sont pas clairement expliqués, les effets d'un contrat innommé n'apparaissent pas avec la même évidence. Advenant un litige, il faut qualifier le contrat litigieux c'est-à-dire en déterminer la nature juridique en le rattachant à tel ou tel contrat nommé, à la réglementation duquel il se trouvera ainsi soumis.

238- Mais cette qualification est assez souvent incertaine, parce que beaucoup de contrats sont complexes, en ce sens qu'ils sont a priori susceptibles d'entrer dans deux ou même plusieurs catégories. Pour prévenir cette difficulté, le législateur camerounais doit réglementer en détail l'exercice de la médecine traditionnelle, et surtout la relation tradipraticien – patient, en la transformant en un contrat nommé.

239- La reconnaissance du contrat conclu entre le tradipraticien et le patient, sans que ce ne soit ni l'œuvre de la jurisprudence ni l'œuvre du législateur, qui interviendrait pour en préciser la véritable la nature, peut donner lieu à de nombreuses et profondes divergences. En effet, si l'on considère que la relation liant le tradipraticien au patient est un contrat spécial, un rapprochement s'avère nécessaire entre la relation contractuelle étudiée et certains contrats spéciaux. Une telle démarche confrontant les

---

[188] D'après la loi, « Les contrats, soit qu'ils aient une dénomination propre, soit qu'ils n'en aient pas, sont soumis à des règles générales ».

[189] *Cf.* D. GRILLET-PONTON, « Essai sur le contrat innomé », Th. Lyon, 1982 p. 37 et s.

[190] GARSONNET et CEZAR BRU, « Traité théorique et pratique de procédure civile et commerciale », T. 1, paris,

diverses solutions possibles, permettra de mettre en évidence la réelle qualification juridique du contrat de soin liant le tradipraticien et le patient.

B- LA DIVERSITÉ DES SOLUTIONS

240- Si l'on considère que le contrat liant le tradipraticien au patient appartient à une catégorie déterminée de contrats, plusieurs théories doivent alors être envisagées. Dès lors il convient de faire le parallèle successivement avec la théorie du mandat (1), du louage de service (2), et, enfin du contrat d'entreprise (3), afin d'établir clairement la véritable qualification juridique de la relation étudiée.

1- Le contrat tradipraticien - patient et la théorie du mandat

241- C'est en recourant à la théorie du mandat, qui a prévalu dans l'ancien droit, qu'on a souvent cherché à expliquer juridiquement la relation faisant l'objet des activités libérales, entendues comme des activités non manuelles et non-salariées[191]. En effet cette théorie, comme nous l'avons vu à propos du contrat classique et de la conception soutenue par AUBRY et RAU, donne aux travaux exécutés par les professions libérales une nature qui échappe à toute appréciation matérielle. Les arts libéraux ne pouvant donner lieu à salaire, ils ne sauraient faire l'objet, par conséquent, d'un contrat de louage, le louage de services étant réservé aux domestiques. Aussi le mandat apparaît-il comme le plus approprié. Il est fondé sur l'amitié, le désir de rendre service. Ce type de contrat exige la mise en œuvre de certaines connaissances. Une personne appelée mandant charge une autre personne, le mandataire, d'effectuer gratuitement une prestation dans son intérêt. Bien que l'on admettait, à Rome, la possibilité pour le mandataire d'être rémunéré, sa rémunération n'était cependant pas considérée comme un salaire. Il s'agissait d'une simple marque de reconnaissance, de gratitude, qui n'altérait en rien la gratuité. S'inspirant du droit romain, cette théorie a été invoquée par de nombreux auteurs, dont POTHIER[192]. Elle devait être confortée par une décision jurisprudentielle[193]. Toutefois, aujourd'hui, elle a été définitivement écartée. Trois critiques peuvent être formulées à l'encontre de l'assimilation du contrat liant le tradipraticien au mandat :

242- La première critique se fonde sur le principe d'égalité des personnes. En effet, l'assimilation au mandat du contrat étudié et des autres contrats professionnels repose sur une conception sociale un peu artificielle de la profession libérale. Les carrières d'avocats, des médecins et des autres professionnels étaient considérées comme une source d'honneur, à une époque où le travail manuel était méprisé, le travail intellectuel se

---

[191] *Cf.* J. SAVATIER, « Etude juridique de la profession libérale », Th. Préc., p. 207.

[192] *Cf.* POTHIER, *Traité du mandat*, éd. BUGNET, T.V., n° 23 et s. p. 181.

[193] *Cf.* les décisions citées par R. SAVATIER, AUBY et PEQUIGNOT, op. Cit. p. 171, n° 87.

caractérisant par sa noblesse, et le travail manuel par sa vulgarité. L'évolution générale des idées et des mœurs a rendu inacceptable cette théorie, et l'égalité des hommes fut confirmée par la Déclaration universelle des droits de l'homme[194]. Aussi ne saurait-on s'en tenir à la distinction entre les travaux serviles et les activités libérales, ces dernières pouvant donner lieu aux mêmes contrats civils que le travail manuel.

243- Les tradipraticiens sont pour la plupart sans connaissances intellectuelles élevées tels les avocats ou les médecins. En revanche, on pourrait sur un tout autre plan, considérer que la profession de tradipraticien, loin de se caractériser par sa vulgarité échappe, comme les professions libérales à toute appréciation matérielle. Il ne donne pas lieu à un salaire et est aussi fondé comme le mandat sur le désir de rendre service. Et comme le remarque fort bien M. VIALLA, « *la clé de voûte de la relation libérale est la confiance presque aveugle qu'a le client pour le professionnel. [...] De cette relation de confiance, de ce très fort intuitus personae qui unit les parties à la relation libérale, il résulte que [...] les membres des professions libérales se voient confier par leurs clients « non pas nécessairement des intérêts considérables, mais des intérêts intimes* »[195]. Ce désir de rendre service et cette relation de confiance découlent aussi de l'activité du tradipraticien.

244- La seconde critique repose sur le constat que le contrat de mandat a pour objet l'accomplissement d'actes juridiques pour le mandataire, pour le compte et au nom du mandant. Or, les prestations fournies par le tradipraticien sont dépourvues de cette qualité. En effet, l'idée de représentation, exigée dans le contrat de mandat est entièrement absente dans le contrat liant le tradipraticien au patient. Lorsqu'un tradipraticien soigne un malade, il n'agit pas au nom de ce dernier, mais en son propre nom, et ne peut ni obliger son client envers des tiers, ni inversement, des tiers envers lui. En outre, le mandataire a pour rôle d'accomplir des actes juridiques, ce qui n'est pas le cas du tradipraticien, du moins dans le cadre de ce qui devrait être sa mission essentielle. Généralement en médecine traditionnelle, les services fournis par le tradipraticien consistent en des actes soins, dépourvus de tout caractère juridique. Dès lors en s'adressant au tradipraticien, le malade ne s'attend pas à ce qu'il conclût des actes juridiques, mais à ce qu'il donne des soins.

245- Enfin, le contrat liant le tradipraticien au patient peut comporter ou non une rémunération ; il n'est pas exclusif de la gratuité, inhérente au

---

[194] Art. 1 de la Déclaration universelle des droits de l'homme.

[195] *Cf.* F. VIALLA, « Introduction au fond libéral en droit positif français », thèse, Montpellier 1997. pp 21 et 22.

contrat de mandat[196]. En médecine traditionnelle, contrairement à ce qui se passe en matière de mandat, les parties doivent convenir de la gratuité des soins, pour qu'il ne soit pas considéré comme étant à titre onéreux.

246- Compte tenu de tout ce qui précède, il paraît dès lors impossible de donner au tradipraticien la qualification de mandataire. La question qui se dégage ensuite est celle de savoir si la relation tradipraticien-patient peut être considérée comme contrat de louage de service.

2- Le contrat tradipraticien - patient et le contrat de louage de service

247- Du fait que le tradipraticien accomplit un travail rémunéré, on pourrait aussi bien en déduire que ce contrat est un contrat de louage de service ou, comme on le dit communément aujourd'hui, un contrat de travail[197]. Comme l'a affirmé un auteur, « *dès qu'il y a action, il y a dette, et si la récompense pour un travail constitue une dette, la créance est un salaire* »[198], qu'il s'agisse d'un tradipraticien ou d'un ouvrier. Le contrat est donc identique, c'est un contrat de louage. Ainsi, de l'assimilation de l'honoraire et du salaire, on en déduit que le travail du tradipraticien s'exécute comme celui d'une profession salariée, contre une prestation pécuniaire de celui qui en bénéficie. Toutefois, nous estimons que le rapprochement entre les caractéristiques de la relation liant le tradipraticien au patient et le contrat de travail n'est guère envisageable, le contrat de travail étant défini, en général, comme celui par lequel « *une personne ne s'engage à travailler pour le compte et sous la subordination d'une autre moyennant rémunération* »[199], ce qui n'est pas le cas de la convention liant le tradipraticien au patient.

248- Parmi les éléments de la définition du contrat de travail, le critère de l'état de subordination en constitue le critère décisif. En revanche, il en va différemment de la prestation de travail et de l'existence de la rémunération, comme le contrat liant le tradipraticien au patient. Il fournit ses services, en contrepartie de quoi le malade lui paie des honoraires. Dès lors, l'assimilation ne paraît guère compatible avec le critère de subordination juridique. En effet, à la différence de la convention de soin relative à la

---

[196] Selon l'article 1986 du code civil, « le mandat est gratuit, s'il n'y a pas de convention contraire ».

[197] A l'expression « louage de service », la pratique et les auteurs ont substitué celle de « contrat de travail » qui semble mieux correspondre à l'idée que le travail ne doit pas être assimilé à une marchandise ou à un autre objet susceptible de location. Cf. BESSERVE, Th. préc. p. 89.

[198] Cf. LAURENT, « Principes de droit civil français », T. XXVII, n° 333-337.

[199] Cf. B. TEYSSIE, *Droit du travail, Relations individuelles de travail,* Paris, Litec, 1993, p. 218 ; dans le même sens, G. COUTURIER, *Droit du travail : les relations individuelles de travail,* Paris, PUF, n° 44.

médecine traditionnelle, le contrat de travail place une personne sous l'autorité d'une autre personne, qui lui donne des ordres pour l'exécution des tâches qui lui sont assignées, en contrôle l'accomplissement et en vérifie les résultats.

249- Certes, la relation contractuelle liant le tradipraticien au patient et relative à la médecine traditionnelle, comporte les éléments essentiels du contrat de travail : le tradipraticien s'engage à mettre ses connaissances quoi qu'empiriques et son expérience à la disposition du malade, en contrepartie de quoi ce dernier s'engage à rémunérer ses services. Cependant, cette relation se caractérise par l'absence de rapports de dépendance entre le tradipraticien et le patient, ce qui exclut que ce contrat puisse être assimilé au contrat de travail. Le tradipraticien, en sa qualité de « professionnel libéral », est et reste indépendant. En effet, il n'est en état de dépendance ni juridique, ni économique vis-à-vis de ses clients. Juridiquement parlant, il n'a pas d'ordres à recevoir de son client ; techniquement parlant, le patient ne saurait donner des directives au tradipraticien.

250- En revanche, il importe de noter qu'en droit médical classique, l'activité médicale pourrait faire l'objet d'un contrat de travail. La jurisprudence française admet d'ailleurs que c'est un contrat civil qui lie le médecin à une administration, des services médicaux d'entreprise, des cliniques privées ou des compagnies d'assurance, par exemple. Malgré la qualité du médecin, qui exerce une profession libérale, la Cour de cassation a considéré que « *le contrat par lequel un établissement charge le médecin de prodiguer ses soins moyennant une rémunération convenue, constitue bien un louage de services* »[200]. Mais il convient de le souligner, n'est visée ici, que la relation existant entre le médecin et l'établissement qui l'emploie, et non entre le médecin et les patients qu'il soigne dans cet établissement.

Ainsi, le fait qu'une administration engage un médecin pour fournir des soins à des malades constitue un contrat de travail. Dans ce cas, le médecin a la qualité de salarié, étant en état de subordination[201].

251- La relation contractuelle étudiée à savoir celle liant le tradipraticien au patient ne peut lui être assimilée. Ce contrat est un contrat passé directement entre le tradipraticien et le malade lui-même, en dehors de toute participation d'un tiers, même s'il n'implique pas un état de subordination du tradipraticien au malade. Dès lors, il ne faut pas confondre ce contrat avec les autres contrats relatifs à l'activité médicale. Si l'activité médicale n'est

---

[200] Cass. civ. I, 17 mars 1937, Gaz. Pal., 1937, 1913 ; Cass. soc., 30 janv. 1980, JCP, 1980, 146.

[201] *Cf.*M. F. MIALON, *Le salarié dans la profession libérale*, Droit social, 1978, p. 288 ; L. NORDMANN, Th. préc., p. 180 ; L. MELENNEC et G.MEMETEAU op. cit., p. 16 ; M. HARICHAUX-RAMU, « Santé, responsabilité du médecin, faute se rattachant à l'exercice collectif, privé ou social de la médecine », J. cl. civ., Fasc. 440-6, art. 1382 à 1386, p. 6 et s.

pas exclusive du contrat de louage de services, toute activité médicale n'en est pas créatrice non plus. C'est à cette position que s'est ralliée la Cour de cassation française. En effet dans l'arrêt Mercier de 1936 précité[202], la Cour de cassation a reconnu l'existence du contrat médical sans en préciser la nature juridique et ce, bien que l'arrêt de la Cour d'appel d'Aix-en-Provence qui a connu du pourvoi introduit devant la Cour de cassation, ait relevé que « *les relations juridiques d'un médecin et de son malade entrent dans le cadre du contrat de louage de service* » a disparu dans l'arrêt Mercier du 20 mai 1936 qui dispose seulement qu'*« un véritable contrat se forme entre le médecin et son client »* sans donner d'autres précisions. Cette jurisprudence peut être considérée comme une condamnation implicite de la théorie du louage de services[203].

252- L'assimilation de la relation liant le tradipraticien au patient au contrat de travail ne peut pas non plus être retenue, car le critère permettant de qualifier un contrat de contrat de travail est celui du lien de subordination. Aussi en l'absence de tout lien de subordination entre le malade et le tradipraticien, le contrat de travail se trouve-t-il exclu en la matière. Il convient de souligner qu'il existe, outre le lien de subordination, d'autres différences bien marquées entre ce contrat et le contrat de travail. Le tradipraticien offre ses services au public alors que le salarié, au contraire, ne doit, en principe, mettre ses services qu'à la disposition d'un employeur unique[204].

253- Enfin, la résiliation du contrat de travail nécessite un consentement mutuel. Lorsque l'un des contractants n'exécute pas ses engagements, il devra verser des dommages-intérêts à son créancier. En revanche, s'agissant du contrat liant le tradipraticien au patient, en raison de son caractère personnel, l'une des parties peut se dégager du lien juridique et mettre fin au contrat, dans la mesure où elle n'a plus confiance en son soignant. Les différences existant entre le contrat étudié et celui de louage de services ou contrat de travail nous conduisent à nous orienter vers une autre catégorie de conventions qui se rapprochent du contrat de travail, à savoir le contrat d'entreprise.

3- La relation tradipraticien - patient et le contrat d'entreprise

254- Comme précédemment étudié, le travailleur se place sous la direction de l'employeur en exécutant les ordres qu'il lui donne pour l'exécution de son travail. Il existe une autre catégorie de contrats qui, tout en se rapportant elle aussi au travail, concerne le travail indépendant. Il

---

202 20 mai 1936 préc.
203 *Cf.* BESSERVE, Th. préc., p. 64.
204 *Cf.* TISSIER, op. cit., p.238, n° 431.

s'agit du contrat d'entreprise qui, à la différence du louage de service, laisse l'entrepreneur indépendant.

255- Le contrat d'entreprise se définit tantôt comme « *un contrat par lequel une personne s'engage à accomplir pour une autre, un travail déterminé, moyennant un prix calculé d'après l'importance du travail* », tantôt comme « *un travail rémunéré fait librement pour le compte d'autrui* »[205]. En d'autres termes, le contrat d'entreprise est le contrat par lequel une personne s'engage à accomplir pour une autre, un travail sans la représenter ou sans qu'elle lui soit subordonnée.

256- Toujours dans la recherche de la qualification exacte du contrat liant le tradipraticien au patient, il serait également tentant de le rapprocher au contrat d'entreprise dans la mesure où ce dernier semble approprié pour rapprocher deux partenaires juridiquement égaux, mais dont l'un possède une certaine supériorité technique par rapport à l'autre[206] ; dès lors, le contrat d'entreprise paraît mieux convenir à la nature même des professions libérales, en raison de la fourniture de prestations, de la rémunération déterminée et d'une plus grande indépendance de l'entrepreneur.

257- De prime abord, ces caractères pourraient permettre de rapprocher le contrat liant le tradipraticien au patient du contrat d'entreprise. Toutefois, il résulte de l'étude des règles légales du contrat d'entreprise que tel ne saurait être le cas. Les textes légaux relatifs au contrat d'entreprise ne semblent pas, de par leur rédaction, pouvoir être appliqués aux tradipraticiens.

258- Quoi qu'il en soit, les dispositions du Code civil relatives à l'entreprise ont un champ d'application très limité, ne pouvant s'appliquer qu'à un travail matériel. Les dispositions de l'article 1787 du C. civ. ne semblent pas s'appliquer aux travaux de l'esprit mais seulement aux travaux matériels[207]. En effet les matériels nécessaires pour le travail sont fournis par l'employeur, « *l'entrepreneur est tenu...* ». En outre l'entrepreneur contracte et reçoit des engagements irrévocables. En principe, le louage d'entreprise ne prend fin qu'avec le décès de l'entrepreneur, et le contrat d'entreprise permet la délégation. Autrement dit, l'entrepreneur peut faire exécuter le travail par un sous-traitant. De plus, le maître de l'ouvrage ne peut, en toute liberté, rompre le contrat d'entreprise, c'est-à-dire par sa simple volonté. Toutefois, s'il décide d'y mettre fin, il devra verser à son entrepreneur une somme d'argent représentant toutes les dépenses que ce dernier a effectuées,

---

[205] PLANIOL et RIPERT, « Traité élémentaire de droit civil », T. XI, n° 907 ; B. TISSIE, op. cit., p. 225, n° 414.

[206] *Cf.* PLANIOL et RIPERT, op. cit. ; A. SALATS, « Des honoraires des médecins », Th. paris, 1905, p. 26 ; A. BRETON, note sous Cass. civ., 13 juil. 1937, S. 1939 ; L. JOSSERAND, D. 1939, T. II., n°1287.

[207] En effet l'article 1787 du code civil prévoit que lorsqu'on charge quelqu'un de faire un ouvrage, on peut convenir qu'il fournira aussi la matière.

ainsi que son manque à gagner. Par contre, il n'en est pas ainsi de la relation liant le tradipraticien au patient, en raison de son caractère personnel[208] ; l'intuitus personae y étant strict. De même, le contrat d'entreprise met principalement à la charge de l'entrepreneur une obligation déterminée qui est une obligation de résultat consistant, par exemple, à construire une maison, un pont, ou à réparer une machine. Dans ce cas, il est présumé responsable s'il ne remplit pas son obligation. Pour se dégager de sa responsabilité, l'entrepreneur doit apporter la preuve que l'inexécution de son obligation provient d'une cause étrangère qui ne peut lui être imputée. En revanche, le tradipraticien tout comme le médecin, n'est tenu, sauf exception, que d'une obligation de moyens ; et la preuve dans ce cas-là devrait aussi incomber au malade.

259- Enfin, entre le contrat étudié et le contrat d'entreprise, il existe un point de divergence relatif à la libre volonté du client. En effet, une fois la convention initiale intervenue, l'entrepreneur a une entière liberté d'action pour la réalisation de la mission dont il s'est chargé et qui a été précisée d'une manière définitive. Il en va autrement dans les professions libérales et le fait que le client ait confié au professionnel la conduite d'un procès ou le traitement d'une maladie par exemple, n'empêche pas le professionnel de devoir solliciter pour certains actes, le consentement de son contractant[209]. La libre volonté du malade ne présidera pas seulement à l'établissement de la relation le liant au tradipraticien, mais elle contribuera à jouer un rôle tant que durera cette relation. En effet, le consentement que le malade a donné à la formation du contrat ne permet pas au praticien d'accomplir tous les actes de soin sur son corps, sans avoir préalablement sollicité l'assentiment de ce dernier.

260- Il ressort clairement de ces divers éléments que tous les rapprochements effectués ne permettent pas d'assimiler directement la relation liant le tradipraticien et le patient au contrat d'entreprise qui est, avant tout, un contrat économique. Il vise la production, l'entretien ou la distribution des objets et des marchandises, ce qui constitue une activité complètement et totalement différente de celle du tradipraticien. Aussi la théorie de l'entreprise ne nous paraît pas pouvoir être retenue. Dès lors, pour pouvoir déterminer la nature juridique du contrat liant le tradipraticien au patient, il convient de le considérer comme un contrat innommé, c'est-à-dire comme un contrat ne pouvant pas rentrer dans le cadre des contrats spéciaux prévus et réglementés par la loi.

---

[208] Le malade a toujours la possibilité de rompre le contrat dès lors que la confiance a disparu, sans préavis ni indemnité.

[209] *Cf.* J. SAVATIER, « Etude juridique de la profession libérale », Th. préc. p. 285.

§2. LE CONTRAT LIANT LE TRADIPRATICIEN AU PATIENT EN TANT QUE CONTRAT INNOMMÉ « SUI GENERIS »

261- La relation liant le tradipraticien au patient ne peut, comme nous l'avons vu, entrer dans les catégories de contrats classiques. En réalité, il appartient à celles des contrats innommés qui constituent une catégorie à part. En effet, l'article 1107 du Code civil définit le contrat innommé comme étant celui qui ne fait l'objet d'aucune réglementation légale particulière. Le Code civil ne consacre pas de dispositions au travail de certaines professions, mais ce travail se distingue des autres par sa nature. Il s'agit de certains travaux spécialisés où les connaissances sont dominantes et dont la nature exige une confiance particulière.

262- La qualification de contrat sui generis peut également être retenue[210]. Ainsi l'on ne saurait voir dans ce contrat, des fournitures, de travaux, locations louage d'ouvrage ou d'industrie, et on doit considérer la convention qui intervient entre le malade et son soignant comme un contrat sui generis, on ne saurait y voir un louage d'ouvrage ou d'industrie, de plus il ne rentre donc pas dans les contrats énumérés par la loi.

263- En droit médical classique, certains auteurs[211] contestent la qualification du contrat médical au contrat de consommation. Il a été démontré que l'assimilation du client au consommateur risque d'engendrer une certaine confusion dans la mesure où le consommateur se situe à la sortie du circuit industriel et commercial. De même ils considèrent que le droit médical classique protège déjà les malades suffisamment de sorte que la jurisprudence n'a pas besoin de se préoccuper d'assurer leur protection en retenant cette qualification. Le client des professions libérales confie au professionnel des éléments importants de sa personnalité, de telle sorte que leurs relations s'établissent sur un plan plus humain qu'économique[212]. Dans la pratique thérapeutique traditionnelle, la place accordée à la personne humaine avec toutes ses composantes est d'une grande importance. Elle est d'ailleurs le pilier de la médecine traditionnelle. Ainsi, le rapport établi entre le client et le professionnel dépend de la confiance et cela, à la différence du rapport existant entre le consommateur et le professionnel, qui est plutôt un rapport de force. Dès lors, on ne saurait faire échapper le tradipraticien et son client au droit commun. Nous convenons avec Monsieur Jean PENNEAU qui estime en matière médicale que l'acte médical « *s'il présente des particularités, ne réclame pas pour autant un droit particulier. Il nécessite seulement, comme tout autre domaine particulier, l'aménagement, en*

---

[210] *Cf.* en ce sens D. GRILLET-PONTON, thèse préc. Cet auteur ne fait pas de distinction entre le contrat innommé et le contrat sui generis.

[211] *Cf.* SAVATIER thèse préc. p. 40-41.

[212] *Cf.* SAVATIER, ibid.

fonction de sa particularité, des règles générales qui doivent y demeurer valables »[213].

264- En définitive, la relation liant le tradipraticien au patient ne peut être assimilée ni au contrat de mandat dont la finalité pour le mandataire, est essentiellement juridique, ni à un contrat de travail en l'absence de lien de subordination entre les contractants ni à un contrat d'entreprise, l'entrepreneur ayant une obligation de résultat. Il s'agit d'un contrat innommé, c'est-à-dire « sui generis », ne rentrant pas dans le cadre des contrats spéciaux prévus par Code civil. C'est un contrat dont il ne reste qu'à en construire les règles selon les besoins en respectant le droit commun des conventions. Ainsi donc compte tenu de l'activité du tradipraticien, de la liberté avec laquelle il exerce son activité, et compte tenu de la confiance existant entre lui et le patient, nous estimons que ce contrat est un contrat innommé parce qu'il ne remplit les conditions d'aucun contrat prévu par la loi.

265- Cette dernière solution traduit mieux les caractères spécifiques de ce contrat. L'analyse des conditions de validité de la relation liant le tradipraticien au patient conduira à nouveau à mettre en évidence le caractère particulier de ce contrat et soulèvera de multiples problèmes juridiques qu'il conviendra de résoudre par référence aux règles de droit commun et du droit médical classique.

---

[213] *Cf.* note sous civ, 1ère D. 1972, 535.

TITRE 2

LA VALIDITÉ DE LA RELATION LIANT LE TRADIPRATICIEN AU PATIENT

266- Entrer chez un guérisseur traditionnel, emporter après consultation un médicament reçu gratuitement ou après en avoir payé le prix, ces démarches banales et quotidiennes n'échappent pas aux préoccupations du juriste. En effet, le juriste a raison de ne pas se désintéresser de telles opérations, dont la simplicité n'exclut pas qu'elles suscitent éventuellement des difficultés.

267- La nature contractuelle de cette relation étant effectivement établie, il est à présent nécessaire de se pencher sur la validité de ses éléments constitutifs. Conformément au droit commun, l'étude de la validité de tout contrat suppose l'analyse respective des conditions de validité édictées par l'article 1108 du Code civil. Il importe dès lors d'étudier d'une part, les conditions qui se rapportent aux parties au contrat, c'est-à-dire les conditions subjectives (Chapitre 1) et d'autre part celles qui se rapportent au contenu de ces contrats c'est-à-dire les conditions objectives de validité de la relation étudiée (Chapitre 2).

CHAPITRE 1

LES CONDITIONS SUBJECTIVES DE VALIDITÉ DU CONTRAT LIANT LE TRADIPRATICIEN AU PATIENT

268- Pour que le contrat unissant le tradipraticien au patient puisse être considéré comme valablement formé, il est nécessaire que les parties contractantes aient donné leurs consentements et qu'elles disposent en outre de la capacité pour s'engager dans une telle convention[214]. En réalité, chacun des éléments constitutifs dudit contrat présente de nombreuses similitudes avec le contrat médical classique ainsi qu'avec les conditions de validité édictées par le droit commun. Cependant, certaines particularités peuvent être relevées mettant ainsi en évidence le caractère singulier de la relation étudiée.

269- L'étude des conditions subjectives du contrat liant le tradipraticien au patient commande que soient successivement analysés le consentement des parties d'une part (Section 1), et la capacité des parties d'autres parts (Section 2).

SECTION 1 : LE CONSENTEMENT DES PARTIES AU CONTRAT

270- Les développements antérieurs ont établi l'existence de contrat entre le tradipraticien et le patient et ont conduit à analyser le consentement en tant qu'élément constitutif d'une convention[215]. Le caractère contractuel de l'accord de volontés ayant été démontré, la logique commande que soit menée l'étude des caractères du consentement à la convention relative à la médecine traditionnelle. Celle-ci représentant une des conditions de formation de cette convention. Les conditions de formation du contrat sont dominées par le principe de l'autonomie de la volonté. Ce qui compte avant tout c'est la volonté des parties. Le consentement est un accord de deux volontés en vue de faire naître une obligation ou de produire un effet de

[214] « Toute personne peut contracter si elle n'en est pas déclarée incapable par la loi », art. 1123 C.civ ; De même, la nécessité du consentement est une condition indiscutable et indiscutée.

[215] *Cf.* supra, n° 100 et s.

droit.[216] Sans le consentement ainsi caractérisé, aucun contrat ne se forme. C'est l'exigence première de l'autonomie de la volonté : contracter c'est d'abord vouloir.

271- Conformément au droit médical classique, la validité du contrat médical est conditionnée par l'exigence d'un consentement libre, éclairé et exprès du patient. Le constat est fait selon lequel, le consentement au soin prodigué par le tradipraticien, présente des exigences particulières, parfois peu compatibles avec les règles de droit commun régissant le consentement à l'acte juridique. Néanmoins, un tel particularisme n'est pas propre à la médecine traditionnelle puisqu'il se rencontre aussi bien, mais dans une moindre mesure dans l'ensemble du domaine médical.

272- En somme, le principe est celui de la liberté contractuelle, en vertu duquel chaque individu est libre de conclure ou de ne pas conclure tel contrat qui peut lui être proposé. Un contrat n'est formé que par le consentement de la partie qui s'oblige, c'est-à-dire par la volonté de s'engager dans la convention[217]. Le contrat unissant le tradipraticien au patient comme tout autre contrat, implique le consentement qui permet de déterminer le domaine de la relation étudiée ou, plus précisément, de tracer la frontière entre les relations para-contractuelles et les relations contractuelles entre le tradipraticien et le malade. Sur le terrain de la médecine traditionnelle, le patient, en faisant appel à un tradipraticien, émet une déclaration unilatérale de volonté par laquelle il propose à ce dernier, avec lequel il est entré en contact, la conclusion d'une relation contractuelle relative aux soins. Dès que le tradipraticien a accepté l'offre qui lui a été adressée, le contrat de soin relatif à la médecine traditionnelle est formé. Dès lors après avoir analysé le consentement du patient (§1), à ce contrat, nous nous pencherons sur le consentement du tradipraticien (§2).

§1. LE CONSENTEMENT DU PATIENT

273- L'étude du consentement du patient qui doit s'ajouter à celui du tradipraticien pour former le contrat, va nous amener à envisager, successivement, la distinction qui peut être établie entre le consentement du patient à la formation du contrat et son assentiment à l'acte de soin (A), la détermination de l'auteur du consentement (B), la nécessité de l'existence du consentement du patient et les caractères qui doivent être requis du consentement (C).

---

[216] Littéralement, l'article 1108 n'exige que le consentement du débiteur (la partie qui s'oblige). Mais le mot serait alors impropre : cum sentire, vouloir avec. Et l'idée, surtout, est inexacte. Dans le contrat unilatéral lui même, le créancier doit avoir manifesté son accord avec le débiteur : la donation, par exemple, n'est parfaite que par l'acceptation du donataire.

[217] *Cf.* A. WEILL et F. TERRE, *Droit civil, les obligations,* Précis Dalloz, 1986.

A- LA DISTINCTION ENTRE LE CONSENTEMENT DU PATIENT À LA FORMATION DU CONTRAT ET L'ASSENTIMENT DU PATIENT A L'ACTE DE SOIN

274- Sur le plan des principes, il est incontestable que le droit du patient au respect de son intégrité physique implique que son consentement soit indispensable pour légitimer tout acte qui, en soi, viole celle-ci. Cet accord doit être réitéré à chaque nouvelle intervention. Autant il est exigé en droit médical classique, pour conclure le contrat médical, un consentement libre et éclairé du malade, qui devra s'ajouter à celui du tradipraticien, autant cette nécessité doit s'imposer en médecine traditionnelle. Pour appliquer un traitement, le tradipraticien doit obtenir l'assentiment du patient, autrement dit un consentement tout aussi libre et éclairé. Indépendamment de la formation du contrat (rencontre de l'expression du libre choix du guérisseur traditionnel par le patient et l'acceptation de le soigner par le guérisseur traditionnel), l'accomplissement de l'acte de soin ne peut réellement avoir lieu que si le malade a donné son consentement.

275- En principe le malade approuve préalablement le traitement que le tradipraticien lui propose ; en fait ce dernier ne peut imposer une thérapeutique ou procéder à un acte de soin sans avoir reçu l'assentiment de l'intéressé[218]. Cet assentiment doit être distingué de celui donné à la conclusion du contrat, puis qu'il s'agit de deux choses différentes. Le consentement initial du patient est nécessaire sur le plan juridique pour la formation du contrat. En effet l'article 1108 du Code civil exige «*le consentement de la partie qui s'oblige* » à titre de condition de validité de contrat. L'assentiment du patient à l'acte de soin traditionnel doit être exigé, pour assurer son exécution. L'une des obligations contractuelles qu'observe généralement le tradipraticien est de solliciter l'accord de son client avant une intervention[219]. Ainsi à la différence du consentement initial du patient qui concerne la formation du contrat, son assentiment à l'acte de soin a trait à son exécution.

276- En droit médical classique, le consentement du malade n'est pas contractuellement limité à la formation du contrat médical ; il est nécessaire au cours de son exécution pour chaque acte thérapeutique susceptible de mettre en cause son intégrité corporelle. Ce principe fondamental de l'activité médical a un aspect éthique fondé sur la dignité de la personne humaine et le nécessaire respect du corps humain. La distinction entre le

[218] En fait, cette relation présente la caractéristique d'impliquer nécessairement, outre le consentement initial qui l'a fait naître, un assentiment que le soignant devra recueillir du patient lorsque le traitement comportera une atteinte à son corps. Cf. en ce sens, Y.H. LELEU et G. GENICOT, La maîtrise de son corps par la personne, J.T., 1999, 592, note 4.

[219] Il en est généralement ainsi en cas de traitement par application des produits sur des scarifications ou des saignées effectuées par le praticien.

consentement initial et l'assentiment à l'acte de soin est établie par une doctrine largement majoritaire en droit français[220]. De la distinction précédemment établie, nous convenons avec M. NERSON et ceci relativement au droit médical classique, que «*la volonté de contracter, c'est-à-dire la volonté de recevoir des soins contre versement d'honoraires est antérieure à l'acceptation par le malade de subir l'opération, jugée nécessaire par le praticien*»[221]. Le contrat unissant le tradipraticien au patient est parfait dès que le premier choisit le traitement. En écoutant le patient, en l'observant et en l'examinant, le guérisseur lui a donné son accord de le soigner c'est-à-dire d'exécuter ledit contrat, il a préparé le choix des actes qu'il proposera au patient pour le guérir. Ce choix est bien postérieur à la rencontre des confiances, alors que la volonté des parties a été d'établir, une fois pour toutes, une relation confiante et suivie.

277- La doctrine française conteste la distinction précédente entre les deux volontés du patient. Pour certains auteurs, l'exigence d'obtenir l'assentiment du patient se rattache à la formation même du contrat. Le consentement à l'intervention procède «moins de l'exécution du contrat que

---

220 *Cf.* Par exemple R. NERSON, *Le respect par le médecin de la volonté du malade*, Mélanges G. MARTY, 1978, P. 870 et s. note sous Cass. Civ., 29 mai 1951, S, 1953, I, 41 ; M. CHABAS, *La responsabilité médicale en matière de chirurgie esthétique, Annales de l'Université de Sceaux*, 1977, p. 12 ; H. et L. MAZEAUD et A. TUNC, *Traité théorique et pratique de la responsabilité,* Tome 1, 6ème éd. Montchrestien, p. 589 ; BOYER et MOZEIN, *La responsabilité médicale*, 1974, PUF, p. 130 ; DOLL, *Les récentes applications jurisprudentielles de l'obligation pour le médecin de renseigner le malade et de prendre son consentement,* Gaz . Pal., 1972, 2, p. 428 ; J. PENNEAU, *La responsabilité médicale*, éd. Dalloz, 1996 p. 19. L. MELENNEC et G. MEMETEAU, *Traité de Droit médical*, op. Cit. p. 524 ; G. MEMETEAU, *Le droit médical*, op. cit., p. 343 n° 511 ; J. LOUSTE, « Le consentement dans le contrat médical », Th., Nice, 1988, p. 11 et s. ; L. PELTIER, « Le consentement du patient à l'acte médical », Th., Aix-Marseille, 1991, p. 20 ; L. KORNPOBST, « Contrat de soins médicaux », op. Cit. n° 113 et114 ; J.M. AUBY, Le droit de la santé, op. Cit. p.11 ; M. HARICHAUX-RAMU, Santé, La responsabilité du médecin, Fautes se rattachant aux devoirs d'humanisme du médecin, consentement éclairé et secret du malade, J. cl. civ. 1993, art. 1382 à 1386, Fasc. 440-2, p. 4, n° 7 ; J. PRADEL, « La condition civile du malade », LGDJ, Tome 39, Préface G. CORNU,963, p. 70, n° 50 ; G. MAHGOUB, « La responsabilité dans la pratique chirurgicale », Th., Dijon, 1986,p. 235 et s. ; A.A. ABOUKORIN, « L'obligation de renseignement et de conseil dans l'exécution des contrats », Th., Dijon, 1989, p. 290 ; A. DORSONER-DOLIVET, obs. JCP, 1984, II, 20201 ; P. FAURE, « Le consentement du malade à l'acte médical », Th., Bordeaux 1975, p. 53 ; D. ARNOULD, *Le corps de l'enfant sous le regard du droit*, LGDJ, Préface de G. CORNU, Tome 238, 1994, p. 34 ; J. BOUTON, « L'obligation de se soigner ? », Th., Strasbourg, 1990, p. 46 ; D. THOUVENIN, Les lois n° 94-548 du 1er juillet 1994, n° 94-653 et n° 96-654 du 29 juillet 1994 ou comment construire un droit de la bioéthique ?, ALD, comm., LEGIS, 1995, n° 84 et 85, p. 165 ; Y. LAMBERT-FAIVRE, *Le droit du dommage corporel,* Dalloz, 1996, p. 667, n° 592.

221 Note sous Cass. Civ. 1ère, 29 mai 1951, S., 1953, I, 41.

de la formation de ce contrat ou prétendu contrat, quant à l'objet qu'il aurait eu »[222].

278- Ramené à la médecine traditionnelle et relativement à la relation étudiée, le tradipraticien qui entreprend le traitement et attente à l'intégrité physique du malade sans s'être assuré de son consentement, ne sera pas coupable d'avoir mal exécuté le contrat ; simplement, se serait-il passé de tout contrat, il n'y aurait pas eu, alors, d'accord sur l'objet de l'obligation. Dans la pratique, mis à part le cas de traitement sur un malade inconscient, une telle situation est assez rare.

279- En droit médical, certains auteurs estiment que, l'obtention par le médecin d'un nouveau consentement du malade forme un nouveau contrat, distinct du premier ; le contrat est dès lors conclu pour un acte, il doit être renouvelé, fût-ce tacitement pour chaque acte[223] ; ou bien se succèdent dans le temps deux contrats : le premier portant sur un simple examen lors de la première entrevue, le second par lequel praticien et malade tombent d'accord sur la thérapie ou les procédés d'investigation à mettre en œuvre. Le fait dans ces conditions, que le malade n'ait pas donné un consentement libre et éclairé à la thérapie, vicie le consentement et doit entraîner la nullité du contrat[224].

280- Ces positions, difficiles à suivre, reposent avant tout sur un artifice de langage. En fait la distinction entre le consentement à la formation du contrat et celui à l'acte de soin a été clairement consacrée par la jurisprudence française. En effet celle-ci s'inspirant de l'arrêt de principe du 20 mai 1936, exige de la part du médecin « *des soins consciencieux, attentifs et, réserve faite de circonstances exceptionnelles, conformes aux données acquises de la science* ». Elle précise en outre que le contrat qui se forme entre le chirurgien et son client comporte en principe, l'obligation pour le praticien de ne procéder à telle opération chirurgicale déterminée, par lui jugée utile, qu'après avoir au préalable obtenu l'assentiment du malade[225] ; il appartient toutefois à celui-ci, lorsqu'il se soumet en pleine lucidité à l'intervention du praticien, de relever la preuve que ce dernier a manqué à cette obligation contractuelle en ne l'informant pas de la véritable nature de l'opération qui se préparait et, en ne sollicitant pas son consentement à cette opération. Dès lors il est logique de considérer qu'il n'y a point d'obligations

---

[222] *Cf.* R. SAVATIER, note sous D. 1952, p. 53 et s. Dans le même sens, cf. Trib. Civ. Laon, 2 juillet 1952, D. 1956, 647.

[223] *Cf.* A. DEMICHEL, *Le Droit de la santé, Les études hospitalières*, Bordeaux, 1998.

[224] *Cf.* A. DORNES-DOLIVET, *Contribution à la restauration de la faute, condition de responsabilité civile et pénale dans l'homicide et les blessures par imprudence à propos de la chirurgie,* LGDG, 1986, Préface P. RAYNAUD, p.47.

[225] *Cf.* Cass civ. 29 mai, 1951, D. 1952, p. 53, note SAVATIER ; JCP, 1951, II, 6481, note PERROT.

contractuelles sans contrat déjà formé, par un échange des consentements, antérieurs à ceux qui s'exprimeront au moment du choix du traitement.

281- Transposée à la médecine traditionnelle, la distinction entre les deux sortes de consentements apparaît également lors de la recherche de leur fondement juridique. En ce qui concerne le consentement initial du patient à la conclusion du contrat, il ne s'impose que parce qu'il constitue l'une des conditions nécessaires à sa validité ; autrement dit, le fondement juridique du consentement initial réside dans la théorie générale des contrats. Quant à l'assentiment du patient à l'acte de soin, si la relation liant le tradipraticien au patient comme nous l'avons vu, peut servir de fondement juridique à cet assentiment dans la mesure où le tradipraticien est tenu en vertu du contrat d'obtenir le consentement éclairé du patient au traitement, cependant ce contrat ne constitue ni le fondement unique, ni le fondement essentiel de l'assentiment à l'acte de soin. En effet comme le traitement s'accomplit sur le corps du patient, il porte en général atteinte à son intégrité corporelle. C'est la raison pour laquelle le consentement (à l'acte de soin) s'impose à titre autonome. L'assentiment est nécessaire alors même que les relations entre le tradipraticien et le patient ne sont pas de nature contractuelles. Il s'agit d'une obligation professionnelle d'ordre général qui joue même en l'absence de contrat, comme dans un hôpital public. L'existence de ce contrat ne fait que revêtir l'obligation d'obtenir l'assentiment avant l'acte de soin ; et la nature juridique de cette obligation est contractuelle.

282- Il en résulte que c'est le droit sacré de l'individu à son intégrité corporelle ou plus précisément, le principe de l'inviolabilité du corps humain, qui constitue le fondement premier et essentiel de l'assentiment du patient à l'acte de soin. Cet assentiment est nécessaire non seulement sur le plan civil, mais aussi sur le plan pénal et professionnel[226]. Il importe donc de ne pas établir de confusion entre le consentement à la formation du contrat et l'assentiment au traitement. L'un permet l'existence du contrat tandis que l'autre permet l'accomplissement de l'acte de soin. L'intérêt de la distinction s'avère utile, car il permet de déterminer la sanction qui pourra s'appliquer en cas de vice ou de défaut de consentement. Le défaut ou le vice de consentement, nécessaire à la formation du contrat rend celui-ci nul en application du droit commun. Tandis que l'assentiment nécessaire au traitement dès lors qu'il est vicié ou s'il fait défaut devrait pouvoir engager la responsabilité contractuelle du tradipraticien si le contrat a été valablement formé, dans le cas contraire, sa responsabilité délictuelle. Quoi qu'il en soit, qu'il s'agisse du consentement à la formation du contrat ou de l'assentiment à l'acte de soin, il appartient, conformément au droit médical classique, au patient qui invoque son défaut de le prouver. Dans certains cas,

[226] *Cf.* infra, n° 274 et s.

et ceci en fonction de l'état de santé du malade, se pose le problème de la détermination de l'auteur du consentement.

B- L'AUTEUR DU CONSENTEMENT

283- En principe c'est le patient qui, en allant à la rencontre du tradipraticien et en s'adressant à lui, consent au contrat. L'idée de contrat impose en fait un consentement personnel[227]. Le principe du consentement personnel du patient au contrat de soin suppose cependant que ce dernier soit pleinement conscient et capable de s'obliger. L'inconscience ou l'incapacité du patient conduit à substituer à son consentement celui d'autres personnes.

284- Certaines personnes sont dépourvues de toute aptitude à conclure des actes juridiques tel un contrat[228]. Il s'agit entre autres du mineur non émancipé et du majeur en tutelle qui n'ont pas, conformément au droit commun, la capacité juridique pour le faire. Ils doivent être représentés par un tuteur qui est généralement un parent dans l'exercice de l'autorité parentale. Le constat est fait selon lequel outre le consentement personnel du patient au contrat, d'autres personnes peuvent intervenir ou consentir à la place du patient au contrat de soin. Dès lors, la conclusion du contrat n'impose donc pas impérativement que le patient y consente toujours personnellement.

285- Généralement, dans des localités éloignées des centres de santé modernes, ou même dans les grandes villes, il peut arriver qu'un tradipraticien soit appelé par une tierce personne au chevet d'un malade qui se trouve dans l'impossibilité juridique de consentir. Dans une telle situation, il serait impropre de parler de contrat car cette situation s'apparente beaucoup plus à une « *relation juridique médicale para-contractuelle* »[229]. Cependant l'existence d'un contrat n'est totalement pas exclue. Si l'on se réfère au droit médical classique, une partie de la doctrine française estime que l'appel du médecin par un tiers pour donner des soins à un malade juridiquement incapable, s'apparente en une gestion d'affaires[230]. Relativement à la relation étudiée, une telle qualification semble difficile à retenir ; en effet une distinction doit plutôt être établie suivant que le patient pour lequel ce dernier a été appelé se trouve en « état de danger » ou non.

---

[227] R. et J. SAVATIER, AUBY et PEQUINOT, op. Cit. n° 247 ; GARRAU, LABORDE-LACOSTE, *Le rôle de la volonté du médecin et du patient quant au traitement médical et à l'opération chirurgicale*, RDC, 1926, p. 129.

[228] *Cf.* infra, n°320 et s.

[229] *Cf.* dans ce sens, R. et J. SAVATIER, AUBY, et PEQUINOT, op. cit. n° 259 et s.

[230] *Cf.* RODET, *La responsabilité civile des médecins et la jurisprudence actuelle*, Th. Lyon 1937 ; PICARD, *La gestion d'affaires dans la contemporaine*, RTDC 1921, 419 ; J. AMBIALET, *La responsabilité du fait d'autrui en droit médical*, LGDJ, 1956, p. 106, tome 54, Préf. DE JUGLART ; D. MALICIER, A. MIRAS, P. FEUGLET ET P. FAIVRE, *La responsabilité médicale : données actuelles*, Lyon, 1992 p. 53.

286- Dans l'hypothèse où le tradipraticien est intervenu auprès d'un malade en état de danger, et ceci logiquement à la demande d'une tierce personne, on peut légitimement douter du bien-fondé de la technique de la gestion d'affaires. En fait la gestion d'affaires suppose une intervention spontanée, exempte de toute obligation préexistante[231]. Par conséquent l'appel de la tierce personne ne peut être considéré comme une gestion d'affaires ; car en présence de l'obligation légale issue du droit pénal camerounais ou même français punissant la non-assistance à personne en danger[232], le geste du tradipraticien perd tout caractère volontaire, indispensable à la gestion d'affaires.

287- Cependant dans une hypothèse exceptionnelle, il peut y avoir une relation complémentaire de la gestion d'affaires[233]. Si la tierce personne dépasse les termes de l'obligation légale d'assister les personnes en danger, et conformément à la technique de la gestion d'affaires, ce sont les règles de la représentation qui doivent s'appliquer dans ce cas-là. En effet, selon l'ancien adage, dans le domaine de la gestion d'affaires, la ratification de la personne dont l'affaire a été gérée, équivaut au mandat. Cet adage confirmé par le droit civil français s'applique aussi bien au Cameroun[234]. Dès lors, si une telle ratification a bien eu lieu, on pourra dire qu'il y a un contrat conclu au nom du patient par la tierce personne en vertu du mandat. L'appel du tradipraticien constitue bien un contrat au sens du droit médical.

288- Dans la seconde hypothèse où le malade n'est pas en état de danger, l'appel du tradipraticien par une tierce personne constitue une gestion d'affaires[235]. Dès lors, la ratification ultérieure du représentant légal de ce malade donne lieu à un contrat unissant le tradipraticien au patient. Cette ratification équivaut au mandat. Ainsi, un contrat peut être conclu au nom d'un malade incapable, par une personne n'ayant pas la qualité de représentant légal. Enfin l'éventualité de la conclusion du contrat par une

---

[231] *Cf.* art. 1372 al. 1 du code civil : « lorsque volontairement, on gère l'affaire d'autrui, soit que le propriétaire connaisse la gestion, soit qu'il l'ignore, celui qui gère contracte l'engagement tacite de continuer la gestion qu'il a commencé… » ; CF. aussi en ce sens, CARBONNIER Droit civil, tome IV, Les obligations, 6è éd. Coll. Thémis PUF, 1969, n° 116 ; J.AMBIALET, op. cit., p. 107 ; RIPERT et BOULANGER, Traité élémentaire de Droit civil, Tome 2, 107 éd., 1988, 2273 ; H. et J. MAZEAUD et F. CHABAS, Leçons de droit civil, obligations, théorie générale, tome 2, Vol. 1, 8è éd. Montchrestien, n° 680.

[232] En effet l'article 283 du Code pénal camerounais punit d'un emprisonnement de 1 mois à 3 ans et d'une amende de 20.000 à 1 million de francs, ou de l'une de ces deux peines seulement, celui qui s'abstient de porter secours à une personne en péril de mort ou de blessures graves, l'assistance que, sans risque pour lui, ni pour les tiers, il pouvait lui prêter soit par son action personnelle, soit en provoquant un secours.

[233] *Cf.* CARBONIER op. cit. n° 18 ; A. TUNC, note sous D. 1947, 386.

[234] *Cf.* Art 1372 al. 2 et 1998 du code civil.

[235] Dans cette situation, la tierce personne est considérée comme le gérant d'affaires. En revanche, lorsque le tradipraticien intervient spontanément auprès d'un malade incapable, pour le soigner, c'est lui qui devient le gérant d'affaires.

tierce personne au nom du patient, peut se réaliser en présence de celui-ci qui, tout en conservant sa capacité juridique, se trouve dans un état qui ne lui permet pas de se rendre compte de ce qu'il fait. Il en est ainsi par exemple, du patient atteint d'un trouble mental. L'appel par un tiers du tradipraticien pour donner des soins à un patient peut s'analyser ou non comme une gestion d'affaires suivant que le patient ait été ou non dans une situation d'urgence. L'auteur du consentement étant déterminé, une question surgit : quels sont les caractères que doit revêtir le consentement du patient ?

C- LES CARACTÈRES DU CONSENTEMENT DU PATIENT

289- En droit, « *il n'y a point de consentement valable si le consentement n'a été donné que par erreur, ou s'il a été extorqué par violence ou surpris par le dol* »[236]. En clair, le consentement doit non seulement exister, mais être nécessairement libre et éclairé. Ces qualités, le Code civil ne les énonce pas positivement ; mais il en présuppose la nécessité, en énumérant les vices qui leur font antithèse, et qui, lorsqu'ils existent, sont sanctionnés par l'annulabilité du contrat[237]. Ces règles fondamentales du droit des contrats peuvent-elles trouver leur application dans le contrat de soin relatif à la médecine traditionnelle et liant le tradipraticien au patient ? La réponse à cette question nécessite qu'une analyse des caractères du consentement du patient soit faite. Mais on peut d'ores et déjà affirmer que ce consentement exempt de vices doit être à la fois libre (1) et éclairé (2).

1- Le caractère libre du consentement

290- Pour que le consentement donné par le patient soit libre, il faut que celui-ci ait eu toute liberté d'entrer dans une relation contractuelle avec le tradipraticien. En vertu du principe de l'autonomie de la volonté, libre, l'individu ne peut être tenu qu'aux obligations auxquelles il a lui-même consenti. Autrement dit, il a accepté de limiter volontairement sa liberté. De ce principe résulte la reconnaissance pour chaque personne de la liberté de contracter ou non. Nul n'est tenu, en principe, d'entrer en relation contractuelle avec ses semblables[238]. Le patient, comme toute autre personne, est libre de se faire soigner chez un tradipraticien ou non, il est libre de conclure avec lui un contrat de soin ou non. Le consentement du patient doit être donné en toute liberté sous peine de nullité.

291- Traditionnellement, la contrainte résultant de la violence est incompatible avec la liberté pour contracter. En vertu de l'article 1112

---

[236] *Cf.* article 1109 du code civil.

[237] *Cf.* sur cette question, CHAUVEL, « Le vice du consentement », thèse dactyl. Paris II, 1981

[238] *Cf.* sur cette question J. GHESTIN, « La formation du contrat », op. cit., p. 35, n° 47 ; A. WEILL et F. TERRE, « Droit civil, les obligations » op. cit., p. 52, n° 55 ; P. VOIRIN, *Manuel de droit civil*, Tome I, LGDJ, 1991, p. 313, n° 660.

alinéa 1 du Code civil, la violence est caractérisée « *lorsqu'elle est de nature à faire impression sur une personne raisonnable et qu'elle peut lui inspirer la crainte d'exposer sa personne ou sa fortune à un mal considérable et présent* ». La relation liant le tradipraticien au patient est susceptible d'être entachée de nullité relative si une violence a été exercée sur le patient lors de sa conclusion. Cette violence peut être physique. Il en est ainsi lorsque le consentement du malade a été donné sous l'empire d'un mal moral par exemple, de la contrainte exercée sur un malade mental pour qu'il reçoive les soins destinés à améliorer son état.

292- De même que la violence, le dol peut vicier la liberté du patient d'entrer en relation contractuelle avec le tradipraticien. Selon l'article 1116 du Code civil français, «*le dol est une cause de nullité de la convention, lorsque les manœuvres pratiquées par l'une des parties sont telles qu'il est évident que, sans ces manœuvres, l'autre partie n'aurait pas contracté* »[239]. De même, lorsqu'une personne a exploité l'influence qu'elle exerce sur une autre personne pour l'amener à conclure un contrat, ce contrat peut être annulé si les conditions prévues par le code sont remplies. La même solution doit être retenue, en médecine traditionnelle, lorsque le tradipraticien a profité de la maladie d'un patient pour exiger une rémunération excessive. La validité de la relation contractuelle liant le tradipraticien au malade veut que le consentement donné par ce dernier soit non seulement libre, mais également éclairé.

2- Le caractère éclairé du consentement

293- Comme tout acte volontaire, le contrat liant le tradipraticien au patient devrait être précédé d'un entretien au cours duquel le patient devrait nécessairement se faire présenter les avantages et les inconvénients du traitement envisagé, afin de lui permettre de juger que ceux-là l'emportaient sur ceux-ci. Il est regrettable de noter que tel n'est pas le cas. Traditionnellement sur le plan contractuel, on considère qu'il n'en est pas ainsi lorsque le consentement de l'une des parties a été vicié par erreur, que celle-ci fût spontanée ou provoquée par de manœuvres constitutives de dol. Par suite, l'erreur peut, éventuellement, constituer un motif de nullité du contrat liant le tradipraticien au patient.

294- L'erreur vicie le consentement lorsqu'«*elle tombe sur la substance même de la chose qui en est l'objet. Elle n'est point une cause de nullité lorsqu'elle ne tombe que sur la personne avec laquelle on a l'intention de contracter, à moins que la considération de cette personne ne soit la cause principale de la convention* »[240]. Ainsi l'erreur qui entraîne la nullité du

---

[239] La seule crainte révérencielle envers le père, la mère ou tout autre ascendant, sans qu'il y ait eu de violence exercée, ne suffit point pour annuler le contrat.

[240] *Cf.* article 1110 du C. civ.

contrat est celle relative à la substance même du contrat ou sur la personne avec laquelle on a l'intention de contracter.

295- Soit l'hypothèse de l'erreur sur la personne du cocontractant ; l'erreur que le malade a faite sur la personne du tradipraticien peut donner lieu à une action en nullité relative de ce contrat. En effet, le contrat de soin liant le tradipraticien et le patient, figure parmi les contrats conclus en considération de la personne des parties c'est-à-dire intuitu personae. Dès lors, la qualité du praticien constitue la condition de l'engagement du malade. Une erreur à ce sujet entraîne donc la nullité du contrat de soin. Le malade, lors de l'action en nullité pourra invoquer la confusion. C'est ainsi qu'il a cru avoir stipulé avec tel tradipraticien réputé et consciencieux, mais qu'il n'a jamais rencontré auparavant. Il apprend alors que ce soignant n'est en fait qu'un préposé qui exerce avec lui. Ou alors qu'il pensait s'adresser à un vrai guérisseur, il n'a contracté qu'avec un charlatan.

296- Quant à l'erreur sur la substance de l'engagement, l'erreur du patient sur la prestation de soins ou sur le paiement des honoraires fait obstacle à la formation du contrat unissant le tradipraticien au patient. Il ne s'agit là que d'une hypothèse d'école. En effet la question relative à l'erreur sur la substance du contrat de soin, nous amène à traiter le sujet de l'obligation précontractuelle d'information en matière de contrat de soin.

297- Sur le plan contractuel, il est admis que dans certains contrats, une obligation précontractuelle d'information incombe à l'un des contractants afin que l'autre donne son consentement en toute connaissance de cause. Cette obligation apparaît comme un moyen permettant d'assurer la protection du consentement du contractant contre l'erreur, et même le dol dont le contractant pourrait être victime. L'information délivrée concerne généralement un contrat à venir. Elle porte sur tous les éléments déterminants et permet d'éclairer à ce titre le consentement du créancier de l'obligation. C'est ainsi que le vendeur doit informer l'acheteur de toutes les caractéristiques et du mode d'emploi de la chose achetée. L'insuffisance d'informations peut permettre de faire annuler le contrat pour absence de caractère éclairé du consentement de l'acheteur[241]. La question se pose de savoir si le tradipraticien doit être tenu d'une obligation précontractuelle d'information envers le malade. En effet, le tradipraticien, lors de la formation du contrat, devrait assumer une obligation d'information destinée à éclairer le consentement du patient, en lui présentant objectivement les éléments susceptibles d'influencer ce consentement. L'information que le tradipraticien doit donner au patient devrait par exemple porter sur les effets secondaires et les risques éventuels du traitement envisagé. Après l'étude du

---

[241] *Cf.* ALISSE, « L'obligation de renseignement dans le contrat », Th. Paris, 1975 ; JUGLART L'obligation de renseignement dans le contrat RTDC, 1945 ; pp. 1-22.

consentement du patient, il convient dès à présent d'examiner les contours du consentement du tradipraticien.

§2. LE CONSENTEMENT DU TRADIPRATICIEN

298- Pour qu'il y ait contrat, il faut que chacune des parties ait donné son consentement. Tant le consentement du patient que celui du tradipraticien sont exigés. Le consentement du tradipraticien constitue aussi une condition essentielle à la conclusion du contrat de soin, voire le critère déterminant. Pour constater qu'il y a eu réellement un double consentement donnant lieu au contrat, le tradipraticien doit aussi être libre d'accepter ou de refuser les soins que le patient ou son représentant lui demande. Mais le tradipraticien possède-t-il véritablement cette liberté ? Du point de vue moral, la réponse à cette question ne peut faire aucun doute ; il est bien certain qu'un tradipraticien qui, sans raison, refuserait ses soins à un malade aurait une attitude quelque peu immorale. Mais une telle conduite n'est pas condamnée du point de vue juridique[242].

299- En vertu du principe de la liberté contractuelle selon lequel chaque personne est libre d'entrer en relation contractuelle, le tradipraticien peut, en principe, refuser de répondre à l'appel du patient. Le refus de soins ne peut donner lieu à aucune action en responsabilité. Tout comme le patient, le consentement du tradipraticien doit nécessairement exister et revêtir certains caractères (B), mais avant d'analyser ceux-ci, il faut au préalable s'interroger sur le fondement juridique de ce consentement (A).

A- LE FONDEMENT JURIDIQUE DU CONSENTEMENT DU TADIPRATICIEN

300- L'étude du fondement juridique du principe de la liberté contractuelle commande que soit au préalable envisagée l'affirmation du principe. En droit médical classique, le principe de la liberté contractuelle du médecin existe bien. En effet le code de déontologie médicale français dispose que : «*hors les cas d'urgence et celui où il manque à ses devoirs d'humanité, le médecin a toujours le droit de refuser de donner des soins pour des raisons professionnelles ou personnelles* »[243]. Il en résulte que le médecin n'est pas, en principe, obligé de porter secours au patient, tant que ce dernier n'est pas en danger. Telle est également l'opinion de la doctrine française.

301- En médecine traditionnelle, pareil principe pourrait également se rencontrer. Nous pensons qu'il serait immoral en effet pour un tradipraticien

---

242 Mis à part le cas d'une personne en péril. Et même dans ce cas, le tradipraticien comme toute autre personne, peut être passible des peines prévues pour l'incrimination de cette infraction.

243 *Cf.* article 47 al. 1er du Code de déontologie médicale français.

de s'abstenir de soigner le malade qui fait appel à lui, sauf si l'état de ce dernier dépasse sa compétence ou quand il peut invoquer des raisons et des considérations justifiant cette abstention. Il est possible de déduire que le tradipraticien bénéficie aussi, à l'instar du médecin, d'une grande liberté contractuelle.

302- Cependant, il résulte de l'article 39 du code français de déontologie médicale que le refus du médecin peut être justifié par des raisons professionnelles ou personnelles. Par conséquent, il faut admettre que le médecin, s'il n'est pas obligé, en principe, de répondre à l'appel du malade, commet tout au moins une faute mettant en jeu sa responsabilité délictuelle, s'il abuse de son droit de refuser les soins demandés. Une telle situation ne risque pas de se poser en médecine traditionnelle puis qu'en cas de refus d'un tradipraticien de prodiguer des soins à un malade, ce dernier peut bien aller voir ailleurs. Mais dans un tel cas, le malade pourra bien demander et obtenir des dommages-intérêts s'il parvient à prouver que ce refus a été inspiré par l'intention de nuire et qu'il lui a causé un préjudice.

303- S'agissant du contrat liant le tradipraticien au patient, le refus du premier de consentir à donner des soins au malade doit être fondé. Ce refus peut reposer sur des raisons personnelles. Il en est ainsi en cas d'inimitiés familiales ou bien lorsque le tradipraticien se rend compte que le climat de confiance ne pourra jamais s'établir entre le malade ou sa famille et lui, ceci d'autant que l'un des buts du tradipraticien est de restaurer de bonnes relations dans le groupe. Le refus peut être également fondé sur des raisons professionnelles[244]. Aussi le tradipraticien reste-t-il entièrement libre de donner des soins ou de les refuser. En l'absence de texte imposant l'obligation légale d'exercer, seule une obligation morale peut contraindre le tradipraticien à agir.

304- Plusieurs fondements juridiques peuvent être trouvés à la liberté contractuelle du tradipraticien. D'abord, cette liberté est l'une des conséquences juridiques du principe de l'autonomie de la volonté. En effet, les individus sont libres de contracter ou non, car il n'existe pas d'obligation juridique de contracter. En effet nul n'est forcé d'entrer en relation contractuelle. Le tradipraticien doit aussi être soumis aux mêmes principes. Ensuite, en raison de la confiance qui doit s'établir entre le malade et son soignant, ceux-ci doivent pouvoir librement entrer en relation contractuelle. La confiance est l'âme de tout contrat de soins. La qualité de chaque contractant est la condition de l'engagement de l'autre. De la même manière, la liberté contractuelle du tradipraticien est fondée sur la confiance mutuelle qui doit constituer la base de ses relations avec le patient. De même, si le

---

[244] Tel sera par exemple le cas lorsque l'état de santé du patient dépasse sa compétence réelle. La bonne foi commande qu'un tel praticien se récuse devant un traitement qu'il n'est pas en mesure de donner, ceci sous peine d'engager sa responsabilité.

tradipraticien dispose d'une certaine liberté contractuelle, c'est en raison du caractère libéral de son activité. L'exercice libéral de son art est d'abord celui d'accepter ou de refuser librement son intervention[245]. Enfin une justification pratique peut fonder le principe de la liberté contractuelle du tradipraticien. Selon J. SAVATIER[246]., «*la vie deviendrait impossible à un professionnel s'il lui fallait nécessairement répondre à tous les appels. Il n'y pourrait pas suffire et on ne peut lui reprocher de se ménager quelque repos ou de réserver une portion de son temps à autre chose* » quoi qu'il en soit, la validité de cette relation suppose nécessairement l'existence du consentement du tradipraticien.

B- LA NÉCESSITÉ DE L'EXISTENCE DU CONSENTEMENT DU TRADIPRATICIEN

305- Le consentement du patient doit non seulement exister, mais revêtir, en outre, certains caractères (libre et éclairé). Il en va de même de celui du tradipraticien. En application du principe de la liberté contractuelle, le consentement du tradipraticien doit être donné librement et de façon éclairée. S'il n'est nul besoin que le consentement du tradipraticien soit donné dans une forme ou une formule précise, il n'en est cependant pas moins nécessaire à la formation du contrat de soin qui le lie au patient. Ce dernier est formé dès que le tradipraticien accepte de prodiguer les soins demandés par le patient. Comme précédemment analysé, le contrat qui le lie au patient est un contrat consensuel[247].

306- Par le seul fait d'avoir un cabinet de soin ou un lieu de consultation et de poser une plaque ou une pancarte, il se trouve dans une situation de pollicitation ; il en résulte que lorsqu'un malade accepte cette offre en allant voir le tradipraticien, le contrat est normalement formé[248]. Cependant, l'apposition d'une pancarte ne l'empêche pas de refuser de répondre à l'appel d'une personne. Le fondement essentiel du contrat est la confiance que chaque partie – le tradipraticien et le patient – a envers l'autre. Cette confiance réciproque peut constituer un motif légitime permettant au tradipraticien de ne pas répondre à l'appel du patient.

307- Ainsi, lorsqu'un malade fait appel à un guérisseur, nous sommes en présence d'une déclaration unilatérale de volonté par laquelle le malade propose au tradipraticien, avec lequel il est entré en contact, la conclusion d'un contrat de soin. Lorsque le tradipraticien accepte l'offre du contrat qui

---

245 Pour une illustration dans le domaine médical, *cf.* L. MELENNEC et G. MEMETEAU, op. cit. p. 23.

246 *Cf.* J. SAVATIER, « Etude juridique de la profession libérale », Th. Préc., p.197.

247 *Cf.* supra, n° 217 et s.

248 *Cf.* R. BESSERVE, *De quelques difficultés soulevées par le contrat médical*, JCP 956, I, 1309.

lui a été faite, c'est-à-dire lorsque se réalise l'accord de volontés, le contrat est formé. Il n'est pas exigé que ce consentement soit express. Ce contrat subsiste, si ce consentement a été tacitement donné. C'est notamment le cas, lorsque le tradipraticien a pris le malade, en quelque sorte, en charge, soit parce que ce malade est un client habituel, soit parce qu'il résulte des circonstances que le praticien devait assurer le traitement pendant un certain temps.

308- De l'exigence du consentement du tradipraticien pour la conclusion du contrat, il résulte d'une part, que le contrat peut être annulé si le consentement fait défaut et, d'autre part, que l'on ne saurait parler de contrat lorsque le tradipraticien se trouve dans l'obligation de répondre à l'appel du patient. Il a été précisé lors de l'étude du consentement du patient au contrat que, lorsque ce consentement fait défaut[249], le contrat de soin est entaché de nullité. Il a également été précisé qu'un tel défaut se réalise lorsque le patient, tout en ayant la capacité juridique selon les règles du droit commun, se trouve dans un état ne lui permettant pas de se rendre compte de ce qu'il fait. Il en est ainsi, du patient atteint d'un trouble mental mais qui n'est pas placé sous tutelle ; il en est également ainsi du patient qui est inconscient, pendant une durée plus ou moins longue. Ces règles doivent aussi être appliquées au tradipraticien. En effet, le contrat de soin doit être annulé si le tradipraticien, au moment de la formation du contrat, est dépourvu de tout discernement, soit parce qu'il est atteint d'un trouble mental, soit parce qu'il s'est trouvé inconscient à la suite d'une maladie. Dans ces hypothèses, qui peuvent être considérées comme des hypothèses d'école, le contrat de soin est nul pour défaut de consentement du tradipraticien.

309- La question se pose de savoir si la liberté contractuelle du tradipraticien est absolue ? En fait, la liberté contractuelle du tradipraticien ne saurait être absolue. Des tempéraments doivent y être apportés. Il en est ainsi dans le cas où le tradipraticien doit répondre à l'appel du malade ou, tout au moins, lui porter spontanément secours. Ces cas constituent des limites à la liberté du tradipraticien d'accepter ou de refuser de donner les soins qui lui sont demandés. Ces tempéraments ont pour effet d'exclure la nature contractuelle de la relation tradipraticien-patient. L'obligation de prodiguer les soins ne correspond pas à l'exigence de l'existence du consentement du tradipraticien à la convention de soins, qui implique, comme nous l'avons vu, que son intervention se situe dans le cadre de l'exercice libéral de son activité. Ainsi, l'existence d'un contrat de soins est exclue du fait du défaut de consentement du tradipraticien à la formation du contrat, chaque fois que ce dernier est dans l'obligation légale de porter secours et de répondre à l'appel du patient.

---

[249] *Cf.* supra, n° 308 et s.

310- Le tradipraticien dans l'exercice de son activité se trouve dans certains cas, obligé par la loi de donner des soins. Cette obligation légale se traduit essentiellement par le devoir général de porter secours à toute personne en danger, sous peine de sanctions pénales. Le Code pénal camerounais punit d'amende et/ou d'emprisonnement, «celui qui s'abstient de porter à une personne en péril, l'assistance que, sans risque pour lui ni pour les tiers, il pouvait lui prêter, soit par son action personnelle, soit en provoquant un secours »[250]. Il est certain que cette disposition générale s'applique aussi aux tradipraticiens.

311- Si l'on se réfère au Code de déontologie médicale, il est interdit au médecin de refuser des soins dans des cas d'urgence, et dans ceux où «il manquerait à ses devoirs d'humanité ». De même, l'article 9 de ce Code précise que «tout médecin qui se trouve en présence d'un malade ou d'un blessé en péril ou informé qu'un malade ou un blessé est en péril, doit lui porter assistance ou s'assurer qu'il reçoit les soins nécessaires »[251].

312- En médecine traditionnelle, le devoir du tradipraticien de prêter assistance à personne en péril ne soulève aucun doute. En vertu de l'article 283 du Code pénal, toute personne encourt des sanctions pénales, d'amende et de prison si elle s'est abstenue de l'obligation qui lui a été imposée par la loi de porter secours à une autre personne en danger. Cette disposition s'applique indifféremment à toute personne.

313- En présence d'une obligation légale de porter assistance à une personne en danger incombant au tradipraticien, on peut se demander s'il s'est formé un contrat entre ce dernier et le patient qui est en danger. En droit médical classique, relativement au médecin, certains auteurs répondent par l'affirmative. Ils considèrent que lorsque « le médecin a prêté assistance en répondant à l'appel au secours, son acceptation aura rencontré l'offre du malade ou de ceux agissant pour lui et, qu'ainsi, le contrat médical se sera normalement formé. Tout simplement, le péril interdit de refuser le consentement, il ne l'exclut pas et il serait excessif de raisonner comme si le secours donné dans cette situation n'était jamais volontaire »[252].

314- La nature contractuelle de la relation tradipraticien malade exige de la part du premier, de jouir de la liberté d'accepter ou de refuser les soins. Ce n'est pas le cas lorsque le soignant est amené à donner des soins au malade qui est en danger et ce, que son intervention soit directe ou le fruit du hasard ou lorsque son intervention a eu lieu à la demande d'une tierce personne. On

---

[250] *Cf.* article 283 du Code pénal camerounais.

[251] *Cf.* sur l'obligation du médecin de porter secours à la personne en péril, l'étude de J.L. FILLETTE, *L'obligation de porter secours à la personne en péril*, JCP, I, 1995, 3868 ; J.H. SOUTOUL, *Le médecin face à l'assistance à personne en danger et à l'urgence*, Paris, Maloine, 1991.

[252] *Cf.* L. MELENNEC et G. MEMETEAU, *Traité de droit médical*, op. cit. p. 27.

ne peut pas dire que le tradipraticien, en présence de l'obligation de porter secours à une personne en péril, est complètement libre de refuser ou d'accepter de donner les soins nécessaires.

315- En effet, son refus serait sanctionné pénalement. Dire dès lors que «*le péril interdit de refuser le consentement*» n'est en vérité pas dénué de sens. L'intervention du tradipraticien auprès d'un malade en danger ne peut donner naissance à un contrat que lorsque cette intervention a dépassé les termes de l'obligation légale d'assister la personne en péril. En effet, on peut considérer qu'une «*relation complémentaire de gestion d'affaires*» peut s'établir[253]. Si cette hypothèse existe, elle est tout à fait exceptionnelle. En pareil cas, il y a contrat entre le tradipraticien et le patient, dès que ce dernier ou son représentant donne ultérieurement son consentement. En réalité en matière de gestion d'affaires, la ratification ultérieure de la personne pour laquelle l'affaire a été gérée équivaut à un mandat. Le consentement du tradipraticien à la formation du contrat de soin doit être, comme le consentement du patient, libre et éclairé, c'est-à-dire exempt de vices. Doit donc être frappé de nullité relative tout contrat de soin dans lequel consentement donné par le tradipraticien est vicié par la violence physique ou morale.

316- S'il apparaît difficilement imaginable que le tradipraticien puisse intervenir sous la menace, il ne faut pas pour autant en déduire que cette hypothèse ne se produira jamais. Il est possible qu'une violence même physique contraigne le tradipraticien à donner des soins. Telle serait l'hypothèse du tradipraticien emmené de force dans un endroit où il ne voulait pas se rendre. Serait nul également le contrat de soin lorsque le tradipraticien a donné son consentement à la suite d'un dol[254]. Il peut en être ainsi quand le tradipraticien n'a consenti à se rendre au chevet de quelqu'un qu'à la suite d'agissements de la part de celui qui l'a appelé, agissements sans lesquels il ne se serait pas déplacé.

317- Le contrat liant le tradipraticien au patient est un contrat « intuitus personae », la considération de la personne du malade joue un rôle déterminant dans le consentement de la personne du praticien. Toute erreur sur la personne du patient rend nul, de nullité relative, le contrat[255]. Le consentement du tradipraticien doit toujours être éclairé au regard de l'objet et de ses obligations. En effet, on ne peut pas imaginer que le praticien, qui entretient une relation contractuelle avec le patient, puisse ignorer qu'il donne des soins nécessaires à ce dernier. Pourtant, le juste équilibre contractuel « passe nécessairement par une information réciproque. Si le praticien doit informer le malade des modalités et des risques de

---

[253] *Cf.* CARBONNIER, op. cit., n° 118 ; A. TUNC, note sous D, 1947, 386.

[254] *Cf.* Art. 1116 du Code civil.

[255] *Cf.* Art. 1110 al. 2 du Code civil.

l'intervention projetée, le malade doit avoir préalablement indiqué au praticien ses antécédents, ses problèmes de santé pour qu'il puisse lui prescrire le traitement approprié. L'éclairage de l'obligation envisagée est donc bilatéral. C'est à ce titre que l'on obtiendra le nécessaire équilibre contractuel »[256]. En somme, même si le consentement des parties revêt toutes les conditions de validité, cette relation contractuelle ne pourra se former qu'entre des parties disposant de la capacité requise.

SECTION 2 : LA CAPACITÉ DES PARTIES AU CONTRAT

318- L'appréhension des problèmes liés à la capacité s'effectuant, en général sous un angle essentiellement contractuel la présente étude ne semble pas déroger, du moins en apparence, à cette ligne de conduite. Considérée comme un élément constitutif du contrat de soins liant le tradipraticien au patient et nécessaire à sa validité, l'analyse envisagée paraît bien concerner la seule capacité de contracter. Or la capacité juridique est l'aptitude à être titulaire de droits et à les exercer, définition qui englobe notamment, mais pas exclusivement, la faculté de passer des actes juridiques. Par conséquent, l'analyse ne saurait se limiter au seul aspect contractuel.

319- La capacité des parties au contrat de soins pourrait soulever, en premier lieu, un problème de fond dont l'importance n'est pas négligeable : il s'agit de savoir si la personne a la capacité de consentir à un fait juridique, autrement dit la capacité de consentir à se prêter aux soins impliquant des actes médicaux traditionnels qui quelquefois pourraient être susceptibles de porter atteinte à son intégrité. Le problème de forme engendré en second lieu, concerne alors effectivement la capacité de consentir à des actes juridiques, en l'occurrence, au contrat de soins traditionnel. Il faut donc savoir si les règles de droit commun sont applicables en l'espèce, et si elles confèrent à toute personne le droit de se prêter à un tel contrat ou bien s'il existe en ce domaine des incapacités de jouissance.

320- Comme tout contrat, le contrat soins relatif à la médecine traditionnelle et liant le tradipraticien au patient, doit, pour être valable, être conclu par des personnes ayant la capacité juridique. La capacité est l'aptitude à être titulaire de droits et d'obligations et à les exercer. Il existe en fait deux sortes de capacité : la capacité de jouissance et la capacité d'exercice. Pour ce qui concerne la formation de contrat de soins, la capacité d'exercice, est définie comme celle qui permet à l'intéressé d'exercer lui-même ses droits, autrement dit c'est la capacité d'exercice qui permet de contracter. Un individu frappé d'une incapacité d'exercice, ne peut contracter seul. Il doit pour ce faire, être représenté ou habilité par une

[256] Dans le même sens, cf. ALT-MAES, RTD San. et soc., 30 juil-sept., 1994, p. 384 et 385.

autorisation. Il convient de rappeler que la capacité juridique constitue, une des conditions de validité du contrat. C'est ce qui résulte de l'article 1108 du Code civil. En effet, pour que le contrat soit valable, les parties doivent posséder la capacité juridique dont les règles sont précisées par le Code civil. Peu importe que la capacité soit la condition de validité du contrat ou celle de validité du consentement[257].

321- En principe, d'après l'article 1123 du Code civil, toute personne qui a la capacité juridique peut contracter[258]. Il résulte de cela que la capacité de la personne est le principe, et l'incapacité une exception qui doit être strictement entendue. Le malade a la capacité juridique de contracter avec le tradipraticien. La maladie n'est pas elle-même une cause d'incapacité. Cependant, s'il n'a pas la capacité, il doit être représenté lors de la formation du contrat, à peine de nullité. Quant au praticien, il doit avoir, lui aussi, la capacité d'exercice, ce qui est l'hypothèse la plus répandue, étant, en principe, un majeur jouissant de ses facultés mentales. En effet, la capacité du praticien ne se limite pas au point de savoir s'il a ou non la capacité d'exercice. Elle doit s'entendre des conditions exigées pour pouvoir exercer la profession. Dès lors, la capacité du tradipraticien doit être entendue largement. Après avoir analysé la capacité du patient (§1), nous envisageons celle du tradipraticien (§2).

§1. LA CAPACITÉ DU PATIENT

322- Pour que la relation contractuelle liant le tradipraticien au malade soit valable, le patient qui s'adresse au tradipraticien doit avoir la capacité. La conclusion d'un contrat ne peut se réaliser qu'entre personnes civilement capables de conclure des actes juridiques. Selon le principe du consentement personnel, il appartient au malade lui-même de conclure le contrat avec le tradipraticien. Pour ce faire, il donne son consentement. Le consentement du malade implique qu'il soit capable de s'obliger et soit pleinement conscient. Sinon, le contrat ne peut être conclu que par une autre personne chargée de représenter le malade ou de se substituer à lui ; dans ce cas, elle consent au contrat au nom du malade.

323- En principe, le malade a la capacité juridique et celle-ci lui permet de conclure le contrat. La maladie ne rend pas le malade juridiquement incapable[259]. À la suite de certains auteurs, on pourrait avoir tendance à

---

[257] Civ. 1ère, 17 octobre 1955 : JCP 56, II, 9226, note Laurent. « Le contrat ne peut se former que si les parties ont été, en donnant leur consentement, physiquement capables d'avoir et d'exprimer la volonté de s'obliger ».

[258] En effet, en vertu de l'article 1123 du Code civil, « toute personne peut contracter si elle n'en est pas déclarée incapable par la loi ».

[259] En revanche lorsque la maladie rend le malade inconscient lors de la formation, le contrat est entaché de nullité pour défaut de consentement du malade.

dénier au malade toute capacité de s'obliger, au motif que son état de santé le place en état de dépendance vis-à-vis de celui qui le soigne[260]. En effet, il convient d'établir une distinction entre la capacité de donner un consentement, et le caractère libre et éclairé de ce dernier. Tant que la maladie ne le rend pas inconscient, le malade peut donner son consentement. Mais, il est important de rechercher si ce consentement est libre et éclairé. La question relative à l'ignorance des soins du malade se rattache aux caractères du consentement et non à la capacité juridique. Dès lors, le malade n'est dépourvu de la capacité juridique de conclure un contrat que s'il est frappé d'une incapacité légale.

324- En effet, à la règle de la capacité juridique de la personne, le législateur a apporté certaines dérogations. C'est ainsi que certaines personnes, en raison de leur âge ou de leur état mental ou physique, sont dépourvues de la capacité. Elles doivent être représentées ou assistées lors de la formation des actes juridiques. Si le patient fait partie de ces personnes, pour que le contrat de soins traditionnel soit valable, il doit être représenté ou assisté lors de sa conclusion. S'agissant de prendre soin de la personne du mineur, le consentement du tuteur est requis. En réalité, le tuteur peut conclure avec le tradipraticien un contrat au nom du mineur, cette possibilité est envisageable parce que l'acte de soins que pose le tradipraticien constitue en général des actes de soins courants. Dans le cas contraire, c'est-à-dire que s'il s'était agi des actes graves, comme ceux que peut poser un chirurgien par exemple, l'avis du conseil de famille aurait été nécessaire. Mais une telle hypothèse n'est pas envisageable en médecine traditionnelle. En général, on considère en droit que, le tuteur peut décider seul dans les cas où le consentement d'un seul des parents est suffisant, et qu'il doit consulter le conseil de famille et se plier aux décisions de celui-ci dans les cas où la loi exige un accord des deux parents.

325- Cependant, en droit médical classique, M. MEMETEAU considère que le conseil de famille n'a pas à consentir au traitement. Le consentement au traitement est un acte spécial que ne lui a pas donné l'article 449 du Code civil[261]. En vertu de cet article, le conseil de famille détermine seulement « les conditions générales d'entretien et d'éducation ». Ainsi, pour cet auteur, il revient au juge des tutelles de surveiller l'action du tuteur.

326- En cas de désaccord entre les parents sur le point de savoir où se situe l'intérêt de l'enfant, l'article 372-1 du Code civil préconise le recours à la pratique suivie précédemment, dans des occasions semblables, faute de

---

[260] *Cf.* en ce sens, R. SAVATIER, *Impérialisme médical sur le terrain du droit*, Dalloz 1952, chr. 157.

[261] L'article 449 du code civil dispose que : « Le conseil de famille règle les conditions générales d'entretien et de l'éducation de l'enfant, en ayant égard à la volonté que les père et mère avaient pu exprimer à ce sujet » ; *Cf.* G. MEMETEAU, Th ; préc. , n° 82.

quoi, le parent le plus diligent peut saisir le juge qui statue après avoir entendu les parties.

327- Un enfant mineur non émancipé est dépourvu de la capacité juridique nécessaire pour passer un contrat ; cependant, il convient de tenir compte de la spécialité des actes médicaux qui portent essentiellement sur la personne. Dès lors, on peut se demander si un consentement peut être donné à un traitement par un mineur qui a toute faculté de discernement.

328- En droit médical classique, certains textes spéciaux prévoient le consentement personnel du mineur ou du moins sa participation à la décision relative aux actes médicaux. Par exemple, une mineure célibataire enceinte ne peut recourir à l'interruption volontaire de grossesse sans le consentement de la personne exerçant l'autorité parentale. Mais, elle peut en principe, donner son consentement en dehors de la présence des parents ou du représentant légal[262]. De même, la loi relative à la régulation des naissances dispose que des contraceptifs peuvent être délivrés à une mineure qui peut souhaiter garder le secret[263]. En matière de recherches biomédicales sur la personne d'un enfant, la loi du 20 décembre 1988[264] dispose qu'en plus de l'autorisation de diverses personnes sous l'autorité desquelles le mineur peut être placé, son consentement doit être recherché lorsqu'il est apte à exprimer sa volonté ; il ne peut être passé outre ni à son refus ni à la rétractation de son consentement. M. LOUSTE[265] en a déduit « *que le consentement du seul mineur n'est pas suffisant* ». En effet, l'article 43 alinéa 2 ne parlait pas de consentement, mais seulement d'avis[266].

329- Nous partageons le point de vue de M. LOUSTE[267]. En effet, il existe une tendance doctrinale consistant à attribuer en droit médical, au mineur une capacité civile plus étendue que celle que lui assigne le droit commun, pourtant, en l'absence de textes, on ne peut déroger aux règles de droit commun relatives à la capacité juridique pour conclure un contrat entre un médecin et un mineur.

330- La loi camerounaise ne connaît que deux phases dans la vie d'un individu : la minorité et la majorité. Le mineur est juridiquement un incapable, il a la jouissance de ses droits privés, mais n'en a pas l'exercice. Une adolescence est vécue sous le statut de la minorité, dont l'effet essentiel est le principe d'incapacité et son corollaire contenu dans la notion de protection. Les textes donnant aux mineurs certains pouvoirs sur leur corps sont des textes négatifs : refus de se faire avorter. Si l'avis du mineur

---

262 Art. 62-7 du Code de la Santé publique.
263 L n° 67-1176, du 28 déc. 1967, J.O. 29 déc. 1967 art. 4 al 2.
264 Loi n° 88-1138 du 20 déc. 1988 D. 1989, 12.
265 Th. Préc. p. 20.
266 *Cf.* N. HANKSSON – TRESCH, Th. Préc. p. 116.
267 *Cf.* M. LOUSTE, Th. op. Cit

adolescent doit être retenu dès qu'il est apte avant de passer un acte médical dont il est l'objet, il n'est pas pour autant question de valider son consentement en dehors de celui de son représentant légal. Pour que la relation liant le tradipraticien au patient soit valablement formée, il faut que les deux parties aient la capacité de contracter. Après avoir étudié celle du patient, il importe à présent nous pencher sur celle du tradipraticien.

§2. LA CAPACITÉ DU TRADIPRATICIEN

331- En droit médical, outre la capacité juridique, la capacité du médecin suppose, stricto sensu, qu'il remplisse les conditions légales pour exercer la médecine. Sans ces conditions, le contrat ne peut exister. Dès lors, la capacité ne signifie pas seulement pour le médecin qu'il jouisse de ses droits civiques, mais également qu'il bénéficie d'un statut légal dans le cadre duquel est limité l'exercice de la médecine[268]. La nécessité de posséder le diplôme de docteur en médecine a été prévue par l'article 3 du code déontologie médicale camerounais. Est donc exigé un diplôme scientifique délivré par une faculté de médecine, qui seul confère à son titulaire, le droit d'exercer la médecine et une plénitude d'attributions[269] et de compétence, sans qu'il soit nécessaire de procéder à d'autres formalités ou examens complémentaires et ce sans délai d'épreuves.

332- Il en va autrement en médecine traditionnelle. Pour que le contrat de soin liant le tradipraticien et le malade soit valable, les parties doivent avoir la capacité juridique. Autrement dit, seuls les sujets majeurs et capables peuvent contracter. L'âge de la majorité est fixé en droit camerounais à 21 ans, il n'est pas possible qu'un mineur exerce l'art médical traditionnel. Aussi la question relative à la capacité du tradipraticien de conclure le contrat se pose de la même façon que pour le malade. Dès lors la capacité signifie qu'il jouisse également de ses droits civiques. Contrairement au médecin, l'accès à la profession ne suppose aucune condition relative au diplôme ; cependant on peut trouver un guérisseur qui a fondé sa célébrité sur le fait qu'il possède une capacité et une compétence que l'on ne trouve pas habituellement chez un autre. Certes le don est une condition nécessaire, mais non suffisante pour guérir. Il est le capital incorporé du guérisseur comme le diplôme est le capital incorporé du médecin. Les conditions objectives externes qui s'appliquent à cette situation, c'est l'existence d'une demande sociale de services médicaux, en conséquence de quoi le tradipraticien peut offrir ses services, acquérir une réputation qui rende sa position sociale gratifiante et pour certains économiquement attrayante.

---

268 *Cf.* L. KORNPROBST, *Contrats de soins médicaux*, op. cit. p. 44, n° 84.

269 Il ne faut pour autant pas en déduire qu'il bénéficie d'une liberté absolue. Sa liberté de pratiquer les actes médicaux est limitée tant par l'obligation qui pèse sur lui de ne pas dépasser sa compétence réelle, que par la spécialisation médicale qui met à sa charge l'obligation de ne pas dépasser sa spécialité.

333- Le projet de loi de l'O.M.S. portant reconnaissance de l'exercice de la médecine traditionnelle, dispose en son article 3 que « *Est tradipraticien de santé, toute personne reconnue dans la communauté dans laquelle elle vit, pour diagnostiquer, pratiquer des soins et/ou activités selon des techniques et méthodes se référant aux fondements socio-culturels et recourant à la bonne santé et au bien-être physique, mental, social et spirituel de ladite collectivité* ». Un récépissé attestant de la déclaration de l'existence de l'association auprès des autorités administratives locales est délivré. De même des cartes professionnelles sont délivrées au sein des associations de tradipraticiens. Un bon guérisseur entend dans tous les cas, assurer la sécurité globale du patient. Sécurité médico-sanitaire par la guérison ou la prévention. Les praticiens de la vraie médecine traditionnelle ne sont pas des aventuriers, marchands de bonheur. Ils y accèdent toujours par une formation qui s'étend sur plusieurs années. Ne peut-on pas dès lors considérer tous ces éléments comme des éléments liés à l'exigence de capacité ?

334- Nous pensons que le tradipraticien qui remplit toutes ces conditions possède la capacité d'exercer qui peut se traduire en une capacité professionnelle. En effet il n'y a rien de plus difficile que « *de soumettre son art et son savoir à l'appréciation d'un jury composé de toute la collectivité dans laquelle l'on vit et où l'on travaille* »[270]. L'établissement des conditions subjectives de validité du contrat liant le tradipraticien au patient achevé, la démarche doit être, à présent reconduite pour l'étude des conditions objectives de validité qui constitue également une des composantes indispensables pour la consolidation de la nature juridique de la relation étudiée.

[270] *Cf.* S. DEMBELE Op. Cit.

CHAPITRE 2

LES CONDITIONS OBJECTIVES DE VALIDITÉ DU CONTRAT LIANT LE TRADIPRATICIEN AU PATIENT

335- L'étude des conditions objectives du contrat de soin médical traditionnel, et qui se rapportent au contenu de la convention, est également nécessaire à la mise en évidence de la validité de la relation contractuelle étudiée. En fait cette étude se ramène essentiellement à l'analyse de la licéité de son objet et de sa cause.

336- À l'instar de tout autre contrat, pour que le contrat liant le tradipraticien au patient soit valable, il doit avoir un objet et une cause. Il faut en outre qu'en application des règles de droit commun, ces deux conditions objectives de validité soient licites. La démarche présente un intérêt non négligeable voire substantiel eu égard au flou[271] qui pourrait être entretenu dans ce domaine, et qui pourrait au demeurant, conduire à fausser les raisonnements relatifs à la licéité soit de l'objet (Section 1) soit de la cause (Section 2) de la convention relative à la médecine traditionnelle.

SECTION 1 : L'OBJET DU CONTRAT LIANT LE TRADIPRATICIEN AU PATIENT

337- Une appréhension claire de l'objet de la relation étudiée permettra de préciser, en l'espèce et sans ambiguïté le sens qu'il convient de lui attribuer. Pour que le contrat de soins relatif à la médecine traditionnelle soit valable, il doit avoir, en vertu des règles de droit commun, un objet. Relativement à l'existence de l'objet du contrat unissant le tradipraticien et le patient, deux questions peuvent se poser. La première est relative à l'étendue du pouvoir des parties dans la détermination des différentes obligations qu'engendre le contrat. La deuxième question consiste à résoudre les problèmes délicats qui se rapportent à la licéité de l'objet. En clair, l'étude sera essentiellement axée sur la détermination de l'étendue du contrat (§1) et sur le principe de la licéité de cet objet (§2).

---

[271] D'après la loi, il faut savoir à quoi on s'oblige pour qu'on puisse parler de contrat, et la prestation doit être définie de manière précise ; or pour certains, la médecine traditionnelle est regardée comme évoluant essentiellement sur des bases irrationnelles, psychologiques et spirituelles, et peu de ce fait être affectée d'ambiguïté.

§1. LA DÉTERMINATION DE L'OBJET DU CONTRAT LIANT LE TRADIPRATICIEN AU PATIENT

338- Cette analyse commande que soit défini préalablement l'objet du contrat liant le tradipraticien au patient d'une part (A), avant de déterminer l'étendue de cet objet d'autre part (B).

A- LA DÉFINITION DE L'OBJET DE CONTRAT

339- Conformément aux articles 1126 et suivants du Code civil, l'objet du contrat, constitué par l'opération juridique[272] que les parties cherchent à réaliser, se distingue traditionnellement de l'objet de l'obligation, représentant ce à quoi s'oblige le débiteur et de l'objet de la prestation, s'entendant de la chose qui fait l'objet de la prestation promise. D'où il résulte qu'il y a deux objets dans la relation étudiée, qui est un contrat synallagmatique. À la vérité, la formule même « objet du contrat » est impropre. En clair, dire objet du contrat, comme le fait le Code civil n'est qu'une ellipse, d'ailleurs traditionnelle[273]. Il faut remarquer que les termes d'objet du contrat sont éminemment contestables puisque le contrat en soi, n'a pas d'objet. Il produit seulement des effets, lesquels consistent en la création d'une ou plusieurs obligations ; et ce sont celles-ci qui ont à leur tour, un objet. Il serait alors plus conforme à la réalité juridique de parler d'objet des obligations nées du contrat, étant entendu qu'appréhendées dans leur ensemble, lesdites obligations forment, ni plus ni moins, l'opération juridique envisagée par les cocontractants.

340- Appliqué à la médecine traditionnelle, l'objet du contrat de soins liant le tradipraticien et le patient ou en d'autres termes, l'objet des obligations nées de ce contrat, se définit comme étant l'opération de soin telle qu'envisagée par les parties. Les rapports contractuels ont donc pour objet le traitement, le soin médical traditionnel envisagé par les parties.

341- De toute évidence, le soin se décompose juridiquement en une multitude d'obligations de faire et de ne pas faire à la charge de chacune des parties. Le tradipraticien et le patient effectuent respectivement diverses prestations ayant pour finalité la guérison du malade. Le praticien met à la disposition du patient parfois son local[274], des médicaments traditionnels destinés au soin et assure également une surveillance médicale. Selon l'entente initiale, le patient peut verser des « honoraires » au tradipraticien et

[272] *Cf.* TERRE, SIMLER et LEQUETTE, op. cit. n° 257 et 287.

[273] *Cf.* MAZEAUD et F. CHABAS, n° 231 ; Cf. aussi F. TERRE, Ph. SIMLER et Y. LEQUETTE, op. cit. n°257.

[274] Pour les patients dont l'état de santé nécessite une surveillance continuelle. En effet, dans les cas de fractures ou de certaines maladies graves, le rebouteux ou le tradipraticien retient parfois sur place chez lui, des malades venant des localités éloignées afin de leur éviter des allées et venues incessants qui pourraient compromettre la guérison.

surtout, il doit se soumettre à l'obligation de collaboration ; il peut aussi selon les cas, accepter de modifier légèrement son mode de vie, le temps du traitement. Toutes ces prestations mises bout à bout constituent l'opération de soins, objet du contrat liant le tradipraticien et le patient. Ainsi donc l'objet des obligations nées du contrat étudié, peut se définir comme étant les prestations qui représentent l'ensemble des obligations auxquelles les cocontractants sont tenus.

342- Cette solution se révèle d'ailleurs conforme aux raisonnements traditionnellement rencontrés dans le domaine voisin de la relation médicale courante. S'agissant du contrat médical, proprement dit, son objet est constitué par les obligations respectives de chacun des cocontractants, le médecin étant tenu d'une obligation de faire quant aux soins prodigués, le malade ayant principalement la charge d'une obligation de donner quant aux honoraires versés[275]. Les conventions ainsi conclues mettent en cause la personne même du patient et à travers elle, mais de manière indissociable, son propre corps. Cependant, l'objet du contrat médical n'est pas le corps humain, mais l'ensemble des prestations portant sur le corps. L'ensemble de ces considérations permet dès lors d'observer que l'analyse de l'objet du contrat liant le tradipraticien au patient s'inscrit dans la continuité des solutions qui s'appliquent dans le domaine médical en général. L'existence de l'objet du contrat conduit à analyser l'étendue du pouvoir (somme toute limité) des parties dans la détermination des différentes obligations qu'engendre la relation étudiée.

B- LE POUVOIR LIMITE DES PARTIES QUANT A LA DÉTERMINATION DU CONTENU DU CONTRAT

343- En matière de contrat, s'il revient aux parties de créer les effets de celui-ci et d'en déterminer le contenu, en vertu du principe de l'autonomie de la volonté, il en est autrement lorsque l'ordre public ou les bonnes mœurs sont en cause[276]. La volonté contractuelle des parties se trouve réduite voire disparaît.

344- Dans le contrat de soins relatif à la médecine traditionnelle, le pouvoir des parties de déterminer son contenu connaît des limites, en application du principe édicté ci-dessus. C'est essentiellement à l'égard des obligations qui incombent au tradipraticien que le principe de l'autonomie de la volonté pourrait subir certains tempéraments, mais également à l'égard de

---

[275] *Cf.* cependant L. MELENNEC et G. MEMETEAU, op. cit., p. 58 ; R. SAURY, op. cit. p. 226 ; J. CARBONNIER, op. cit. p. 22, qui estime qu'il faut distinguer entre les conventions qui portent à proprement parler sur le corps humain et celles qui portent seulement sur la réparation des atteintes dont le corps humain peut avoir à souffrir.

[276] *Cf.* Ph. MALAURIE, *L'ordre public et le contrat*, 1952 ; J. MOURGEON, *De l'immoralité dans ses rapports avec les libertés publiques* : D. 1974, chron. 247.

celles du patient. Indépendamment de la nature de la relation qu'ils entretiennent avec les patients les tradipraticiens devraient être soumis, en raison même de leurs activités, à certaines règles impératives qui déterminent leurs obligations. Cette tâche, à défaut d'un code de déontologie qui leur soit applicable, incombe à la jurisprudence qui en l'absence de la loi, devrait constituer la source de ces règles, et aider à la définition des obligations qui incombent à tous les acteurs de cette profession. Qu'il y ait ou non contrat, les tradipraticiens assument certaines obligations relatives à leurs activités dont l'inexécution devrait, pensons-nous entraîner leur responsabilité civile, et pénale. La première de ces obligations est celle de prendre l'assentiment du patient à l'acte de soins, l'obligation du secret professionnel, l'obligation même de sécurité quant aux instruments[277] qu'ils utilisent, et enfin, l'obligation de conseil. Ces diverses obligations professionnelles prennent un caractère contractuel. Ainsi chaque tradipraticien a des obligations professionnelles en raison de sa qualité ou du simple fait de l'exercice d'une telle activité. Le tradipraticien ne peut pas y échapper, car ses obligations professionnelles constituent les principes fondamentaux d'exercice de son art, et revêtent un caractère d'ordre public. Il en résulte certaines conséquences à l'égard du contrat le liant au patient :

345- D'abord, compte tenu du caractère singulier de cette activité, le tradipraticien ne doit pas pouvoir introduire dans le contrat des clauses limitatives ou exonérations de sa responsabilité à peine de nullité. Une telle pratique serait contraire à l'ordre public. Les obligations du tradipraticien ne sont pas susceptibles d'être limitées ou effacées. Un tradipraticien ne peut pas s'engager à une diligence réduite du simple fait qu'il s'agit de la médecine traditionnelle. De la même manière, un patient ne devrait pas exonérer le tradipraticien de ses obligations en renonçant au droit à réparation pour les dommages corporels subis[278].

346- Ensuite, il n'est nul besoin de déterminer expressément les obligations du tradipraticien dans le contrat ; ces obligations ont un caractère d'ordre public. Elles sont de plein droit, insérées dans les contrats passés avec le malade. Ainsi, le contrat soins présente certaines spécificités par rapport aux autres contrats, tel le contrat de vente par exemple, dans lequel les parties fixent les éléments essentiels de l'obligation, tels que la chose et prix. Le contrat de soin liant le tradipraticien au patient constitue à cet égard un contrat dont le contenu est habituellement implicite. Ceci conformément à

---

[277] Certaines méthodes rudimentaires de traitement sont encore utilisées dans certaines localités de brousse ; comme par exemple l'utilisation par des accoucheuses traditionnelles de fragments de roseau pour couper le cordon ombilical du nouveau-né, avec tous les risques que cela comporte.

[278] Même si jadis, il n'était pas question de faire grief à celui-ci de ses échecs, considérés comme l'œuvre de la nature contre laquelle l'homme n'était pas censé lutter à armes égales. Mais petit à petit, le combat contre la maladie est démythifié.

l'article 1135 du code civil qui dispose que « *les conventions obligent non seulement à ce qui y est exprimé, mais encore à toutes les suites que l'équité, l'usage ou la loi donnent à l'obligation d'après sa nature* ». En d'autres termes, le contrat ne se limite pas seulement aux conditions qui y sont prévues. Mais il comprend aussi tout ce qui est considéré comme nécessaire suivant l'usage et ce qui est imposé par la justice, tout en tenant compte de la relation et de ce qui est exigé par la bonne foi. Sans doute, la relation qui lie le tradipraticien et le patient constitue l'une des relations visées par ledit article. L'usage ainsi que la nature de cette relation nécessitent effectivement que l'on prenne en considération les obligations professionnelles incombant à tout tradipraticien, même si elles ne sont expressément prévues par les textes.

347- Enfin il importe de préciser que la limitation apportée au pouvoir des parties dans le contrat de soins, de déterminer son contenu, n'est pas pour autant, une condamnation de l'interprétation contractuelle de la relation unissant le tradipraticien et le malade. En dehors des obligations du tradipraticien[279] et de celle de collaboration du patient[280], le principe de l'autonomie de la volonté trouve, en effet, une pleine application. S'agissant du tradipraticien, l'on peut penser que le contrat de soin pourra apporter une amélioration quant à la prise de conscience de ses obligations professionnelles. C'est en vertu de ce contrat qu'il s'oblige à donner des soins au patient, c'est-à-dire à établir un « diagnostic », un traitement et une surveillance de ce dernier. Autrement dit, c'est l'accord des volontés du tradipraticien et du patient qui donne naissance à cette obligation principale[281]. En principe, le tradipraticien conserve sa liberté de donner des soins ou de refuser de les lui donner. Une fois son consentement donné il s'engage contractuellement à soigner le patient. Quant au patient, l'obligation principale assumée par celui-ci est celle de payer les honoraires[282] (en cas de non-gratuité des soins) et de suivre le traitement. La détermination du montant de ces honoraires ainsi que le mode de paiement sont généralement laissés à la libre appréciation du tradipraticien et du malade. Pour que la relation contractuelle liant le tradipraticien au patient soit valable, elle doit avoir conformément à la loi, un objet licite.

§2. LA LICÉITÉ DE L'OBJET DU CONTRAT LIANT LE TRADIPRATICIEN AU PATIENT

348- Tout contrat ou plus précisément l'obligation qui en découle doit avoir un objet licite. Aux fins de justification de la présente étude, il faut

---

[279] *Cf.* supra, n° 141 et s.
[280] *Cf.* supra n° 171 et s.
[281] *Cf.* supra, 84 et s.
[282] *Cf.* supra, n° 183 et s.

rappeler que plusieurs conditions s'attachent, en principe, à la validité de l'objet d'un contrat, lui conférant par là même des caractères particuliers. En effet l'objet doit exister, être déterminé, possible et licite. Cependant seul ce dernier caractère est pour le moins litigieux dans le contrat étudié. En effet devrait être considérée comme nulle, toute obligation « contraire *à la loi, à l'ordre public et aux bonnes mœurs* »[283] le Code civil ne prévoit pas expressément la licéité de l'objet. Seul l'article 1128 dispose qu'« *il n'y a que les choses qui sont dans le commerce qui puissent être l'objet de conventions* ». Cependant, la nécessité de l'objet licite (A) résulte de l'article 6 du Code civil qui pose un principe général en vertu duquel « on ne peut déroger, par des conventions particulières, aux lois qui intéressent l'ordre public et les bonnes mœurs » (B).

A- LA NÉCESSITÉ D'UN OBJET LICITE

349- Le contrat de soin relatif à la médecine traditionnelle et liant le tradipraticien au patient, doit satisfaire à cette condition. Les obligations réciproques qu'il fait naître doivent avoir un objet licite. En ce qui concerne les obligations du patient, elles ne soulèvent pas de difficultés particulières. L'obligation principale de payer les honoraires dans le cas des traitements payants constitue a priori une obligation licite quant à son objet. La dette d'honoraires est la contrepartie des soins attendus. Tel est aussi le cas pour l'obligation de collaboration. Ainsi tant que les soins promis par les tradipraticiens sont licites, l'obligation du patient de payer les honoraires a un objet licite. C'est donc seulement au regard de l'obligation du tradipraticien que devrait se vérifier la licéité de l'objet en matière de contrat relatif à la médecine traditionnelle.

350- Les obligations assumées par le tradipraticien ont dans la majorité des cas un objet licite, mis à part lorsqu'intervient le côté irrationnel[284] de la médecine traditionnelle africaine. En somme, l'objet de l'obligation principale du tradipraticien est de donner des soins et des conseils au patient, en mettant en œuvre toutes les investigations nécessaires. Cependant certains actes peuvent être considérés comme illicites et ne pas constituer l'objet de l'obligation du tradipraticien sauf à entacher de nullité le contrat liant le tradipraticien au patient tel sera par exemple le cas des pratiques de sorcellerie ou alors le cas lorsque le tradipraticien administre à une patiente

---

[283] *Cf.* G. GHESTIN, *La formation du contrat*, op. cit., p. 80 et s. ;G. FARJAT et G. MARTIN, « Contrats et obligations, L'objet du contrat », J. Cl. civ. Art. 1126 à 1130, Fasc. 9-1, p.10.

[284] Un bon tradipraticien entend dans tous les cas assurer la sécurité globale du patient : sécurité médico-sanitaire par la guérison ou la prévention, sécurités sociale et psychologique par la promotion ou la restauration de bons rapports à l'intérieur du groupe.

un produit abortif. L'avortement est un délit pénal en droit camerounais.[285] L'illicéité de l'objet résulte essentiellement de l'application de la notion d'ordre public et de bonnes mœurs.

B- L'ILLICÉITÉ RÉSULTANT DE L'APPLICATION DES NOTIONS D'ORDRE PUBLIC ET DE BONNES MŒURS

351- L'article 6 du Code civil dispose qu'on ne peut déroger par des conventions particulières aux lois qui intéressent l'ordre public et les bonnes mœurs. Il paraît certain que les tribunaux, statuant sur les questions qui leur étaient soumises, à la suite d'actes liés à la médecine traditionnelle, ont parfois visé implicitement cet article du Code civil pour condamner les tradipraticiens.

352- La notion d'ordre public est une des notions de notre droit dont on fait le plus grand usage sans en connaître exactement la portée et les limites. Que faut-il entendre par loi intéressant l'ordre public et les bonnes mœurs ? Le législateur ne donne pas de réponse à cette question. Si la loi s'est abstenue de tracer des règles à ce sujet, c'est parce que ces choses se sentent plus qu'on ne les définit. L'ordre public, c'est l'ordre dans l'État, c'est-à-dire une certaine organisation nécessaire au bon fonctionnement de l'État[286]. C'est ce qui intéresse plus directement la société que les citoyens. En réalité, il est aussi impossible de trouver un critérium pour définir ce qu'il faut entendre par les lois contraires aux bonnes mœurs que de reconnaître les lois contraires à l'ordre public. Il faut considérer l'ordre public et les bonnes mœurs comme le reflet de la morale coutumière, c'est-à-dire que sera contraire à l'ordre public et aux bonnes mœurs, ce que l'opinion publique rejette comme illicite pour tous.

353- Le caractère d'immoralité capable d'entraîner la nullité d'un acte est nécessairement une question de fait appréciée par les juges. Le pouvoir que les tribunaux tiennent ici de l'article 6 d'annuler les conventions et actes des particuliers est une des plus redoutables qu'ils aient reçues de la loi. Le seul contrepoids possible est l'opinion publique, le courant général des idées qui règlent le niveau moral d'un peuple et qui créent une sorte de tolérance nécessaire. On peut donc dire que l'ordre public est fonction du temps et du lieu.

354- En effet, c'est en vertu des principes de la civilisation chrétienne que l'on a considéré que la personne humaine doit être sauvegardée dans son intégrité physique et morale et que les contrats par lesquels une personne s'engagerait à exposer son corps à un dommage volontairement infligé

---

285 Aux termes de l'alinéa 2 de l'article 337 du code pénal, est puni d'un emprisonnement de 1 à 5 ans et d'une amende de 100.000 à 2 millions de francs celui qui, même avec son consentement procure l'avortement à une femme.

286 *Cf.* COLLIN et CAPITANT, T. 1, p. 63, éd. 1923.

seraient nuls. Ces principes ont été longtemps admis sans difficulté et sont passés au rang de vérités premières. Mais, *« les vérités premières sont peut-être celles qui appellent le contrôle le plus rigoureux : leur souveraineté est due pour bonne part à une longue accoutumance et à la paresse de l'esprit humain enclin à suivre le sillon déjà tracé plutôt qu'à en creuser un nouveau : examinés de près, certains axiomes séculaires perdent beaucoup de leur évidence et de leur ampleur »*[287].

355- En principe, l'objet du contrat liant le tradipraticien au patient peut être illicite si les actes de soins envisagés par les parties sont contraires à l'ordre public et aux bonnes mœurs. Il en résulte que si l'illicéité de l'objet est liée généralement à l'illicéité de la cause du contrat, c'est par la notion de cause qu'est essentiellement assuré le respect de l'ordre public et des bonnes mœurs. La prise en considération du caractère illicite de l'objet tend, aujourd'hui, à s'effacer devant la mise en œuvre de la notion de cause illicite ou de celle de l'ordre public[288]. La détermination préalable des principes mis en cause suivie de l'étude de leur application dans le domaine médical classique devrait permettre de résoudre les problèmes plus délicats qui se rapportent à la licéité de l'objet des contrats de soin.

356- Lorsqu'une activité humaine, d'ordre médical ou non, suppose la réalisation de prestations de services mettant directement en cause la personne même des parties, deux principes fondamentaux du droit français sont habituellement évoqués. Il s'agit en premier lieu, du principe d'indisponibilité du corps humain, qui traduit la prohibition de toute aliénation du corps de la personne humaine. Le corps humain étant hors commerce juridique, il ne saurait, en conséquence, faire l'objet d'aucune disposition et notamment, d'aucune convention y compris à titre gratuit.

357- En second lieu, le principe d'inviolabilité du corps humain repose sur l'existence d'une intangibilité, fondement du droit fondamental à l'intégrité corporelle à laquelle nul n'est autorisé à porter atteinte, sauf exception. Il est donc interdit à autrui de porter atteinte à l'intégrité de la personne humaine comme il est également interdit de disposer de son propre corps. Les articles 16 nouveaux et suivants du Code civil affirment d'ailleurs le principe d'extra-patrimonialité du corps humain[289]. L'existence corrélative d'exceptions ou de tempéraments aux principes précités n'a cependant jamais été contestée, étant donné que, traditionnellement, le droit tient largement compte des buts poursuivis par les parties. C'est ainsi que les conventions ayant pour objet le corps humain sont, par exception, licites

---

287 *Cf.* Josserand op. cit.
288 *Cf.* J. GHESTIN, op. cit., p. 801, n°88.
289 *Cf.* en ce sens, D. FENOUILLET, « Respect et protection du corps humain. Protection de la personne ». Le corps humain, J. cl. civ., Art 16 à 16-12, Fasc. 12, 1997, n° 28, 47 et s. et 134 et s.

lorsqu'elles répondent à des fins légitimes éprouvées, ayant reçu l'adhésion des parties intéressées.

358- En fait, la plupart des contrats qui s'établissent dans le domaine médical constituent des exceptions aux principes précités. Les atteintes causées étant justifiées par l'intérêt thérapeutique individuel qui résulte des conventions conclues. Et dès lors, il ne peut être porté atteinte à l'intégrité du corps humain qu'en cas de «*nécessité thérapeutique pour la personne* ». Il est donc établi que le contrat médical classique ne saurait être frappé de nullité pour illicéité de leur objet.

359- La situation semble analogue en médecine traditionnelle et en conséquence, s'agissant du contrat liant le tradipraticien et le patient, on pourrait tout aussi bien affirmer que *« l'atteinte doit être justifiée en proportion de l'intérêt de santé à satisfaire »*[290]. Dès lors la licéité du contrat de soin relatif à la médecine traditionnelle ne peut être mise en cause. L'objet du contrat créé par les activités énoncées demeure donc licite, constituant des exceptions aux principes d'indisponibilité du corps humain. Seule la finalité de sauvegarde de la vie ou d'amélioration de la santé du patient pourrait justifier l'atteinte à ce principe considéré comme d'ordre public. Ces dernières considérations conduisent inexorablement à soulever le problème relatif à cause du contrat unissant le tradipraticien et le patient.

SECTION 2 : LA CAUSE DU CONTRAT LIANT LE TRADIPRATICIEN AU PATIENT

360- Parmi les conditions essentielles de validité des conventions, figure également la cause qui d'après l'article 1108 du Code civil, doit être licite. Pour être valable, le contrat de soins relatif à la médecine traditionnelle et liant le tradipraticien au patient doit satisfaire à cette obligation. En effet l'engagement des parties au contrat doit avoir une cause réelle. Il ne doit pas être sans cause et de plus, cette cause doit être licite. La détermination de la cause du contrat liant le tradipraticien au patient (§1), nous amènera à nous prononcer sur son caractère moral et licite (§2).

§1. LA DÉTERMINATION DE LA CAUSE DU CONTRAT LIANT LE TRADIPRATICIEN AU PATIENT

361- En général la formation et les effets du contrat de soins relatif à la médecine traditionnelle et liant le tradipraticien au patient peuvent, comme précédemment étudié, être soumis aux règles de droit commun, à l'absence de texte spécial réglementant la profession. La détermination de la cause

[290] *Cf.* R. SAVATIER, *Un attribut essentiel de l'état des personnes : la santé humaine*, D 1958, Chron. 95.

implique, par conséquent, qu'on y fasse également référence. Il convient dès lors de définir la cause (A) avant de s'appesantir sur les mobiles qui ont conduit les parties à contracter (B).

A- LA DÉFINITION DE LA CAUSE DU CONTRAT

362- L'article 1108 du Code civil mentionne la cause parmi les conditions essentielles de validité des conventions. Toute convention doit avoir «*une cause licite dans l'obligation* ». Cependant le législateur n'a pas précisé ce que l'on doit entendre par cause. En effet, les dispositions relatives à la cause ne contiennent aucune définition. Aussi, celle-ci a-t-elle suscité une grande controverse. Deux théories se sont confrontées[291]. La première, dite classique, qui adopte une conception restrictive de la cause, est fondée sur la distinction entre le but immédiat, en vue duquel les parties ont contracté, «causa proxima », et le but plus lointain et non immédiat «causa remota ». Elle ne prend en considération que la première conception fondée sur la proximité du but dans la mesure où ce sont les motifs qui conduisent à consentir à l'obligation, les «causes impulsives ». Par exemple le but immédiat poursuivi dans le contrat de vente en constitue la cause. L'acheteur s'engage à payer le prix pour acquérir la propriété de la chose vendue. Le vendeur ne transfère la propriété que pour recevoir le prix. Le but est identique, invariable, dans tous les contrats de vente. Ainsi pour les acteurs classiques la cause est l'élément objectif, identique pour la même catégorie de contrats. C'est la raison immédiate, directe, invariable dans un contrat déterminé qui a poussé le débiteur à s'obliger.

363- Cette conception objective de la cause a cependant été jugée trop restrictive dans la mesure où elle ne permet pas de vérifier la conformité du contrat à l'ordre public et aux bonnes mœurs. C'est pourquoi la doctrine et la jurisprudence retiennent, dans une théorie dite moderne, une conception plus large de la cause, qui prend en considération les différents mobiles ayant déterminé le débiteur à s'obliger[292]. La conception moderne de la cause ne se limite pas au but immédiat, mais englobe tous les motifs. C'est le mobile personnel de chaque individu, variable selon chaque contractant, les circonstances et la disposition dans laquelle il se trouve, qui a conduit le débiteur à s'engager. Ainsi à la différence de la théorie classique, la théorie moderne repose sur une analyse subjective. La cause est le motif psychologique, essentiellement personnel à chaque contractant, variable à l'infini pour un même type de contrats, qui pousse un individu à contracter. Par exemple, dans le contrat de vente, le vendeur s'oblige à transférer la

---

[291] *Cf.* J. GHESTIN, *La formation du contrat*, op. cit., p. 821 et s. , J. CHEVALIER et L. BACH, Droit civil, 1ère année, Tome I, Sirey, 1989 p. 396 et s. ; HAUSER, *Objectivisme et subjectivisme dans l'acte juridique*, LGDJ, 1971, n° 135 et s. ; P. SIMLER, « Contrat et obligations : cause », J. cl. civ., art. 1131 à 1133, Fasc. 10, n° 12 et s.

[292] *Cf.* JOSSERAND, Les mobiles dans les actes juridiques, 1928.

chose vendue, l'acheteur à payer le prix. Selon l'analyse objective de la cause comme nous l'avons vu, l'obligation du vendeur a pour cause l'obligation de l'acheteur.

364- Par contre, la théorie moderne va jusqu'à la cause finale ou intime qui a déterminé le vendeur à vendre et l'acheteur à acheter. L'un et l'autre visent des buts multiples et hiérarchisés. Prenons l'exemple pour illustrer notre propos, d'une personne qui désire acheter un terrain pour y construire une maison et y loger sa famille. Le but immédiat de l'engagement qu'elle assume est un but de moyens par rapport à un but plus éloigné. La théorie moderne de la cause a été consacrée par la jurisprudence française qui annule des contrats qui ont été dictés par des intentions malhonnêtes[293]. Il importe de noter que cette théorie n'entre pas en contradiction totale avec la conception classique de la cause. En général, ces deux théories se complètent. C'est ainsi que dans les contrats synallagmatiques, la théorie moderne prend en considération le but immédiat, proche. Cependant, elle ne s'arrête pas à ce but, englobant encore des mobiles qui ont conduit le débiteur à conclure le contrat. Par conséquent, la théorie moderne comble les insuffisances de la théorie classique et détermine le caractère licite ou non de la cause.

365- Ainsi est pris en considération dans la cause, le mobile qui a déterminé le contractant à conclure le contrat ; le mobile déterminant est donc inséparable de la cause. Cependant, le mobile ne permet pas à lui seul de constituer la cause. En outre, il n'est pas nécessaire qu'il fasse partie de la cause. Il faut qu'il soit apparent pour l'autre contractant qui en avait connaissance ou qui aurait dû le connaître. Dès lors, le mobile qui pousse le débiteur constitue l'une des considérations que l'on doit rechercher pour déterminer la cause. Par conséquent, nous pouvons dire que la cause est toujours déterminée par le but immédiat en vue duquel le débiteur a contracté. C'est la conception objective de la cause qui est retenue. Mais à cette conception, il faut ajouter le mobile déterminant qui doit être apparent dans le contrat. Est appliquée ici la conception subjective de la cause.

B- L'EXISTENCE DE LA CAUSE DANS LE CONTRAT LIANT LE TRADIPRATICIEN AU PATIENT

366- Comme précédemment évoquée, la cause du contrat est traditionnellement distinguée de la cause de l'obligation, la première correspondant aux motifs ayant déterminé chacune des parties à conclure le contrat, la seconde constituant les raisons pour lesquelles le cocontractant assume ses obligations[294]. Il faut donc relever d'une part les mobiles concrets et déterminants propres à chaque partie à la convention étudiée, et d'autre

[293] *Cf.* Jurisprudence C.C., Dalloz, sous art. 113.
[294] *Cf.* supra, n° 363 et s.

part, la finalité poursuivie par celui qui s'oblige, caractérisée par la contrepartie de son engagement dans le contrat. Les solutions vont différer en fonction de la nature des soins entrepris.

367- Dans l'hypothèse d'un traitement payant, c'est-à-dire avec versement d'honoraire, le contrat unissant le tradipraticien au patient a un caractère de contrat à titre onéreux et a pour cause le traitement proprement dit, c'est-à-dire la réalisation d'une activité disposant d'une finalité thérapeutique, qui comporte aussi la fourniture des médicaments. Pour ce qui concerne la cause de l'obligation, il faut observer, au préalable, que seule la cause de l'obligation du patient peut être modifiée par la nature des soins entrepris, la cause de l'obligation du tradipraticien demeurant, quoi qu'il en soit, identique et étant constituée par les soins. Ainsi dans un tel contrat liant le tradipraticien au patient, la cause de l'obligation réside dans la contrepartie attendue de l'exécution du contrat qui se traduit par la guérison supposée ou des soins pouvant entraîner une amélioration de l'état de santé du patient.

368- L'analyse se révèle plus délicate pour les soins à titre gratuit ne donnant pas lieu à versement d'honoraires. En effet la détermination de la cause dans les contrats à titre gratuit a, de tout temps, suscité de multiples difficultés en raison de l'absence de contrepartie à l'engagement de l'un des cocontractants[295]. C'est traditionnellement l'intention libérale qui tient lieu de cause et qui constitue le succédané de la contrepartie exigée dans les engagements à titre onéreux[296].

369- Appliqué au contrat liant le tradipraticien au patient, un tel raisonnement conduit à affirmer que c'est l'intention altruiste qui tient lieu de cause de l'obligation du tradipraticien lequel s'est engagé à fournir une prestation de service à titre gratuit. Il ne s'agit plus, en l'espèce, d'une volonté de gratifier une personne déterminée, il est seulement question d'aider une catégorie de malades. L'intention altruiste repose alors sur des mobiles particuliers, propres à chaque praticien, qui constitue dans ce cas, la cause du contrat conclu dans ces situations. Les différentes hypothèses avancées sont conformes aux règles de droit commun et rejoignent l'analyse de la notion de cause des contrats passés dans le domaine médical classique. En effet, la cause du contrat médical classique est constituée par la maladie, qui représente le mobile pour lequel les intéressés ont contracté. La cause de l'obligation de chacun des cocontractants s'entendant respectivement des

---

[295] *Cf.* sur ce point, les théories avancées par POTHIER, DOMAT et principalement M. PLANIOL dans son traité élémentaire, Tome II LGDJ, 1905, n° 1037.

[296] Selon M. PLANIOL, loc. cit. Il deviendrait alors impossible de distinguer la cause de l'obligation de la cause du contrat, les solutions reposant sur une confusion entre la cause et les motifs puisque l'intention libérale ne saurait être détachée des motifs qui l'ont déterminée.

soins et de la rémunération, correspondant aux contreparties attendues de l'exécution du contrat. Il en résulte que la détermination de la cause ne doit pas se limiter au but immédiat, mais doit s'entendre aussi des mobiles personnels qui ont déterminé le débiteur à s'engager. La cause du contrat se détermine au vu de cette conception[297].

370- La cause du contrat médical concerne, en premier lieu, la contrepartie abstraite attendue de l'exécution du contrat, c'est-à-dire une cause objective. Comme le contrat médical, celui liant le tradipraticien et le patient, est un contrat synallagmatique, l'obligation du praticien a pour cause l'obligation du patient. Il a essentiellement l'obligation de donner les soins. En contrepartie de son engagement à guérir ou simplement à améliorer l'état de santé du patient, il reçoit des honoraires. Ainsi, la cause se présente, ici comme un échange d'obligations réciproques rendant ce contrat médical synallagmatique. Chacune des parties s'engage en vue de bénéficier de la prestation de l'autre. La cause de ce contrat répond également aux mobiles qui ont conduit les parties à contracter. C'est une cause subjective. De manière générale, le mobile premier, qui a déterminé le patient à s'adresser au tradipraticien et à s'engager envers lui, est son état de santé ou l'idée qu'il s'en fait, accompagné du besoin qui en résulte pour lui d'y porter remède.

371- On peut donc affirmer que, même en médecine traditionnelle, le caractère onéreux n'est pas indispensable pour la validité du contrat. Si le praticien rend ses services à titre gratuit, c'est-à-dire sans contrepartie, le contrat n'en est pas pour autant dépourvu de cause. Nous pensons aussi que, *« la cause est la qualité du malade, l'état de faiblesse, d'impotence de dénuement, d'abondance qui fait que la personne a besoin de l'homme qui sait »*[298]. La détermination de la cause dans ce contrat implique non seulement l'examen objectif de l'existence de deux obligations corrélatives, mais aussi la recherche de mobiles personnels ayant poussé à le conclure. En réalité si l'analyse objective, comme nous l'avons vu, a un intérêt essentiel pour l'existence de la cause du contrat[299], elle n'est cependant pas toujours suffisante pour reconnaître son caractère.

372- Certaines interventions du tradipraticien qui ont généralement un but curatif, donc une cause licite, peuvent être détournées de cette finalité et poursuivre des fins autres que thérapeutiques[300]. Dans ce cas, on procède à

---

[297] *Cf.* L. KORNPROBST, *Contrat de soins médicaux,* op. cit., p. 81 et s. ; L. MELENNEC et G. MEMETEAU, op. cit., p. 77 ; M. HARICHAUX, *Le contrat médical, droit médical hospitalier*, op. cit., p. 23 ; R. SAURY, *Manuel de droit médical*, op. cit., p. 230 ; G. MEMETEAU, Le droit médical, op. cit. p. 295 et s.

[298] *Cf.* L. KORNPROBST, *Contrat de soins médicaux*, op. cit., p. 87, n°186.

[299] *Cf.* supra, n° 366 et s.

[300] Allusion est faite au guérisseur qui après avoir soigné le malade prétend retourner le « mauvais sort » à l'expéditeur. Cet acte sera qualifié de pratiques de sorcellerie, réprimé par l'article 251 du Code pénal.

l'analyse subjective de ces motifs que le caractère illicite de la cause laisse apparaître lorsque ces mobiles sont contraires à l'ordre public et aux bonnes mœurs. Ainsi certains contrats de soin liant le tradipraticien au patient, apparemment licites si l'on tient compte uniquement de la recherche du but immédiat ou plus précisément si l'on procède à l'analyse objective de la cause, deviennent illicites si l'on analyse les motifs qui ont inspiré ces contrats.

373- En conclusion, on peut dire que la question relative à la détermination de la cause dans le contrat de soin, nécessite que l'on prenne en considération non seulement le but immédiat de l'obligation de chaque partie, mais aussi les mobiles personnels, psychologiques, variant selon chaque contractant, mobiles qui ont déterminé le tradipraticien et le patient à s'engager. Tout comme l'objet, cette relation contractuelle doit avoir une cause licite.

§2. LA LICÉITÉ DE LA CAUSE DU CONTRAT LIANT LE TRADIPRATICIEN AU PATIENT

374- Tout contrat doit avoir une cause licite sous peine de nullité absolue. L'article 1108 du Code civil mentionne la cause comme la quatrième condition de validité des conventions en prévoyant que celles- ci doivent avoir une cause licite. L'exigence d'une cause licite résulte également des articles 1131[301] et 1133[302] du même code. Le contrat de soin doit satisfaire à cette condition. En effet, étant un contrat synallagmatique, il fait naître des obligations réciproques à la charge du tradipraticien et du patient. S'agissant de l'obligation du patient de payer les honoraires, elle est licite quant à sa cause lorsque l'intervention du tradipraticien, dont la dette d'honoraires constitue une contrepartie, a une cause licite. Sinon, l'obligation aura une cause illicite. C'est donc au regard de l'obligation du tradipraticien qu'il revient principalement de vérifier si la cause du contrat de soin est licite ou non. La réponse est positive après constatation que l'acte de soin qui constitue l'objet de l'obligation du tradipraticien n'est pas en lui-même illicite ou immoral. Aux termes de l'article 1133 du Code civil, la cause est illicite quand elle est prohibée par la loi, quand elle est contraire aux bonnes mœurs ou à l'ordre public.

375- Ainsi la licéité de la cause du contrat médical implique que l'acte de soin assuré en vertu de ce contrat soit conforme à la loi à l'ordre public et aux bonnes mœurs. Il ne peut en être ainsi que si l'acte de soin envisagé a un but thérapeutique. Il est vrai que parfois, le traitement ou l'acte de soin porte

[301] D'après cet article, » l'obligation sans cause ou sur une fausse cause, ou sur une cause illicite, ne peut avoir aucun effet ».

[302] Cet article dispose que « la cause est illicite lorsqu'elle est prohibée par la loi, quant elle est contraire aux bonnes mœurs ».

sur le corps du patient[303]. Cela constitue, de la sorte une atteinte à l'intégrité corporelle. D'où la nécessaire exigence du but thérapeutique de cet acte, dont les risques doivent être proportionnels aux avantages qui peuvent en résulter. Il s'agit, ici, de respecter la dignité humaine. Ce critère renforce le principe de la nécessité du consentement du patient, comme nous l'avons déjà vu[304]. Le problème de la licéité de la cause du contrat liant le tradipraticien au patient, incite à la réflexion quant à la finalité thérapeutique de l'acte (A), et quant à la règle de la proportionnalité (B).

A- LA FINALITÉ THÉRAPEUTIQUE

376- Pour pouvoir être licite, l'acte de soin entrepris par le praticien traditionnel doit être justifié, en principe, par la finalité thérapeutique, au sens large du terme[305], qui doit constituer la motivation principale des parties au contrat. La cause doit non seulement être licite, mais elle doit également être morale. La morale de la cause du contrat étudié est subordonnée à l'absence de valeur patrimoniale conférée au corps humain. Ainsi, parmi les arguments traditionnellement retenus pour qualifier d'immorale la cause des conventions, et par extension, pour rejeter la qualification contractuelle, le principe d'extra-commercialité du corps humain se trouve évoqué[306]. En fait affirmer que le corps humain se trouve hors du commerce juridique signifie que le corps ne saurait faire l'objet d'aucune convention de quelque sorte que ce soit, qu'elle ait un caractère gratuit ou onéreux.

377- Quand il intervient, le tradipraticien poursuit, en pratique, un but curatif qui se traduit par l'intention de guérir ou du moins d'améliorer l'état de santé du patient. Si son acte ne poursuit pas un but thérapeutique, cet acte n'a plus de cause licite et le tradipraticien s'expose à des sanctions pénales[307], et ce même si le patient y a consenti[308]. En effet, si le consentement du patient à l'acte est en principe exigé, il est cependant incapable de légitimer un acte de soin qui ne poursuit pas un but thérapeutique. Plus précisément il ne peut pas effacer son caractère frauduleux.

---

[303] Il peut s'agir soit des applications de médicaments sur les scarifications, soit des injections vaginales, soit des instillations occulaires etc. ; cf. E. Zipcy, F. Pelissier, D. « Le mordant, Ethnopharmacologie camerounaise, Journal d'agriculture tropicale et botanique appliquée », T. XXIII, n° 1-2-3, 1976.

[304] *Cf.* supra, n° 273 et s.

[305] L'organisation mondiale de la santé définit la santé comme un état de bien-être collectif et individuel. Or, la thérapie a pour but d'aider à retrouver la santé. Elle se doit alors de répondre à toutes les insatisfactions que provoquent non seulement des maladies, mais également d'autres facteurs de « mal être »

[306] Suivant l'article 1128 du code civil, « il n'y a que les choses qui sont dans le commerce qui puissent être l'objet des conventions ».

[307] Cf. articles 251, 285, 289 et 318 du code pénal camerounais.

[308] En effet le consentement ne saurait constituer un fait justificatif.

378- C'est en application du principe de l'inviolabilité du corps humain, considéré comme d'ordre public, que l'acte de soin doit obligatoirement poursuivre un but thérapeutique[309]. Selon ce principe, pour justifier une atteinte à l'intégrité physique, non seulement le consentement de l'intéressé doit être justifié, mais également, l'atteinte doit être justifiée par un objectif thérapeutique. Il s'agit de deux conditions cumulatives, l'existence de l'une ne dispensant pas de l'existence de l'autre. Si le consentement permet la protection de l'intéressé contre les atteintes des tiers, l'intention thérapeutique permet, par contre, la protection de l'intéressé contre lui-même. Il en résulte que le patient n'est pas libre de faire tout ce qu'il veut de son corps en sollicitant n'importe quelle intervention. Celle-ci doit être justifiée par un but thérapeutique. Le tradipraticien, quant à lui, doit respecter cette condition en s'abstenant de pratiquer des actes prétendument curatifs qui n'ont pas une finalité thérapeutique.

379- C'est en 1937 que la Cour de cassation française a reconnu le caractère illicite des actes médicaux dépourvus de cause curative. À propos de l'affaire dite des «stérilisées de Bordeaux», la Cour a jugé que le «*consentement des opérées n'avait pu donner aux praticiens de la stérilisation le droit de violer sur leur personne les règles régissant l'ordre public* »[310]. Cette jurisprudence a été par la suite confirmée. C'est ainsi qu'à propos d'un dentiste qui avait enlevé très brutalement des jaquettes à un client qui avait refusé de payer ses honoraires, la chambre criminelle a indiqué que «attendu que l'opération incriminée qui portait atteinte à l'intégrité de la personne constituait par elle-même un fait de violences volontaires, ne pouvait être légitime [...] que si elle avait été faite dans un intérêt médical »[311].

380- De même la loi n° 94-653 du 29 juillet 1994 relative au respect du corps humain a expressément posé le principe de l'inviolabilité du corps humain en faisant du consentement de l'intéressé et de l'existence d'un but thérapeutique des conditions justifiant l'atteinte au corps humain. Aux termes de l'article 16-3 alinéa 1, «*il ne peut être porté atteinte à l'intégrité du corps humain qu'en cas de nécessité thérapeutique pour la personne* ». Cet article a ajouté dans son alinéa 2 que «*le consentement de l'intéressé doit être recueilli préalablement, hors le cas où son état rend nécessaire une intervention thérapeutique à laquelle il n'est pas à même de consentir* »[312]. Il

[309] F.A. SIMO KOUAM, « La qualité des soins en droit médical et hospitalier », RASJ, n° 10, 2013, p. 229.

[310] Cass. crim., 9 nov. 1937, S. 1939, note TORTAT, DH 1937, 537.

[311] Cass. crim., 9 nov. 1961, JCP 1962, éd. G., II, 12777, note R. SAVATIER.

[312] *Cf.* C. BYK, Aperçu rapide sur la loi n° 94-653 du 29 juillet 1994, relative au respect du corps humain, Actualités, JCP éd. G, n° 32-1994 ; RTD San. et soc., 31 (1), janv-mars, 1995, p. 30, n° 1 note J.S. CAYLA ; A. BATTEUR, De la protection du corps à la protection de l'être humain, Les petites Affiches, 14 déc. 1994, p. 29 et s ; C. BYK, La loi

apparaît donc que l'état de nécessité constitue, avec le consentement, en Droit français, des conditions justificatives de l'atteinte à l'intégrité corporelle.

381- En transposant ce raisonnement à notre étude, nous pensons que l'acte du tradipraticien n'est licite que s'il justifie un but thérapeutique. Cette règle s'impose dans tous les cas en l'absence de textes spéciaux dérogatoires. En médecine traditionnelle, le but thérapeutique de l'intervention du tradipraticien doit également s'imposer. L'atteinte à l'intégrité corporelle doit être justifiée non seulement par le consentement du patient, mais aussi par un but thérapeutique. Ce ne doit être que pour sauvegarder la vie et la santé du patient que l'acte soin doit être effectué. Le but thérapeutique de l'acte de soin effectué par le tradipraticien doit être effectif, sous peine de sanctions pénales qui peuvent être prononcées contre ce dernier.

382- En conclusion, on peut dire que si, la cause du contrat conclu entre le tradipraticien et le patient n'est pas thérapeutique, elle est illicite et le contrat est nul. Le consentement du patient ne peut le justifier. L'individu ne peut consentir à une atteinte à son propre corps qui ne soit pas motivée par un intérêt légitime, c'est-à-dire thérapeutique. Il quasi-impossible de procéder à l'étude de toutes les applications de l'exigence du but thérapeutique de l'acte de soin en raison de leur extrême diversité. Tel par exemple tenter sur un malade gravement atteint un traitement relativement dangereux[313]. En effet, lorsque l'intervention du praticien, en vertu du contrat avec le patient, consiste à effectuer un acte interdit par la loi, non seulement l'obligation du tradipraticien est dépourvue d'objet licite, mais elle n'a pas non plus de cause licite, étant contraire à la loi[314]. En principe l'acte de soin a un but thérapeutique quand il respecte la règle de la raison proportionnée.

B- LE PRINCIPE DE LA RAISON PROPORTIONNÉE

383- Pour que la cause du contrat de soin liant le tradipraticien au patient soit licite, il ne suffit pas que ce dernier soit conclu dans un but thérapeutique. Il faut qu'il y ait une équivalence entre les avantages escomptés et les risques encourus. En effet tout acte de soin quel qu'il soit, ne doit pas faire courir au patient un risque supplémentaire et médicalement

---

relative au respect du corps humain, JCP 1994, Doct. 3788, P. 405 ; G. CORNU, Droit civil, Introduction, les personnes, les biens, op. cit., p. 171, n° 480.

[313] Trib. cor. Yaoundé, 12 oct. 1970. Un guérisseur a été sanctionné parce qu'il avait administré des potions dangereuses à des malades.

[314] Allusion est faite ici aux tradipraticiens qui procèdent aux interruptions de grossesse, acte réprimé par la loi pénale camerounaise.

inutile. C'est la règle dite de la raison proportionnée[315]. À la différence de l'exigence d'une finalité thérapeutique que doit présenter l'acte de soin, le principe de la proportionnalité entre les risques et les avantages de l'acte de soin a une portée absolue. Aucune dérogation ne devrait y être apportée même par la loi. En effet, aucune atteinte à l'intégrité physique ne peut être justifiée si les risques encourus sont trop importants.

384- En droit médical français, la loi du 20 décembre 1988, tout en permettant la recherche biomédicale dans un but scientifique, a subordonné cette recherche à une étude préalable du bilan risques- avantages. En vertu de l'article 40 du Code de déontologie médicale français, «le médecin doit s'interdire, dans les investigations ou les interventions qu'il pratique comme dans la thérapie qu'il prescrit, de faire courir au malade un risque injustifié ». De plus, le législateur français, s'agissant de la recherche biomédicale, a confirmé la règle de la raison proportionnée en décidant qu'aucune recherche ne peut être effectuée si le risque encouru par les personnes qui se prêtent à la recherche est hors de proportion avec le bénéfice escompté pour ces personnes ou l'intérêt de la recherche[316]. Il est admis, dans la doctrine française, que les risques attachés à l'intervention du médecin ne doivent pas dépasser les chances de guérison, du moins d'amélioration. Pour certains auteurs, «la sauvegarde même de la santé exige couramment du médecin, soit la prise de certains risques, soit des atteintes à l'intégrité corporelle. Un équilibre nécessaire doit alors être établi entre le bienfait espéré et le mal causé »[317]. Enfin, c'est surtout dans la jurisprudence que la règle de la raison proportionnée puise son origine. Selon cette jurisprudence, le médecin commet une faute de nature à engager sa responsabilité civile quand il recourt à une thérapie dont les inconvénients consistent dans le risque de dépasser la maladie qu'il prétend traiter[318].

385- En médecine traditionnelle, la règle de la raison proportionnée doit exiger aussi que soit établie une proportionnalité entre les bienfaits espérés de l'intervention et les risques qui peuvent en résulter. Cette exigence contribuerait à assainir la profession et à faire le tri entre les vrais guérisseurs et ceux qui n'ont pour seul souci que d'exploiter le désespoir et la crédulité des malades, en leur proposant parfois de produits dont l'innocuité n'a pas été vérifiée. Chaque tradipraticien doit avoir l'obligation d'assurer dans son activité, la protection de la santé du patient. Tel ne peut être le cas, que s'il y a proportionnalité. Ainsi pour qu'un intérêt thérapeutique puisse être justifié,

---

[315] *Cf.* D. MAZEAUD, *Le principe de la proportionnalité et la formation du contrat*, Petites affiches 1998, n° 117, p. 12.

[316] *Cf.* art. 209-2 du Code de la santé publique française.

[317] *Cf.* R. et J. SAVATIER, J.M. AUBY et H. PEQUINOT, *Traité de droit médical,* op. cit., n° 274.

[318] *Cf.* M. HARICHAUX, « Santé, Responsabilité du médecin, Fautes de technique médicale », J. cl. civ. art. 1382 à 1386, Fasc. 440-5, p.8, n° 31.

il doit être prépondérant. Le tradipraticien doit s'interdire de pratiquer une intervention qui présente des risques très importants par rapport aux résultats attendus. En effet la disproportionnalité entre les risques et la bénignité du mal initial est condamnable et condamnée. Le tradipraticien, sous peine d'engager sa responsabilité, doit refuser de donner les soins qui ne satisfont pas à l'exigence de la règle de la raison proportionnée.

386- En effet comme en médecine moderne, la liberté du praticien de choisir une thérapie doit être subordonnée au respect de la règle de la raison proportionnée. Quand le praticien choisit un traitement dont les risques dépassent la maladie qu'il prétend soigner, il commet une faute engageant sa responsabilité contractuelle.

387- Il résulte des développements ci-dessus que le principe de la proportionnalité ne doit pas se limiter uniquement au terrain de la cause ou à celui de l'objet. Il convient de préciser que, pour certains auteurs français, c'est seulement par le jeu de la théorie de la cause illicite que le principe doit trouver sa place. « *L'application de tel traitement sera ou non illicite selon qu'elle aura pour fin ou pour cause de remédier à un mal dont la gravité est en proportion avec les risques que ce traitement comporte* »[319]. En revanche, pour d'autres auteurs, la règle de la proportionnalité doit se placer sur le terrain de l'objet ; *« le médecin en proposant à son client un traitement dangereux, susceptible de lui causer un mal nouveau, lui promet un objet qu'il sait, en l'espèce, incertain ou, plus exactement, en partie impossible »*[320].

388- En transposant cette solution à la relation étudiée, il nous semble que la règle de la raison proportionnée doit se placer à la fois sur le terrain de la cause et sur celui de l'objet. Ce principe constitue une condition essentielle de licéité de la cause du contrat liant le tradipraticien au patient. Ainsi donc l'obligation de se comporter avec prudence implique aussi pour le tradipraticien, le respect du principe de la proportionnalité.

---

[319] *Cf.* DECOCQUE, Th. Préc., n° 436.
[320] *Cf.* G. MEMETEAU, Th. Préc., n° 185.

CONCLUSION DE LA PREMIÈRE PARTIE

389- Au terme de cette première partie, l'étude de l'activité née de la médecine traditionnelle a permis de déterminer la nature juridique de la relation liant le praticien traditionnel au patient, en mettant en évidence les multiples particularités rencontrées en ce domaine. L'appréhension des relations qui s'établissent au cours de la réalisation de soin a conduit à démontrer, en premier lieu, que certains rapports de droit se rapprochent considérablement des relations médicales classiques sans toutefois se confondre avec elle.

390- Quoi qu'il en soit, une telle étude vient confirmer que les règles de droit commun sont aptes à régir la relation de soin qui naît entre le tradipraticien et le patient. La qualification juridique de la relation liant le tradipraticien au patient entraînera des conséquences non négligeables.

391- Dès lors, la nature juridique des activités du tradipraticien étant déterminée, il importe à présent de définir leur régime juridique, en se référant toujours, dans la mesure du possible, aux règles de droit commun, sachant cependant que les particularités précédemment mises en évidence se répercuteront nécessairement sur cette analyse.

392- Cette réflexion nous conduit dans la deuxième partie, à rechercher quelles sont les règles applicables lorsqu'un incident survient dans la relation liant le tradipraticien au patient.

DEUXIÈME PARTIE

LES INCIDENTS JURIDIQUES DE LA RELATION ENTRE LE TRADIPRATICIEN ET LE PATIENT

393- L'analyse de la nature juridique de la relation liant le tradipraticien au patient, a fait apparaître toute sa complexité au regard de la pratique médicale courante. Cette analyse juridique de la relation liant le tradipraticien au patient entraîne inexorablement des incidences sur le régime juridique applicable en ce domaine. Une telle relation peut être émaillée de multiples incidents confrontant l'une et l'autre partie avec les règles de droit qui la régissent. La nature particulière de la relation thérapeutique et l'ampleur des dommages que le patient peut quelquefois être amené à subir rendent nécessaire un examen attentif des conséquences juridiques des actes du praticien traditionnel de santé.

394- En effet, les activités du tradipraticien ne sont pas toujours inoffensives ; elles font naître des risques et certaines atteintes causées au patient peuvent quelques fois s'avérer très graves. Le tradipraticien peut commettre des infractions dans l'exercice de son activité ; car il apparaît que celle-ci est fondée sur l'accomplissement des actes attentatoires à l'intégrité corporelle. Lorsque le praticien traditionnel administre un produit dangereux, pratique une incision, il « blesse » le patient ; cet acte est un acte d'agression contre l'intégrité corporelle[321]. De même, face aux actes de charlatanisme, la population a droit à une protection juridique appropriée. Aussi cette activité doit-elle être sérieusement réglementée et soumise à des règles de droit strictes. Dès lors se pose avec acuité, la nécessité d'un aménagement des mesures de protection des patients (Titre1).

En outre, l'activité du tradipraticien est susceptible de causer des dommages aux personnes qui s'y prêtent. Dès lors, sur le plan civil, la responsabilité du tradipraticien doit pouvoir être mise en œuvre (Titre 2).

---

[321] En fait le droit à l'intégrité physique est le premier des droits de la personnalité ; il conditionne tous les autres. Ce droit protège la personne non seulement contre les tortures, violences et blessures volontaires, mais aussi contre toutes les atteintes involontaires. *Cf.* Y. LAMBERT-FAIVRE, Droit du dommage corporel, Dalloz, Paris, 1996, p. 16.

TITRE 1

LE NÉCESSAIRE AMÉNAGEMENT DES MESURES DE PROTECTION DES CLIENTS

395- Le tradipraticien, comme tout citoyen, peut commettre des infractions et se voir appliquer les dispositions du Code pénal. En effet, les infractions telles que les blessures par imprudence ou le délit de non-assistance à personne en danger s'appliquent autant au guérisseur qu'à quiconque. De même le délit de violation du secret professionnel le concerne, au même titre que toute autre personne à qui un secret est confié.

396- À l'opposé de toutes ces applications indifférenciées du Code pénal, il faut reconnaître qu'il existe des infractions dont l'application est spécifique aux actes posés par les guérisseurs. Il s'agit d'un côté du charlatanisme dont la répression constitue une mesure de protection des clients (Chapitre 1), et dans une autre mesure, du délit d'exercice illégal de la médecine dont le particularisme doit être mis en évidence (chapitre 2).

CHAPITRE 1

LA RÉPRESSION DU CHARLATANISME

397- Très souvent mis en avant dans les débats qui concernent l'étude que nous menons, le charlatanisme n'est pas un phénomène récent[322] ; il est vieux comme le monde[323]. Accompagnant l'évolution sociale, il évoque l'empirisme, l'ère des guérisseurs, des imposteurs, des arracheurs de dents et des vendeurs de drogues, où les discours promettant des solutions merveilleuses venaient suppléer l'absence de connaissances objectives. Ainsi n'est-on pas surpris que le terme soit généralement utilisé dès lors qu'une situation échappe à la rigueur scientifique.

398- Les irrégularités constatées dans la conduite de quelques tradipraticiens impressionnent le public inquiet de voir des manquements se produire dans l'exercice de cette activité. Au fil des années l'activité des tradipraticiens glisse sur la pente du commercialisme, et le désintéressement qui la caractérisait autrefois a disparu. La question de charlatanisme touche de près à l'exercice de l'activité des tradipraticiens qui, de plus en plus, traverse une véritable crise de démoralisation. Cette appréhension n'est en rien exagérée. Le nombre de guérisseurs qui se conduit de manière à discréditer cette profession s'accroît surtout dans les grandes villes, et porte préjudice aux clients. Les charlatans font leur proie d'un public trop crédule.

399- Une première analyse doit être faite afin de déterminer les diverses expressions du charlatanisme (section 1). Dans une seconde analyse, la détermination des moyens de la répression (section 2) révélera que malgré le silence du législateur, les victimes ne sont pas totalement prémunies contre les écarts de certains tradipraticiens.

SECTION 1 : L'EXPRESSION DU CHARLATANISME

400- De toute évidence, le charlatanisme apparaît comme un phénomène non seulement difficile à éradiquer, mais surtout en constante augmentation. Leur permanence et leur multiplication sont tout autant liées aux difficultés tenant à la poursuite qu'à la répression. Il y aurait une curieuse étude psychologique à faire sur les dispositions de l'homme à la

---

[322] *Cf.* J.P. ESCANDE, Mirages de la médecine, éd. Albin-Michel.

[323] Comme le dit Voltaire, « la crédulité humaine et l'imposture sont deux sœurs jumelles, contemporaines des plus vieilles sociétés ».

crédulité : cette disposition, dit très exactement le Dictionnaire encyclopédique des sciences médicales[324], « *n'a pas de limites et des bourdes les plus étonnantes peuvent lui être ingurgitées, pourvu qu'elles flattent ses goûts et ses instincts de conservation* ». Le défaut des charlatans est de ne point voir de malades sans assurer de les guérir. À les entendre, ils sont les dépositaires de tous les secrets, les inventeurs de toutes les opérations, les seuls possesseurs de vrais remèdes. Nous opinons en effet avec le Dr GUILLEMET que *« le charlatan ne sert que ses intérêts »*[325].

401- De là le succès des charlatans ; pour ceux-ci, il n'est pas de maux incurables, pas de maladies sans remèdes souverainement efficaces. S'il existe un premier risque susceptible d'être rencontré à son insu par le malade c'est bien celui d'un défaut dans la compétence de la personne à laquelle il fait appel. La différence entre vrais soignants, incompétents et charlatans est difficile. Pour quelques guérisseurs confrontés à des situations auxquelles ils n'ont pas trouvé de solution, le recours à une pratique charlatanesque peut être le moyen de ne pas perdre le fidèle client ou d'éviter quelque vérité difficile à exprimer. En fait pensent-ils, « *si cela ne fait pas de bien, cela ne fait pas de mal non plus* ». Les frontières sont parfois malaisées à fixer entre thérapeutiques utiles et « *remèdes ou procédés illusoires ou insuffisamment éprouvés »*[326]. Dans l'usage des différents modes d'action, dont certains ont réellement des effets bénéfiques, quelle est la part du charlatanisme ? L'analyse des divers procédés de charlatanisme (§2) commande que soit au préalable défini son concept (§1).

§ 1 : LE CONCEPT DE CHARLATANISME

402- Le charlatan est plus souvent dupeur que dupe dit-on. Dupe, il apparaît comme la victime de ses propres croyances ; parfois naïf ou illuminé, il entraîne dans son sillage des patients tout aussi confiants. Que faut-il entendre par charlatanisme ? La tâche est d'autant plus rude que la loi ne donne du charlatanisme aucune définition même des plus vagues et en outre, il existe très peu de jurisprudence et de doctrine en la matière.

403- Quoi qu'il en soit, il faut considérer que le qualificatif « charlatan » s'adresse plutôt à ceux qui abusent leurs malades : le charlatan est celui qui exploite la confiance et la crédulité d'autrui, un imposteur qui recherche la notoriété par des promesses, des grands discours, évoquant sa compétence, vantant ses remèdes, dispensant des soins présumés efficaces, mais sans base objective, et cela en pleine conscience de son état d'illusionniste.

---

[324] *Cf.* Dictionnaire encyclopédique des sciences médicales ; Tome 15, p. 460.

[325] *Cf.* Dr GUILLEMET, Le Charlatan à travers les âges, Nantes, 1891, p. 20.

[326] *Cf.* M. FAITROP, Les aspects juridiques des médecines différentes, Thèse droit, Bordeaux 1 1987.

404- Étymologiquement, le mot charlatan semble venir du verbe italien « ciarlare », qui signifie parler avec emphase, jaser ou bavarder. Aujourd'hui encore, on désigne vulgairement sous le nom de charlatan, tout individu qui, à l'aide de belles phrases ou de discours pompeux, parvient à écouler des marchandises ou à traiter une affaire. Le charlatan est défini par le dictionnaire Hachette[327] comme le guérisseur qui se vante de guérir toutes sortes de maladies, ou encore comme un médecin incompétent ou enfin comme une personne qui exploite la confiance et la crédulité d'autrui. Le Dictionnaire encyclopédique des Sciences médicales en donne la définition suivante : « *Nous entendons comprendre tous les gens, quels qu'ils soient, grands ou petits, lettrés ou incultes, gradés ou non, qui, sciemment, et par l'appât du lucre, trompent le public, font croire à des maladies imaginaires, prescrivent des drogues à tort et à travers, prônent à grand renfort de réclame un remède à tous les maux, affichent publiquement leurs noms, vrais ou d'emprunt, sur les murs, promettent ce qu'ils ne peuvent donner, affectent une valeur, une forme, une puissance qu'ils n'ont pas, et font croire aux autres ce qu'ils ne croient pas eux-mêmes ; enfin tous ceux qui, distillateurs de mensonges, spéculent sur la crédulité et la bêtise humaine* »[328].

405- En somme, c'est la mauvaise foi qui caractérise le charlatan: il est conscient de l'inefficacité du traitement qu'il donne. Ainsi, sera donc charlatan celui qui, sachant que son remède est inefficace pour telle ou telle maladie, s'adresse cependant au public pour lui vanter ce remède comme souverain contre les affections auxquelles il est convaincu qu'il peut s'appliquer.

406- Il importe de préciser que les tradipraticiens ne font pas tous œuvre de charlatanisme. Ils traitent aussi quelques fois toutes sortes de maladies avec quelques remèdes et autres procédés qui se révèlent très efficaces. Le rebouteux par exemple, peut aussi quelques fois être coupable de charlatanisme. En revanche, lorsqu'il s'agit de réduire une fracture, ils font preuve d'une incontestable habileté en raison parfois de leur longue expérience. D'où il suit immédiatement que l'homme qui trompe parce qu'il est trompé et qui tient pour vérité l'erreur qu'il prône, n'est pas un charlatan, mais une dupe[329].

407- Ainsi, le charlatan est celui qui, muni ou non d'un diplôme régulier, exerce la médecine par des procédés qu'il sait inefficaces. On aperçoit alors combien est considérable la différence existant entre le charlatanisme et l'exercice illégal de la médecine. Dans ce dernier cas, la principale question qui se pose est celle de savoir si celui qui exerce la médecine a, ou non,

---

[327] *Cf.* Dictionnaire Hachette, 2000.

[328] *Cf.* Dictionnaire encyclopédique des sciences médicales, op. Cit.

[329] On n'abuse pas de la crédulité humaine, quand on croit vrais les faits qu'on lui débite : tel est le principe posé par la Cour de Cassation le 13 fructidor An XIII (S. 2. 1. 58).

qualité pour le faire ; au contraire, quand il s'agit d'apprécier si une personne déterminée est ou non charlatan, la possession des diplômes est parfaitement indifférente.

408- Supposons par exemple qu'un docteur en médecine se targue de guérir radicalement le SIDA aujourd'hui ; qu'il fasse de la publicité, autour de son procédé qu'il sait, de toute évidence inefficace : il est aussi un charlatan, et, pourtant, il n'exerce pas illégalement la médecine. Inversement, le rebouteux qui, ayant l'habitude de redresser les fractures et ayant confiance, sinon en son savoir, du moins en son succès, n'est certes pas un charlatan.

409- Pour accomplir un acte de charlatanisme, il faut non seulement tromper sciemment, mais encore dans un but malhonnête ou tout au moins intéressé. Il ne faut donc pas voir de charlatanisme dans certaines supercheries que de fort honnêtes praticiens pourraient employer dans l'intérêt même des malades. La doctrine cite généralement l'exemple de ce médecin qui avait une patiente qui se plaignait toujours d'avoir un lézard dans l'estomac. Il avait beau lui dire qu'elle n'avait absolument rien, la patiente se plaignait toujours de ce reptile qui se promenait dans son estomac et mordait les parois de ce viscère. Un jour, de guerre lasse, le médecin endormit la malade ; lorsqu'elle se réveilla, il lui présenta un lézard qu'il prétendait lui avoir extrait de ses entrailles. Et la malade fut soulagée.[330] Le charlatanisme consiste donc, à duper ses semblables ; cependant, il commence là où le désintéressement disparaît, et où l'habitude de donner des conseils moyennant finances apparaît.

410- Certes, la médecine qu'elle soit moderne ou traditionnelle est le seul art où on croit tout d'abord quiconque se dit expert, tant on est séduit par la douceur d'espérer. Il est certain qu'en fait, le charlatan profite de tout régime dans lequel l'exercice de la médecine n'est pas sévèrement minutieusement réglementé. Cependant, ni l'organisation de l'exercice de la médecine, ni la prohibition de son exercice illégal, ni l'interdiction de vendre des remèdes traditionnels n'ont pu entraver, au cours des siècles le développement du charlatanisme, que la réglementation législative n'atteignait pas directement.

411- De toute évidence, nous convenons avec M. Charles de SAINT-SAVIN que *« l'absence de réelle et efficace collaboration entre le médecin et le guérisseur favorise l'éclosion du charlatanisme ; car comme il n'y a pas de collaboration officielle, n'importe qui peut s'instituer guérisseur. Personne ne le contrôlera. Tandis que dans le cadre d'une collaboration, l'idéal serait que le médecin examine le malade, avec tous les moyens que la science met à sa disposition ».* L'auteur poursuit en relevant que *« Ce n'est*

---

[330] *Cf.* SAINT SAVIN, *Guérisseurs et médecins, Le magnétisme, médecine traditionnelle*, Ed. L'Ermite, paris 1950.

pas et ne doit pas être le métier du guérisseur traditionnel. Il peut souvent aider le médecin dans certains cas, mais l'aider seulement. Le médecin dirigerait son patient vers le tradipraticien pour ce qui peut être reconnu de son efficacité. Le médecin n'y perdrait rien. Il suivrait obligatoirement son malade, vérifierait l'effet des traitements et les appuierait par les moyens à sa disposition »[331].

412- Face à l'ampleur des actes posés par les charlatans dans notre société, la question qui se dégage est de savoir s'il y a dans l'arsenal de nos lois positives, des textes pouvant permettre aux tribunaux de réprimer, d'une façon efficace, les abus de toute sorte qui découlent de ces actes de charlatanisme ? Avant de répondre à cette question, il nous semble judicieux de présenter les divers procédés que le charlatan utilise aujourd'hui, pour exercer sa fructueuse industrie.

§2. LES PROCÉDÉS CHARLATANESQUES

413- Il est impossible de donner une énumération complète des procédés employés par les charlatans pour tromper le public. Ceci d'autant que les variétés du charlatanisme sont infinies[332], il nous semble préférable d'indiquer rapidement les diverses appellations sous lesquelles les charlatans exercent l'art de tromper. Les fraudes employées se préciseront au fur et à mesure que seront étudiés les moyens de la répression de celles-ci. On pourrait essayer de classifier les charlatans, d'après le danger que représentent pour la santé publique les procédés employés par chacun d'eux. Mais il n'en reste pas moins acquis que tous les charlatans, même ceux qui, en apparence, sont le moins inoffensifs[333], présentent tous la même caractéristique : ils compromettent, et souvent définitivement, la guérison.

414- À supposer un malade atteint de cancer par exemple. Ce malade aurait peut-être pu être facilement guéri si, dès le début de sa maladie, il allait consulter un médecin pour être soigné avec des procédés efficaces de la médecine conventionnelle. Il est certain que le temps qu'il aura employé à suivre les traitements inefficaces des charlatans, sera considéré comme du temps inutilement perdu ; car peut-être aurait-il pu être guéri s'il avait été soigné à temps !

415- Un autre de leurs procédés est de donner à boire au malade un produit vomitif et de déceler dans ce qu'il aura rendu, soit une chenille, soit tout autre objet insolite. Après quelques séances de traitements, le malade est « guéri ». On a peine à croire que des gens et bien souvent aussi des intellectuels, se laissent avoir à de tels stratagèmes.

---

[331] *Cf.* SAINT-SAVIN op.cit.

[332] *Cf.* BROUARDEL, *L'exercice de la médecine et le charlatanisme*, p. 466.

[333] Inoffensifs non pas pour le porte-monnaie, mais plutôt pour la santé du malade.

416- En réalité, le véritable guérisseur est celui qui a les qualités morales du vrai médecin, même s'il n'a ni connaissances théoriques ni diplômes. La loi camerounaise est muette sur la question du charlatanisme ; mais ce silence, à notre avis, n'a qu'une importance très secondaire, l'acte de charlatanisme pouvant très bien être imputé à celui qui exerce légalement. Il y a en effet, aussi des médecins charlatans. Certes, le plus souvent, les mensonges et les procédés frauduleux sont l'œuvre de guérisseurs[334].

417- En général, les consultations au moyen d'une mèche de cheveux, ou d'un bout de linge appartenant au malade et qu'il aura porté pendant un certain temps, sont des méthodes qui pourraient peut-être se révéler efficaces pour une divination quelconque, mais qui ne sauraient être efficaces pour poser un diagnostic sérieux. Nous sommes convaincues que rien ne saurait en effet remplacer un bon diagnostic appuyé parfois par des clichés radiographiques. Il y aurait encore acte de charlatanisme dans le fait de celui qui, au moyen d'annonces ou de publicité, se charge de guérir, par un traitement des maladies qu'il sait ne pouvoir être guéries. Les annonces comprennent le plus souvent des attestations de guérison émanant de personnes qui dit-on, ont été abandonnées par des médecins les plus renommés[335]. Ils y joignent même parfois des photos des malades « miraculeusement guéris ».

418- Quant aux guérisseurs, qui prétendent avoir le « don » de guérir, cette prétention même semble en faire toujours des charlatans, tout au moins quand il exige des sommes importantes. Aujourd'hui que ce soit en ville ou dans les zones rurales, ils ont des clients. Ils se rapprochent d'ailleurs des sorciers, lorsque les cérémonies symboliques sont mises en œuvre « pour aider l'efficacité du don ». La croyance aux sorciers en relations suivies avec le diable est restée très vivace en Afrique. On y croit beaucoup aux sorciers et aux mauvais sorts. Il est clair que nous sommes ici, en présence d'actes certains de charlatanisme. En général, le guérisseur « sorcier » se caractérise par le fait qu'il agit par suggestion sur l'esprit du malade. C'est là son procédé de traitement. En effet, pour lui la maladie provient d'un mauvais sort qu'on a jeté sur le client et, il n'y a qu'à conjurer le mauvais sort pour que la guérison s'accomplisse. Dès lors nous opinons avec A. LEROY[336], qu'il est bien difficile étant donné ces définitions d'imaginer que le

---

[334] Mais quelquefois, des médecins ne reculent pas devant les assurances de guérison les plus éhontées et les manœuvres les plus dolosives pour faire des dupes.

[335] Le charlatan organise autour de son produit, panacée universelle, une publicité considérable, qui quelques fois, lui permet de réaliser très vite une fortune énorme. C'est toujours un malade réputé

Incurable ou qui plus est, abandonné de grands médecins, qui prétendent avoir trouvé le salut dans un traitement merveilleux.

[336] *Cf.* A. LEROY, « La répression du charlatanisme médical », Thèse Paris, 1907.

guérisseur « sorcier » puisse croire à l'efficacité de son intervention : ils sont donc en vertu des principes précédemment posés, des charlatans.

419- L'énumération des procédés charlatanesques possibles montre, d'une façon péremptoire, combien est grand le danger que les charlatans font courir à la santé publique. Il importe à présent de nous demander dans quelles limites et par quels moyens notre législation pénale positive permet d'atteindre et de réprimer les nombreux actes de charlatanismes qui se commettent chaque jour.

SECTION 2 : LES MOYENS DE RÉPRESSION DU CHARLATANISME PAR LE DROIT POSITIF CAMEROUNAIS

420- Au point de vue pénal, il n'y a pas de texte réprimant le charlatanisme[337] ; par conséquent, il n'existe pas de délit de charlatanisme. Le charlatanisme n'a pas été prévu par le nouveau Code pénal[338]. Cependant même s'il n'y a pas de moyens directs de répression du charlatanisme, il existe des moyens indirects de lutte contre le charlatanisme que le juge peut utiliser. Il nous semble nécessaire de donner quelques notions sur les textes qui, à défaut d'autres, pourraient permettre, quelques fois, aux juridictions pénales d'atteindre, mais non comme tels, les charlatans. Ainsi, à défaut d'un texte spécial visant l'hypothèse, on trouve des dispositions générales de la législation pénale qui s'appliquent à ces faits au point de vue matériel et au point de vue moral. Depuis la réforme du Code pénal de 1967, le législateur a érigé la sorcellerie en infraction *sui généris* du moins tant qu'il n'y a pas de conséquences dommageables pour la santé ou pour la fortune d'autrui. Dans ces dernières hypothèses, ces pratiques changent alors de qualifications et deviennent une circonstance aggravante des infractions portant atteinte à l'intégrité physique. Et lorsqu'il y a remise d'une chose à la suite de ces procédés, l'escroquerie sera aussi réalisée.

421- Nous constatons donc que malgré le silence de la loi, des solutions peuvent être envisagées. Pour réprimer les actes du charlatan, le juge peut faire application de l'article 318 du Code pénal sur le délit d'escroquerie (§1), qui apparaît comme la principale sanction dans les actes de

337 Il nous paraît utile de rappeler un principe cardinal du droit pénal qui veut que le juge ne puisse poursuivre, juger et condamner une personne qu'à la condition d'avoir rattaché le fait qui lui est reproché à une loi. C'est l'opération de qualification qui, si elle ne pouvait aboutir, conduirait à l'abandon des poursuites. Dans cette œuvre de qualification, le juge doit vérifier non seulement l'existence d'une loi, mais aussi la conformité de celle-ci au principe de la légalité criminelle.

338 Avant la réforme de 1967, le charlatanisme était passible des peines prévues par l'article 264 du code pénal, qui visait « quiconque se sera livré à des pratiques de sorcellerie, magie, ou charlatanisme... »

charlatanisme, il peut également avoir recours à d'autres moyens de répression (§2) tels que l'homicide et blessure involontaires ou l'administration de substances nuisibles.

§1. LA RÉPRESSION DU CHARLATANISME PAR LES PEINES DU DÉLIT D'ESCROQUERIE

422- Aux termes de l'article 318 nouveau du pénal camerounais[339], l'escroquerie est constituée par l'utilisation de moyens frauduleux pour se faire remettre une chose par son propriétaire au préjudice de celui-ci ou d'un tiers. Le délit d'escroquerie se rapproche particulièrement du charlatanisme. Dès lors une telle situation d'exploitation de la confiance d'individus diminués par une atteinte à leur santé, impose que soit évoqué le délit d'escroquerie.

423- Parmi les tradipraticiens, il en est certes quelques-uns qui sont réellement désintéressés et animés du seul désir de soulager les maux de leurs semblables ; mais par contre, il en existe beaucoup qui, poussés par des sentiments moins nobles et moins généreux, ne songent qu'à profiter de l'état de dépression ou d'affolement de leurs victimes pour en soutirer les sommes les plus fortes. À quels sacrifices un malade et sa famille, ne consentiraient-ils pas, lorsqu'un charlatan leur promet une guérison que seul à ses dires, il est capable d'obtenir ? Les dispositions du Droit civil seraient insuffisantes pour protéger la fortune des victimes des charlatans, si le Droit pénal ne donnait son concours. Dès lors, pour que les conditions de l'article 318 du C.p. soient remplies, il faut : l'intention coupable de l'agent, l'emploi des moyens frauduleux pour persuader l'existence de fausses entreprises, d'un pouvoir imaginaire et le préjudice causé à autrui. Les moyens frauduleux consistent soit dans l'usage de fausses qualités, soit dans l'emploi de manœuvres frauduleuses.

424- L'analyse du délit d'escroquerie révèle toute la difficulté qu'il y a à cerner à travers ses éléments constitutifs, l'élément matériel (A) qui se rapporte aux faits, agissements et/ou leurs conséquences ; et l'élément moral (B) qui porte sur la volonté ou l'intention de l'auteur.

A- L'ÉLÉMENT MATÉRIEL

425- L'élément matériel est l'extériorisation que la loi réprime[340]. C'est un élément essentiel en ce sens que les seules fautes morales ne sont pas passibles du droit pénal. Il ne doit intervenir qu'à partir du moment où

[339] L'article 318 nouveau du Code pénal dispose que : « Est puni d'un emprisonnement de cinq ans à dix ans et d'une amende de 100.000 à 1 million de francs, celui qui porte atteinte à la fortune d'autrui par l'escroquerie, c'est-à-dire en déterminant fallacieusement la victime par des manœuvres, soit en affirmant ou en dissimulant un fait ».

[340] *Cf.* R BERNARDINI, *Droit pénal général*, Gualino, Paris 2003, p. 307.

l'ordre social a été perturbé par un acte matériel. Les moyens frauduleux consistent essentiellement dans la tromperie (1) ; en outre, l'atteinte à la fortune par la remise de la chose est également nécessaire. Enfin, la victime doit avoir subi un préjudice (2).

1- La tromperie et les manœuvres frauduleuses

426- Il est évident qu'au départ de toute opération de charlatanisme comme d'escroquerie, il y a le mensonge. Cependant pour que le mensonge puisse être retenu, il faut qu'il s'y ajoute un fait extérieur ou un acte matériel destiné à lui donner force ou crédit, ce fait extérieur relevant, selon la loi, de la notion d'emploi de manœuvres frauduleuses. En somme, les fausses allégations, les annonces à la radio ou dans les journaux proclamant des cures plus ou moins merveilleuses et vantant des remèdes extraordinaires, ne sauraient constituer l'escroquerie ; il faut quelque chose de plus, un fait extérieur qui vienne confirmer ces mensonges c'est-à-dire la « mise en scène » ou l'intervention d'un tiers. Cette nécessité de mise en scène n'est pas la formule d'une législation empirique, mais l'essence même de l'escroquerie. Ainsi le fait par exemple de promettre une guérison que l'on n'est pas en état d'accomplir, n'est qu'un simple mensonge et non une escroquerie[341].

427- Pour que la tromperie soit réalisée, il faut donc : soit un mensonge suffisant à lui seul comme portant affirmation ou dissimulation d'un fait, soit l'emploi de manœuvres frauduleuses. Un seul de ces moyens constitue l'infraction et ils n'ont pas à être combinés[342]. Même si la pratique montre souvent que les charlatans escrocs cumulent entre eux les différentes possibilités de tromperie en les utilisant conjointement ou successivement, il n'en demeure pas moins qu'il s'agit de procédés distincts et efficaces en eux-mêmes. L'affirmation, la dissimulation d'un fait et les manœuvres doivent être positives, l'escroquerie étant une infraction de commission. Le but du délit d'escroquerie étant de punir celui qui abuse d'autrui, il est en effet légitime de penser, à l'inverse, que la perversité du charlatan ou de l'escroc est d'autant plus forte qu'il s'attaque à de moins lucides et donc que c'est en fonction de l'aptitude de jugement concrète de chaque victime qu'il faut apprécier la suffisance des manœuvres qui l'ont trompée. L'intensité suffisante de la tromperie doit s'apprécier dans chaque cas particulier en fonction de la capacité concrète de résistance intellectuelle et psychologique de la victime en cause par rapport à l'opération dont il s'agit[343] ce qui ne se confond pas forcément avec son niveau intellectuel général susceptible d'être battu en brèche par une très forte envie, une très forte passion, une très forte angoisse, etc.

---

[341] Cass. Crim. 21 juin 1855, D.P. 1855.1.304.
[342] Crim. 6 mai 1921, B. 202 ; 2 mars 1933, GP 1933.1.689.
[343] Crim. 5 oct. 1871, D. 1872.1.382.

428- L'usage de manœuvres frauduleuses est, de loin, la manifestation la plus fréquente de la tromperie. C'est la forme la plus traditionnelle de l'infraction, mais aussi la plus difficile à caractériser. Selon qu'elles existent ou non, le juge prononce ou non, contre les charlatans, les peines de l'article 318 du Code pénal. Il arrivera quelquefois, souvent peut-être, qu'avec cette stricte interprétation du texte, des individus moralement aussi coupables que ceux qui tombent sous l'application de cet article seront pénalement indemnes ; mais si cette solution est regrettable, elle est encore préférable à celle qui aurait pour effet d'introduire l'arbitraire dans l'application des textes du Code pénal.

429- Se livrer à une manœuvre frauduleuse c'est avoir une activité quelconque de nature à convaincre quelqu'un de quelque chose de faux. Ainsi l'emploi comme procédé curatif, de telle substance ou de telle pratique, ne peut être considéré comme constituant par lui seul une manœuvre frauduleuse dans le sens de l'article 318. De simples promesses de guérison que l'on n'était pas en mesure d'accomplir, et au moyen desquelles on s'est fait remettre de l'argent, n'ont pas le caractère du délit d'escroquerie tel que le prévoit et le réprime la loi. Il n'y a pas eu manœuvres frauduleuses, mais seulement affirmation mensongère.

430- En d'autres termes, la captation de confiance par simple promesse ne constitue pas une escroquerie ; il faut une mise en scène fausse. La preuve du délit ne résultera que des circonstances particulières au moyen desquelles et par lesquelles le procédé aura été annoncé ou employé[344]. Tantôt, le charlatan n'aura pas agi de telle sorte que ses pratiques puissent être regardées comme des manœuvres frauduleuses, comme une mise en scène, donnant lieu à l'application de l'article 318 du Code pénal ; de là il y a donc lieu de considérer qu'il puisse y avoir des, charlatans non escrocs. Tantôt, au contraire, le charlatan, par ses manœuvres frauduleuses, par sa mise en scène, sera un véritable escroc, passible comme tel des peines prévues par l'article 318 du code pénal.

431- Pour que l'escroquerie soit constituée, il ne suffit pas que les actes soient perpétrés, il faut encore qu'ils soient utilisés pour persuader la victime de quelque chose d'inexact. Il y aura escroquerie à tenter à persuader la victime d'un pouvoir imaginaire, comme le pouvoir surnaturel dont se vantent les magiciens ou guérisseurs de toute sorte. La mise en scène peut également résulter de l'emploi de cérémonies plus ou moins magiques, mystérieuses et étranges, de nature à faire impression sur les victimes, tel le cas de ce tradipraticien, qui usant de procédés magiques et religieux et promettant de guérir un malade, escroqua la fortune de la famille[345]. La

---

[344] *Cf.* GARRAUD, op. cit.

[345] Trib cor., Bafoussam, 5 juin 1998.

même juridiction a jugé que le fait par une guérisseuse, de remettre un paquet contenant une poudre en prescrivant de la mettre sous le lit du malade, et de faire par ce moyen, espérer la guérison du malade constitue une manœuvre caractérisée, ayant pour but de persuader un esprit crédule de l'existence d'un pouvoir imaginaire et de faire naître en lui, l'espérance d'un événement chimérique.

432- De même lorsque certains faits extérieurs viennent prouver la mauvaise foi des prétendus guérisseurs, l'article 318 du Code pénal devrait s'appliquer. En revanche, il a été jugé que le prévenu qui paraît avoir agi en toute bonne foi croyant lui-même à la réalité de son pouvoir mystérieux n'est pas coupable d'escroquerie[346]. En plus des manœuvres frauduleuses, la loi exige pour que le délit d'escroquerie soit constitué que le prévenu ait porté atteinte à la fortune d'autrui c'est-à-dire qu'il y ait eu remise d'une chose[347], et que la victime ait subi un préjudice.

2- La remise d'une chose et le préjudice

433- La remise d'une chose ou du bien doit constituer un acte positif. En effet les remèdes des charlatans sont rarement gratuits. D'une manière générale, on peut dire que les traitements des charlatans coûtent cher : parce qu'il s'agit le plus souvent de remèdes dont la matière première réelle coûte peu cher et parce qu'ils ne guérissent que très rarement alors que le plus souvent ils aggravent la maladie. La remise de la chose est un élément matériel pour lequel les pouvoirs d'appréciation du juge restent très limités. De même, il faut également se méfier de ceux qui ont une apparence de gratuité et des publicités intitulées « conséquences d'un vœu », dans lesquelles une personne vous apprend qu'étant atteinte de telle affection, elle avait fait le vœu que si un jour elle trouvait un remède à ses souffrances, elle le ferait connaître gracieusement à toute personne atteinte de la même maladie.

434- Et enfin, pour que l'escroquerie soit constituée, la victime doit avoir éprouvé un préjudice. La nécessité d'un préjudice résulte du texte même de la loi. L'escroquerie est une infraction contre les biens. Il n'y a certes pas d'escroquerie s'il n'y a pas de victime. L'affiche, l'annonce, les plaques publicitaires peuvent devenir le point de départ d'une escroquerie, lorsque, sur le vu de cette affiche, de cette annonce, un malade se met en rapport avec le charlatan ; mais elles ne constituent pas l'escroquerie. Ce n'est pas dit M. GARRAUD[348], « *que la publicité par voie d'affichage ou d'annonces constatant qu'on possède des recettes infaillibles avec indication, à l'appui, de nombreuses cures plus ou moins merveilleuses, plus ou moins*

[346] TPI, Douala, 12 mai 1948, Recueil Penant 1951, n°1, p. 60, note Cosnard.
[347] Trib cor. de Yaoundé, jugement du 1210 oct. 1967.
[348] Op. cit., n° 2275.

authentiques, obtenues par ces moyens, soit par elle-même, délictueuse. Il faut établir qu'il a été employé des manœuvres frauduleuses, pour persuader, soit l'existence d'un pouvoir imaginaire, soit l'espérance d'un succès chimérique ». L'auteur continue en notant que « *Les annonces et les réclames n'entrent dans la constitution du délit, qu'à titre d'élément secondaire. Cette publicité mensongère n'est pas, non plus une tentative d'escroquerie, en donnant, bien entendu, au mot tentative le sens qu'il a en droit pénal, toujours par ce motif qu'au moment où a lieu cette publicité, la victime du charlatan n'est pas déterminée d'une façon précise* ».

435- En clair, la publicité faite par les charlatans en bordure de route soit au moyen d'affiches ou de plaques ne peut être considérée en elle-même comme constituant une escroquerie ni une tentative d'escroquerie. Conformément aux principes généraux sur la responsabilité civile, si la publicité mensongère faite par les charlatans cause à autrui un préjudice, la personne lésée peut agir en dommages-intérêts. La question que nous nous posons est celle de savoir si les médecins peuvent intenter une semblable action en responsabilité civile contre le charlatan, en raison de sa publicité mensongère ? En clair il s'agit de nous demander si un médecin peut agir en responsabilité civile contre un charlatan, en basant sa demande sur le préjudice moral que lui causent les agissements de celui-ci, en dépréciant l'art de la médecine dans l'esprit des populations. La question est délicate, et selon nous, elle n'est pas susceptible d'une solution a priori ; les tribunaux apprécieront en fait. On sait que le préjudice moral peut justifier une condamnation à des dommages-intérêts ; tout dépendra des circonstances. Mais en l'état actuel de notre législation, une semblable action serait rarement efficace, par suite de la difficulté d'établir tant le principe du préjudice moral que le quantum de ce préjudice.

B- L'ÉLÉMENT MORAL

436- L'article 74 (2) et (4) du Code pénal Camerounais[349], invite clairement le Ministère public et le plaignant à faire la preuve de l'intention coupable. Pour que l'infraction d'escroquerie puisse exister, il faut une intention coupable qui rende l'acte imputable. L'escroquerie est une infraction intentionnelle. Dans tous les cas, l'intention ne fait aucun doute. Il importe cependant d'insister sur le fait qu'il n'y a pas infraction si l'intéressé a foi dans le sérieux d'une entreprise chimérique, ou ne se propose pas de s'approprier le bien d'autrui ; comme précédemment analysé, le charlatan n'aura pas agi de telle sorte que ses pratiques puissent être regardées comme

[349] Selon l'art. 74 (2), « Est punissable, celui qui volontairement commet les faits caractérisant les éléments constitutifs d'une infraction avec l'intention que ces faits aient pour conséquence la réalisation de l'infraction ». Et l'al. (4) dispose que : « sauf lorsque la loi en dispose autrement, il ne peut exister de responsabilité pénale que si les conditions de l'alinéa 2 sont remplies ».

des manœuvres frauduleuses, ou comme une mise en scène donnant lieu à l'application de l'article 318 du Code pénal. On pourra considérer qu'il s'agit là d'un charlatan non escroc. Une difficulté particulière est celle de la bonne foi réelle ou supposée, de celui qui prétend « croire » à ses pouvoirs surnaturels. Comment la prouver ? La jurisprudence a tendance à statuer en fait en fonction de la réputation de l'intéressé, de son comportement et du prix demandé par lui[350]. En dehors du délit d'escroquerie, il existe d'autres moyens de droit permettant d'atteindre le charlatan.

§2. LES AUTRES MOYENS DE RÉPRESSION DU CHARLATANISME

437- Les actes du charlatan peuvent également être réprimés par le délit d'homicide et de blessure involontaire (A) ou par le délit d'administration de substances nuisibles (B).

A- HOMICIDE ET BLESSURE INVOLONTAIRES

438- Il arrive que les soins donnés par les tradipraticiens aient des conséquences fâcheuses pour leurs clients ; assez souvent ils restent estropiés définitivement ou meurent des suites d'un traitement ordonné à contretemps. Ainsi l'article 289 du Code pénal, punissant les homicides et blessures involontaires doit s'appliquer dans ces cas aux guérisseurs traditionnels[351]. Ainsi l'apposition par un rebouteux, sans réduction préalable de la fracture, d'attelles ayant amené la déformation de la jambe de la victime et entraîné une opération chirurgicale grave, constitue une blessure par imprudence[352]. De même le guérisseur qui sans se renseigner sur l'état de santé général de son client lui prescrit, sans prendre de précaution, une tisane laxative qui provoque une diarrhée mortelle, se rend coupable d'homicide par imprudence[353].

439- Cependant les juges ont soin de relever l'imprudence et l'impéritie, et au cas où le lien de causalité ne leur paraît pas établi entre la blessure et la faute, ce doute entraîne l'acquittement du prévenu[354]. Bien entendu, à côté de la responsabilité pénale, il existe la responsabilité civile du guérisseur ; cependant la victime peut aussi commettre de son côté, une imprudence

---

350 TPI Douala, jugement n° 69 du 19 septembre 1968 ; Trib. Corr. Saint-Yriex 6 juin 1933, S. 1933.2.166 ; Trib. Corr. Nice 25 mai 1946, GP 1946.2.208.

351 En effet aux termes de l'article 289 du code pénal, « est puni d'un emprisonnement de trois mois à cinq ans et d'une amende de 10.000 à 500.000 francs ou de l'une de ces deux peines seulement celui qui, par maladresse, négligence, imprudence ou inobservation des règlements, cause la mort ou des blessures, maladies ou incapacités de travail telles que prévues aux articles 277 et 280.

352 TPI Dla, jugement n° 351/cor du 09 nov. 197.

353 TPI Edéa, jugement n°1026/ cor du 06 avril 1999.

354 *Cf.* ce sens, GARCON, Code pénal annoté – 1959- art. 319 et 320, n° 320 et s.

certaine, autorisant à réduire les dommages-intérêts qui peuvent lui être alloués. Le charlatan peut également être passible des peines prévues par les articles 258 et 285 du Code pénal réprimant l'administration des substances nuisible à la santé.

B- L'ADMINISTRATION DE SUBSTANCES NUISIBLES A LA SANTÉ

440- L'acte à l'origine de l'atteinte se réduit le plus souvent à l'administration de produits médicamenteux aux malades. Or à supposer qu'il en résulte un trouble quelconque pour les malades, le praticien pourrait être passible des poursuites pour administration de substances nuisibles. L'administration de substances nuisibles a été assimilée dans le Code pénal aux violences et aux voies de fait, ceci par souci de sanctionner plus sévèrement un comportement particulièrement dangereux, consistant à faire prendre ou faire absorber une substance nuisible. Le mode d'administration de celle-ci est par contre indifférent : voie orale, respiratoire, vaginale, cutanée ou rectale.

441- A été sanctionné, à ce titre un individu qui, se prévalant de pouvoirs imaginaires de guérisseur avait administré des potions dangereuses à des malades[355]. Un guérisseur avait procédé à l'injection dans le col de l'utérus d'une de ses clientes, d'un liquide de sa composition censé déboucher ses trompes et lui permettre de faire des enfants ; à la suite de traitement, la malade eut une inflammation et une descente de l'utérus dont elle a failli mourir. Le charlatan fut déclaré coupable du délit d'administration de substances nuisibles à la santé[356]. Les éléments constitutifs du délit de l'article 258 du Code pénal[357] étaient réunis : administration d'une substance nuisible, maladie occasionnée par l'absorption de cette substance et enfin connaissance par l'agent de l'effet nuisible de la substance administrée. Pour ce délit en effet, l'intention exige autre chose que la simple connaissance de la nature nuisible de la substance ; il faut que l'agent ait su qu'en fait elle produirait ses effets pernicieux et causerait un préjudice à la santé d'une personne. L'intention requise peut relever d'un dol général, étant caractérisée par le simple fait que l'acte d'administration de substances mortifères a été volontaire. Au contraire, elle peut traduire l'existence d'un dol spécial qui exige que soit démontrée l'intention coupable. Or dans ce cas précis peut-on affirmer sans risque de se tromper que ce dol spécial existait réellement ? On peut en douter. Cependant on peut en conclure que le législateur a voulu décider que, lorsque, même dans un but curatif, un individu administrait des substances qu'il savait produire, au moins

---

[355] Trib. cor. Yaoundé, 12 Oct. 1970. Inédit.

[356] TPI Yaoundé, jugement n° 655/ cor du 20 juin 2002.

[357] L'alinéa 2 de l'article 258 du Code Pénal dispose : « Est puni d'un emprisonnement de trois mois à trois ans et d'une amende de 5 000 à 500.000 francs, celui qui déteint pour les vendre des substances médicamenteuses nuisible à la santé humaine ».

temporairement, un effet nuisible à la santé, il devenait passible de l'article 258 du Code pénal.

442- Les décisions de jurisprudence signalées, et qui ont prononcé contre certains charlatans des condamnations pour escroquerie, mettaient fin, en général à de véritables scandales. Il n'en est pas moins certain que, par rapport au nombre des charlatans escrocs qui ne sont pas inquiétés, le nombre des charlatans escrocs poursuivis et condamnés est absolument infime. De plus, dans les cas peu nombreux où une peine est prononcée, celle-ci est souvent très légère. Ce résultat regrettable est dû à la pratique des parquets, et aussi de certaines circonstances qu'il est utile de rappeler. Il est rare que le ministère public poursuive, sans une plainte ou une dénonciation, les crimes ou délits, à moins que leur gravité ne soit telle qu'il devienne absolument indispensable d'agir d'office. Dans la très grande majorité de cas, le ministère public attendra donc que les plaintes soient portées par les victimes des charlatans ; or, il est extrêmement rare que le client se plaigne car il craint le ridicule ou les ennuis et les dérangements que sa plainte peut lui occasionner.

443- Il reste que la réunion des éléments constitutifs de cette infraction se révèle malaisée dans ce domaine. L'élément matériel et particulièrement le lien de causalité qui doit exister entre l'administration de produits nuisibles et l'atteinte à la santé est délicate établir, en raison de l'état de la personne qui généralement souffre déjà d'une pathologie initiale. Une telle situation complique la mise en évidence du lien de causalité qui, à défaut d'être directe, doit être cependant nécessairement certain[358]. Mais c'est surtout l'élément moral de l'incrimination qui soulève en l'occurrence des difficultés. L'intention requise dans ce délit est-elle caractérisée par la simple connaissance de l'effet des produits administrés, ou suppose-t-elle la volonté de commettre le dommage ? Étant entendu que le mobile doit, en principe, demeurer indifférent, l'intention de nuire résulte normalement de la seule connaissance du danger que les substances peuvent faire courir à la victime[359]. Or certains guérisseurs administrent le produit toxique en toute connaissance de cause, en ayant parfaitement conscience du danger encouru, sans pour autant avoir la volonté de leur occasionner un dommage. Dès lors, l'infraction semble constituée, et dans l'hypothèse où l'administration des produits entraînerait la mort du patient, le guérisseur serait exposé aux

[358] *Cf.* Crim. 10 mai 1972, D.S. 1972.733 ; en l'espèce le lien de causalité entre l'ingestion du médicament et le coma de la personne souffrant déjà de deux pathologies distinctes n'a pu être établi.

[359] *Cf.* crim. 5 juil. 1928, B. n° 197, S. 1930.I.37 : en l'espèce un guérisseur avait été condamné de ce chef pour avoir administré un produit dont il connaissait la nocivité.

peines prévues pour l'infraction de coups mortels punie par l'article 278 du Code pénal[360].

444- A supposer la plainte formée ; généralement elle sera classée sans suite, faute de preuve : car c'est en effet aux voisins du charlatan que les agents de l'autorité doivent s'adresser pour avoir les renseignements qu'ils cherchent. Ces voisins sont souvent des amis et presque toujours aussi des clients, surtout dans des villages, et les renseignements ne corroboreront pas la plainte. L'on sait d'autre part que beaucoup de personnes n'aiment pas comparaître devant les tribunaux, en qualité de témoins. Si malgré tous ces obstacles le parquet se décidait à poursuivre, ou si surmontant ses appréhensions, le client dupé usait de la voie de citation directe, que va décider le tribunal correctionnel ? Par hypothèse, les témoins à charge viendront déposer ; mais de son côté, le charlatan fera entendre ses propres témoins. Parmi ceux-ci, les uns seront peut-être de bonne foi, d'autres, les plus nombreux, seront précisément ceux qui auront signé des attestations mensongères. Le tribunal entendra tous ces témoins déclarer que le charlatan les a sauvés d'une mort imminente, les a guéris d'une maladie à laquelle les médecins ordinaires n'avaient pu apporter le moindre soulagement.

445- On conçoit l'embarras du tribunal, dont les connaissances « techniques » seront souvent insuffisantes pour lui permettre de démêler la vérité. De son côté le ministère public sera également incapable de donner au tribunal des explications nécessaires. Même si l'escroquerie apparaît certaine, le charlatan risque d'être condamné plutôt pour pratiques de sorcellerie. En définitive, la loi punissant l'escroquerie trouve assez rarement, pour les motifs qui précèdent, des conditions pratiques d'application. Nous pensons que la répression aujourd'hui semble s'imposer[361], d'autant que l'action des charlatans est aujourd'hui plus intense que jamais ; le problème réside dans l'impossibilité ou l'inefficacité de cette répression dans l'état actuel de la législation.

446- L'homme, même dans les situations les plus désespérées a foi en un miracle, il souffre, il veut guérir ; et devant le charlatan qui répond à son appel mystique, l'homme malade oublie sa religion, comme sa dignité intellectuelle ; ces considérations qui nous portent au-delà des limites du droit pénal, nous permettent de comprendre le succès toujours renouvelé des charlatans et la « confiance aveugle de leurs solliciteurs ». C'est pourquoi le législateur doit renforcer les peines contre les charlatans pour en faire diminuer le nombre.

---

[360] Selon cet article, « Est puni d'un emprisonnement de six à vingt ans celui qui, par des violences ou des voies de fait, cause involontairement la mort d'autrui ».

[361] La répression semble s'imposer aujourd'hui plus que jamais dans la mesure où la médecine traditionnelle constitue une réelle possibilité d'évolution de la santé vers un potentiel plus.

447- Certes jamais le charlatanisme ne disparaîtra, quoi qu'on fasse. La crédulité, dont il vit, est un des traits de l'homme, au même titre que l'amour du gain qui lui, donne naissance. De même, on ne supprimera probablement jamais, non plus, les voleurs, et cette considération ne rend pas inutiles les dispositions du Code pénal édictées contre eux. De nos jours, la répression s'impose plus que jamais ; et elle est unanimement réclamée non seulement par les consommateurs de cette forme de médecine, par également par les tradipraticiens eux-mêmes[362].

448- Même si certaines démarches, qui peuvent passer pour hasardeuses, sont parfois couronnées de succès, on ne peut qu'inviter à un minimum de prudence et aider le client à une information réaliste. Observer, constater, admettre une situation sans agir ne peut que contribuer à l'extension d'une population d'acteurs de santé dont les résultats exprimés peuvent prendre un caractère aléatoire. L'échec est-il sanctionnable ? Il faut rappeler que le tradipraticien à l'instar du médecin n'est tenu qu'à une obligation de moyens[363]. La guérison ne peut être promise, elle ne dépend pas des seuls soins dispensés, mais également d'éléments impondérables étrangers à la seule volonté du praticien. En réalité ce n'est pas sur la valeur de telle ou telle thérapeutique que le tribunal sera appelé à se prononcer, mais plutôt sur la bonne foi et l'intention frauduleuse du prévenu. Si la constitution du malade, de son environnement, de facteurs climatiques, etc., participe aux résultats du traitement, il reste que le guérisseur est l'initiateur du traitement choisi. À ce titre, il devrait être soumis au contrôle des autres membres de l'association ou des scientifiques dans le cadre d'une collaboration médecin-tradipraticien de santé. Il serait injuste de reprocher à la médecine moderne d'avoir voulu protéger les malades contre les charlatans.

449- Cependant la stratégie médicale d'assimiler tous ceux à qui elle disputait le terrain, d'exercice illégal de la médecine, apparaît comme un amalgame abusif. Fort heureusement les juges distinguent dans les pratiques des guérisseurs, des degrés d'illégitimités d'où le particularisme de l'exercice illégal de la médecine.

---

[362] Cette volonté de combattre le charlatanisme en leur sein figure en bonne place dans leur statut.

[363] *Cf.* infra, P 78, n° 140 et s.

CHAPITRE 2

LE PARTICULARISME DE L'EXERCICE ILLÉGAL DE LA MÉDECINE

450- « *Peu importe que les inculpés aient guéri leurs semblables ! La seule chose qui m'intéresse est de savoir s'ils avaient le droit de guérir. Seules les personnes pourvues de diplômes ont le droit de guérir et même de tuer. Obtenez un diplôme, inculpé, et vous aurez le droit de vie et mort*[364] ». Ainsi clamait déjà en 1930 un substitut du procureur au cours du procès d'un guérisseur. Il apparaît clairement que l'exercice de la médecine a toujours été soumis à la vérification préalable de la capacité du soignant. La justification de la soumission de l'exercice de la médecine à la vérification préalable de la capacité du soignant se fonde probablement sur la protection de la santé publique. Le législateur ayant ainsi opté pour un système juridique préventif dans lequel il incrimine le fait d'accomplir, sans être habilité, des actes relevant de la médecine[365].

451- Délit pénal en France depuis 1892, l'exercice illégal de la médecine n'était qu'une infraction de simple police. Le législateur présente, à cette époque, la loi qui interdit l'exercice de la médecine sans diplôme comme étant une véritable réforme, en réaction aux errements révolutionnaires. En effet le décret d'Allarde, la loi Le Chapelier, et enfin la suppression des facultés de médecine en France, en 1793, avaient conduit à une véritable « anarchie médicale ».

452- C'est cette législation monopolistique stricte qui est introduite en Afrique lors de la colonisation alors qu'il existait déjà sur place une autre forme de médecine, proche des racines des populations. Elle est restée théoriquement en vigueur même après l'indépendance. L'exercice de la médecine est toujours subordonné à la possession du titre de docteur[366]. À défaut de cette condition essentielle, tout individu pratiquant habituellement un acte médical est en principe passible d'un emprisonnement de six jours à

---

[364] Cité par S. SIMON, Exercice illégal de la guérison, éd. Marco Pietteur, p. 19.

[365] Comme l'ont souvent rappelé les médecins : « nous sommes en présence d'une matière trop grave pour tout abandonner aux forces aveugles du hasard, puisqu'il s'agit de vies et de santé humaine ». Par contre l'on pense de plus en plus aujourd'hui qu'il s'agit d'une réglementation monopolistique qui n'a pas de sens, puisqu'elle vise plutôt à protéger les intérêts pécuniaires des médecins contre la concurrence des autres thérapeutes.

[366] *Cf.* L 4161- du C.S.P., Ord n° 200 :1548 du 15 juin 2000.

six mois et d'une amende de 200 000 à 2 000 000 de francs ou de l'une de ces deux peines seulement[367].

453- Dans le cadre de notre étude, l'exercice illégal de la médecine sera essentiellement le fait des personnes dépourvues de diplôme de docteur, c'est-à-dire de l'immixtion de toute personne sans titre dans l'activité médicale. Il importe d'ores et déjà de noter que les textes réprimant l'exercice illégal de la médecine sont imprécis quant aux personnes et aux activités concernées. La notion d'acte médical élément principal du délit d'exercice illégal de la médecine a reçu volontairement de la part du législateur une formulation large, constituant par là même, un non-respect du principe de la légalité[368]. Une telle situation offre la possibilité aux juges de l'appliquer aux faits autres que ceux pour lesquels elle a été instituée, et leur donne ainsi des pouvoirs que leur dénie le principe fondateur du droit pénal.

454- La question fondamentale que nous nous posons est celle de savoir si cette incrimination pourrait s'appliquer sans heurts aux tradipraticiens. À l'examen, la jurisprudence camerounaise est quasiment vide sur la question ; ce vide jurisprudentiel entraîne une succession de paradoxes, qui est la conséquence de la survivance de textes contradictoires. Il importe dès lors de s'intéresser à la jurisprudence française. Celle-ci révèle que l'exercice illégal de la médecine est généralement imputé aux personnes qui accomplissent des actes réservés aux seuls médecins dans une activité qui ne fait l'objet d'aucune réglementation officielle. L'analyse de la consistance du délit d'exercice illégal de la médecine (Section 1), nous conduira à démontrer à travers une appréciation critique, les divers obstacles qui s'opposent à l'assimilation de l'activité du tradipraticien à l'exercice illégal de la médecine (Section 2).

---

[367] *Cf.* Art. 17 de la loi n° 90/036 du 10 août 1990 régissant la profession de médecin. Sur les conditions de l'infraction d'exercice illégal de la médecine, voir notamment : M. VERON, L'exercice illégal de la médecine, dans Traité de droit médical et hospitalier, Litec 1987 fasc. n° 20 ; J.P. DOUCET, La protection pénale de la personne humaine, vol 1 La protection de la vie et de l'intégrité corporelle, Paris Litec 1994 248 p. n° 191 et s. ; A. VITU, Traité de droit criminel, Droit pénal spécial, Paris Cujas 1982, n° 1403 et s. ; J. PENNEAU, Répertoire Pénal, Dalloz, V° médecine n° 75-142 ; J. cl. Pénal, Lois pénales Annexes, V° médecine fasc. 20 n° 58-134.

[368] Le principe de la légalité, principe essentiel garantissant les libertés fondamentales et les droits de l'homme, a subi de nombreuses atteintes, constituant de véritables violations de la légalité à cause de l'imprécision des textes ; Cf. sur ce point, R. BERNADINI, Droit pénal général, GUALINO, Paris, 2003, p. 163 ; cf. aussi, C BECCARIA, Traité des délits et des peines, Flammarion, Paris, 1979, Préf. Casamayor.

SECTION 1 : LA CONSISTANCE DU DÉLIT D'EXERCICE ILLÉGAL DE LA MÉDECINE

455- L'infraction d'exercice illégal de la médecine est essentiellement fondée sur le défaut « d'habilitation »[369] c'est-à-dire l'absence du diplôme de docteur en médecine. Bien que le législateur n'ait spécifié ni les personnes ni les activités concernées par ce délit, il est loisible de penser que cette infraction est imputable à toute personne non diplômée qui exerce la profession médicale. À ce titre, se trouvent visés par la loi, aussi bien les tradipraticiens, que les pharmaciens, chirurgiens-dentistes, sages femmes ou infirmiers lorsqu'ils accomplissent des actes médicaux ne relevant pas de leur compétence. Il est évident que seuls les premiers cités en l'occurrence les tradipraticiens nous intéressent.

456- La mise en évidence des éléments constitutifs du délit d'exercice illégal de la médecine (§1), et l'analyse des situations jurisprudentielles s'avèrent nécessaires (§2).

§1. LES ÉLÉMENTS CONSTITUTIFS DU DÉLIT D'EXERCICE ILLÉGAL DE LA MÉDECINE

457- La loi n° 90/036 du 10 août 1990, portant exercice et organisation de la profession de médecin, dispose en son article 16 que : « Est reconnu coupable d'exercice illégal de la médecine :

1 – tout praticien qui exerce son art sous un pseudonyme ou qui donne des consultations dans les locaux à usage commercial où sont vendus des appareils qu'il prescrit ou utilise ;

2 – toute personne non habilitée qui, même en présence d'un praticien, prend part habituellement ou par direction suivie, à l'établissement de diagnostic ou aux traitements d'affections par actes personnels ou par tous autres procédés ».

458- L'alinéa 2 de cet article est évidemment un extrait de l'article L.372 du Code de la santé publique français qui dispose que : « Exerce illégalement la médecine toute personne qui prend part habituellement ou par direction suivie, même en présence d'un médecin, à l'établissement d'un diagnostic ou au traitement de maladies ou d'affections chirurgicales, congénitales ou acquises, réelles ou supposées, par actes personnels, consultations verbales ou écrites ou par tous autres procédés, quels qu'ils soient, ou pratique l'un des actes professionnels prévus dans une nomenclature fixée par arrêté du ministre de la Santé publique pris après avis

---

369 C'est ce défaut d'habilitation que nous qualifions par ailleurs, comme la « non-possession du droit de soigner ».

de l'Académie nationale de médecine »[370]. Aux termes de cet article, seule la possession du diplôme peut conférer le droit d'exercer, et l'absence d'un diplôme suffit à mettre celui qui pratique en situation de délinquance.

459- Le délit d'exercice illégal de la médecine nécessite donc pour être constitué, l'exécution d'un acte médical par une personne n'ayant pas les qualités requises (A), à condition qu'il y ait habitude et direction suivie (B).

A- LA CONDITION D'EXÉCUTION D'UN ACTE MÉDICAL

460- Il résulte de cet article que tous les actes de diagnostic (1) et de traitement (2) sont des actes nécessairement réservés aux médecins.

1- Le diagnostic[371]

461- Le diagnostic est généralement défini comme l'acte par lequel le praticien, groupant les symptômes morbides qu'offre le malade, les rattache à une maladie ayant sa place dans le cadre nosologique[372]. L'acte de diagnostic nécessite une grande variété d'opérations dont chacune est de nature à réaliser l'un des éléments constitutifs de l'infraction. Ceci quel que soit le moment où elle est réalisée par rapport à l'intervention éventuelle d'un praticien, dans l'interprétation très large reconnue à juste titre par la jurisprudence[373]. Le diagnostic étant l'art de reconnaître les maladies par leurs symptômes et de les distinguer les unes des autres, il n'est pas nécessaire, pour que le délit existe, que le guérisseur fasse le diagnostic de la maladie. C'est ainsi que le charlatan qui soigne toujours de la même manière toutes les affections quelle qu'en soit la nature, est punissable. Mais il est unanimement admis que le diagnostic n'est pas punissable. Il est certain que le client se trouve exposé au danger de ne pas être soigné à temps, si le diagnostic imparfait ne révèle aucune maladie ou une maladie autre que celle dont il est atteint.

462- C'est pourquoi dans le cadre de la collaboration entre les médecins et les guérisseurs traditionnels, nous suggérons que le diagnostic soit exclusivement réservé aux médecins et soit défendu aux guérisseurs ; mais nous percevons d'emblée la difficulté à respecter une telle interdiction

---

[370] Cet article vise également toute personne qui, munie d'un titre régulier, sort des attributions que la loi lui confère, notamment en prêtant son concours aux personnes exerçant illégalement la médecine pour le soustraire aux règles régissant cet exercice. Bien entendu cet aspect de la question ne sera pas abordé dans le cadre de notre étude.

[371] La pratique de la médecine traditionnelle concerne toutes consultations, tous actes pratiqués dans un but diagnostique ou thérapeutique, utilisant exclusivement les méthodes traditionnelles techniquement valables et toute vente de substances médicinales utilisées comme remèdes traditionnelles.

[372] *Cf.* GARNIER et DELAMARE, Dictionnaire des termes techniques de médecine: Maloine, V° Diagnostic.

[373] Cass. Crim., 19 mars 1953 ; D. 1953, p. 664 ; CA Aix-en-provence, 6 mai 1954 ; G.P. 1954.I.383.

surtout dans des localités où il n'existe pas de centre de santé moderne, donc pas de médecin.

2- Le traitement

463- Il est particulièrement délicat de vouloir donner une définition quelque peu précise du mot traitement. L'article 16 de la loi n° 90/036 du 10 août 1990 dispose qu'exerce illégalement la médecine, *« toute personne non habilitée qui, [...] prend part [...] au traitement des maladies [...] »*. Le vocable traitement peut être défini d'une manière rapprochée comme une façon de conduire une maladie à l'effet de la guérir, soit d'en diminuer le danger, soit de calmer les souffrances qu'elle cause, soit de dissiper ou d'atténuer les suites qu'elle peut entraîner[374]. Le traitement peut aussi être défini comme l'ensemble des moyens thérapeutiques et des prescriptions hygiéniques employés dans le but de guérir une maladie[375]. Le mot traitement s'entend enfin de tout acte ou conseil tendant à la guérison ou à l'atténuation d'un état de malaise ou de maladie et que ce sens ne saurait être arbitrairement restreint à la prescription de médicaments ou à la pratique d'opération chirurgicales proprement dites, telles par exemple que la réduction de luxations ou de fractures[376]. Cette dernière définition jurisprudentielle mérite qu'on s'y attarde quelque peu. La jurisprudence a de cet élément constitutif une conception très extensive ; il y a traitement dès qu'un but curatif est poursuivi, quels que soient les procédés employés et leur valeur réelle ou supposée[377]. Il n'y a pas à rechercher si les malades l'étaient réellement et si à la suite du traitement ils ont été effectivement guéris[378]. Elle n'exige pas nécessairement des actes ; même des conseils peuvent être punissables. Les mots « actes ou conseils » sont le plus souvent jumelés parce que les guérisseurs se contentent rarement de donner de simples indications.

464- Ces actes ou conseils doivent tendre à *« la guérison ou à l'atténuation d'un état de malaise ou de maladie »*, c'est-à-dire qu'ils doivent être donnés à une fin curative. Mais cela ne saurait suffire. Il faut en outre qu'ils aient une certaine efficacité, ou tout au moins, qu'on puisse les supposer capables d'exercer une influence sur la santé humaine. Il est dangereux comme évoqué précédemment[379] de laisser impunis les charlatans qui laissent sans soins des personnes à qui une médication énergique et rapide serait nécessaire. Cependant, juridiquement, on ne peut relever le délit

---

[374] *Cf.* Dictionnaire Littré, op. cit.

[375] *Cf.* GARNIER et DELAMARE, op. cit.

[376] C. de Paris, 15 mars 1899, S. 1899. 2. 176.

[377] Cass. crim. 20 fév. 1957 ; Bull. crim. n° 174 et 176 ; 28 mai 1957, D. 1958, p. 388, note Gollety.

[378] Trib. Corr. Domfront, 20 janv. 1950 ; D. 1950, somm. P. 60 ; Rapp. Cass. Crim., 29 déc. 1900 ; D.P. 901.1.529

[379] *Cf.* supra, n° 420.

d'exercice illégal de la médecine. De même la jurisprudence ne considère pas comme punissables de simples indications d'usage courant, connues de tous.

465- L'exigence du caractère médical des soins donnés ne doit pas permettre la confusion entre la médecine et la religion. Un pasteur appartenant au mouvement des chrétiens évangéliques, dit de la Pentecôte, pratiquait, conformément à sa profession de foi, l'imposition des mains aux malades et aussi l'onction de l'huile, avec accompagnement de prédications et de prières, afin d'appeler l'intervention divine pour guérir et soulager les malades. Il fut condamné en première instance. Mais la Cour d'appel de Caen réforma la sentence des premiers juges : d'abord, parce que des impositions et onctions ne constituent pas un traitement au sens de la loi pénale et qu'il s'agit là d'un acte rituel purement religieux et non curatif, alors surtout qu'à aucun moment le prévenu n'a fait croire par ce moyen à la transmission d'un fluide capable d'amener la guérison ou d'un pouvoir personnel de guérir[380].

466- Ensuite parce qu'on porterait une grave atteinte à la liberté des connaissances et au libre exercice des cultes et qu'en outre, ce serait confondre deux domaines différents, dont l'un n'est pas exclusif de l'autre, c'est-à-dire le domaine religieux et le domaine médical.

467- De même sur un tout autre plan, il importe de relever que dans la tradition africaine, la circoncision est pratiquée sur tous les jeunes enfants de sexe masculin, par un homme ou par une femme. Faut-il voir là une opération chirurgicale ne pouvant être faite que par un médecin et susceptible dans le cas contraire, de rendre son auteur passible des peines du délit d'exercice illégal de la médecine ? Théoriquement, dans le contexte français, cela n'est pas douteux. Mais concrètement et relativement à la culture africaine, le délit d'exercice illégal de la médecine ne saurait être étendu à ces actes-là, car il s'agit d'un rite traditionnel et culturel pratiqué et autorisé de tout temps et sans risque par des non-médecins.

468- L'existence du délit d'exercice illégal de la médecine est juridiquement indépendante de la gratuité ou de la rémunération des soins, la loi n'ayant établi aucune distinction et les dangers encourus par les malades étant les mêmes dans tous les cas. Cependant il est bien évident que le guérisseur qui exerce gratuitement pourrait être moralement moins coupable que celui qui fait du traitement des maladies une fructueuse entreprise[381] ; en sorte que les tribunaux pourraient en tenir compte dans la fixation de la peine. L'on pourrait considérer que la réclamation d'honoraires par certains

[380] Trib. cor. Caen, 16 mai 1936, D.P. 1937.164.

[381] Dans la plupart des jugements que nous avons relevés, tous les charlatans qui exigeaient de « gros salaire » ont été condamnés pour escroquerie.

tradipraticiens prouve que ceux-ci s'assimilent aux docteurs en médecine et qu'ils entendent participer au traitement des maladies. Autrement, s'ils ne croient pas à l'efficacité de leur méthode et feignent de donner leurs soins, ils se rendent coupables d'escroquerie par l'emploi de manœuvres frauduleuses. Par contre lorsque les soins sont donnés gratuitement, les tribunaux se montrent plus embarrassés. Dans ce cas, le délit est plus difficile à caractériser et les tribunaux acquittent souvent les prévenus[382].

469- De même, peu importe que le diagnostic ait été posé et le traitement prescrit sans que les malades aient été l'objet d'un examen ; le fait par une personne, non munie d'un diplôme, de solliciter par une large publicité, la clientèle des malades, et de les inviter à se faire indiquer le traitement approprié à leurs malades, et de leur expédier, en réponse à leurs lettres, une brochure où se trouve spécifié le traitement qui doit être observé, le régime à suivre, et les médicaments à employer, constitue le délit d'exercice illégal de la médecine[383]. Au demeurant, l'article 16 vise donc toute consultation (écrite ou verbale) ou tous les procédés de diagnostic ou de traitement. Cependant, ce texte ne vise pas les conseils généraux donnés dans un livre, d'une manière didactique, mais les soins prescrits individuellement à un malade dans un cas actuel et déterminé[384].

470- Pour que le délit d'exercice illégal de la médecine soit consommé, la loi exige que l'auteur prenne part « *habituellement ou par direction suivie* » au traitement des maladies.

B- L'HABITUDE OU DIRECTION SUIVIE

471- L'article 16[385] fait du délit d'exercice illégal de la médecine un délit d'habitude. En Droit pénal, l'infraction d'habitude est une infraction qui comporte l'accomplissement de plusieurs actes semblables, dont chacun pris isolément n'est pas punissable ; mais dont la répétition constitue l'infraction. Dès lors un acte médical unique ne constitue pas le délit d'exercice illégal de la médecine.

472- La difficulté de cette distinction réside dans la détermination de l'habitude punissable. Quand peut-on dire qu'il y ait habitude et par suite que l'infraction soit réalisée ? Pour qu'il y ait habitude, il n'est pas nécessaire que les actes aient été accomplis à l'égard de personnes différentes ; l'habitude existe, même s'ils l'ont été à l'encontre d'une seule et même personne. Par exemple celui qui se contente de donner un conseil

---

[382] TPI Douala, jugement du 15 mars 1972.

[383] Cass. Crim., 2 nov. 1971, Bull. crim. n° 290 ; JCP G 1971, IV, 279 ; D. 1972 somm. P. 8 ; G.P. 1972.I.3.

[384] Cass. Crim. 30 juin 1972, Renaud et Rocher.

[385] Il s'agit bien de l'article 16 de la loi n° 90/036 du 10 août 1990, portant exercice et organisation de la profession médicale.

« médical » ne doit pas être traduit devant un tribunal et considéré comme responsable d'un délit d'exercice illégal de la médecine. C'est l'habitude, c'est-à-dire, le fait sans cesse répété de donner des conseils qui constituera dans ce cas le délit.

473- En effet, celui qui a l'habitude de donner des conseils exerce évidemment une sorte de profession. Le conseil donné éventuellement est une chose louable, mais l'habitude de donner des médicaments constitue une usurpation réelle, le délit d'exercice illégal de la médecine. La loi n'a jamais eu pour but de taxer d'exercice illégal de la médecine les personnes qui assistent une accouchée ou qui portent secours à un blessé ou à un malade, donnent éventuellement quelques conseils. Elle vise surtout celui qui prend part habituellement au traitement des maladies.

474- L'habitude suppose une répétition de fait de même nature, la loi n'indique pas le nombre de ces faits. Quand peut-on dire qu'il y a habitude punissable ? La doctrine à une époque était assez indécise[386]. Mais la jurisprudence a tranché en affirmant que pour qu'il y ait habitude, il n'est pas nécessaire que les actes aient été accomplis à l'égard des personnes différentes ; elle existe, même s'ils l'ont été à l'encontre d'une seule et même personne[387]. Il n'est pas nécessaire que le nombre d'actes soit élevé ; d'après la jurisprudence, deux actes peuvent suffire pour constituer l'habitude punissable[388].

475- Dans une infraction d'habitude, chaque acte pris isolément n'est pas punissable et ne saurait dès lors être soumis à la prescription, celle-ci ne peut courir que pour l'ensemble des faits constituant le délit ; aussi ne pourrait-on parler de prescription que lorsque l'habitude sera caractérisée et cette prescription a pour point de départ le jour où a été accompli le dernier acte constitutif de l'habitude. On pourrait également se demander quel intervalle maximum de temps pourrait séparer chacun des actes.

476- Nous opinons avec MM STEFANI, LEVASSEUR et BOULOC[389] que « *il importe peu que les différents actes qui la constituent soient séparés entre eux par un délai plus long que celui de la prescription, car ces actes isolés n'étant pas délictueux, ne sont pas atteints par la prescription ; celle-*

---

[386] Certains auteurs exigeaient un minimum de trois faits car disaient-il « la simple répétition d'un acte peut difficilement être envisagée comme formant déjà une habitude ». Cf. GARRAUD op. cit. D'autres pénalistes estimaient que le nombre devait être fixé différemment suivant la nature du délit. Cf. PERRAU, *Eléments de jurisprudence médicale*, p. 65.

[387] Crim. 27 juil. 1887, D. 1887.I.97; Crim. 81993, Bull. n° 379.

[388] Crim.24 mars 1944, D. a. 1944.75. *Cf.* aussi note LEBRUN, D.C., 1941.78.

[389] *Cf.* G. STEFANI, G. LEVASSEUR, B. BOULOC, Droit pénal général, Dalloz, 1997, p. 193.

ci ne frappe que le dernier acte qui a réalisé l'infraction »[390]. Dès lors, il suffit au ministère public de poursuivre à l'audience un fait récent non atteint par la prescription, pour qu'il soit possible d'évoquer en vue de prouver l'habitude, des faits de même nature plus anciens, dateraient-ils de plus trois ans, pourvu qu'ils se relient avec le fait précédent depuis moins de trois ans. De même tant que l'infraction d'habitude n'est pas réalisée, la victime n'a plus le droit d'exercer l'action civile devant le tribunal répressif. Toutefois si un acte unique lui a causé un dommage, elle peut en demander réparation devant le tribunal civil sur la base des articles 1382 et suivant du Code civil[391].

477- La loi réprime également la direction suivie. Les deux expressions « habitude » et « direction suivie » sont-elles synonymes ? Pour certains[392] auteurs il y aurait synonymie entre les deux expressions. Pour d'autres[393], malgré le doute élevé sur ce point, il faut admettre que l'habitude peut exister alors même que les faits qui, par leur réunion, constituent le délit, auraient été commis à l'égard de la même personne, pourvu du moins que ces faits soient distincts les uns des autres. Ainsi, la pluralité de victimes n'est pas une condition essentielle de l'habitude ; il suffit de faits réitérés pour la constituer. Dès lors ne doit-on pas dire alors, qu'en ce qui concerne l'exercice illégal de la médecine, il y a « habitude » lorsqu'il y a plusieurs « victimes » et direction suivie lorsque le traitement s'applique à une seule et même personne auprès de laquelle l'illégal est intervenu à plusieurs reprises, prenant ainsi la direction du traitement ? Ainsi, le guérisseur entreprend la guérison d'un individu atteint de sciatique : il lui fait prendre des bains de vapeur, puis pratique des massages, enfin lui fait absorber une potion médicinale, on dit en ce cas que le guérisseur est coupable d'exercice illégal de la médecine pour avoir pris part par direction suivie au traitement de la maladie de son client. Ainsi à défaut d'habitude il doit y avoir direction suivie.

478- La question qu'on peut se poser à ce niveau est la suivante : le délit d'exercice illégal de la médecine constitue-t-il une infraction intentionnelle ? En d'autres termes, faut-il exiger comme condition d'incrimination l'intention ? Avant de répondre à cette question, commençons par donner quelques explications sur l'intention. Que faut-il entendre par intention ? Est pénalement responsable, celui qui volontairement commet les faits caractérisant les éléments constitutifs d'une infraction avec l'intention que ces faits aient pour conséquence la réalisation de l'infraction[394].

---

[390] Crim. 30 déc. 18553, S. 1854.I.404.
[391] Crim. 15 mars 1919, S. 1921.I.1387.
[392] *Cf.* B. DAUVERGNE, « Les éléments du délit d'exercice illégal de la médecine », Thèse droit, Rennes, 1935, p. 160.
[393] *Cf.* GARRAUD, op. cit.p.103.
[394] *Cf.* article 74 (2) du Code pénal camerounais.

479- Il est unanimement admis que pour qu'une infraction existe juridiquement ; il ne suffit pas qu'un acte matériel prévu et puni par la loi ait été commis, il faut encore que cet acte matériel ait été l'œuvre de la volonté de son auteur. Ce lien entre l'acte et l'auteur, que le droit anglais appelle la « mens rea » (la volonté criminelle) par opposition à « l'actus reus » (l'acte criminel), constitue l'élément moral[395]. Il faut donc que l'élément moral se joigne à l'élément matériel pour que l'infraction soit constituée. Le législateur ne punit en effet que les conséquences antisociales d'un acte volontaire. D'après E. GARÇON[396], et la plupart de criminalistes classiques, l'intention criminelle réside dans la connaissance ou la conscience chez l'agent qu'il accomplit un acte illicite. D'une façon plus précise, l'intention est la volonté d'accomplir un acte que l'on sait défendu par la loi pénale. Il est vrai qu'en raison de la présomption de connaissance de la loi qui pèse sur chaque citoyen, il n'est pas besoin, pour établir l'intention, de prouver que l'agent connaissait la loi pénale, mais seulement qu'il a eu la volonté de commettre l'acte défendu par la loi. La jurisprudence admet que pour certaines infractions, l'existence de l'élément moral résulte de la seule constatation de l'élément matériel.

480- Pour répondre à la question précédemment posée, à savoir si le délit d'exercice illégal de la médecine constitue ou non une infraction intentionnelle, nous dirons que lorsque le guérisseur traditionnel se propose de guérir ou d'atténuer les maladies de ses clients, il recourt pour cela à divers moyens parmi lesquels le traitement acte qui lui est interdit, vu sous cet angle, l'exercice illégal de la médecine ne peut être qu'une infraction intentionnelle. L'intention coupable se trouve ici dans le seul fait de vouloir pratiquer l'acte prohibé par la loi.

481- L'analyse jurisprudentielle démontre que la réglementation française en matière d'exercice illégal de la médecine apparaît particulièrement rigoureuse.

§2. L'ANALYSE JURISPRUDENTIELLE DU DÉLIT D'EXERCICE ILLÉGAL DE LA MÉDECINE

482- Une appréhension claire des applications jurisprudentielles du délit d'exercice illégal de la médecine passe nécessairement par l'analyse de la

[395] Pour certains auteurs, l'élément moral n'est pas un élément constitutif de l'infraction, mais plutôt une condition psychologique de la culpabilité de l'auteur d'une infraction, objectivement constituée. Cf. MERLE et VITU, Traité de droit criminel, n° 542 et s. Pour d'autres, une fois l'imputabilité établie, il faut rechercher si la société reproche une « réaction hostile aux règles sociales » Cf. A.C. DANA, Essai sur la notion d'infraction pénale, p.343. Quoi qu'il en soit, l'élément moral est bien une composante de l'infraction puisque, en son absence, le juge d'instruction est en droit de rendre une décision de non-lieu, et le juge de jugement une décision de relaxe ou d'acquittement.

[396] *Cf.* Code pénal annoté, 1ère éd. Art. i, n° 77.

jurisprudence française (A), qui du fait de son application rigoureuse est particulièrement riche en la matière, contrairement à la jurisprudence camerounaise (B) où paradoxalement apparaît une véritable contradiction entre la sévérité du texte et sa pratique.

A- LA RIGUEUR DE LA JURISPRUDENCE FRANÇAISE

483- Le très grand nombre de procès ne nous donne que l'embarras de choix[397]. Toutefois, nous ne retiendrons que les quelques décisions qui ont eu un plus grand retentissement. La catégorie des guérisseurs, qu'ils se qualifient magnétiseurs, radiéthésistes, spirites, thaumaturges, médecins empiriques, est certainement la plus nombreuse. Se rend coupable d'exercice illégal de la médecine, le prévenu qui a procédé au traitement de maladies réelles ou supposées, par des actes personnels ou par tous autres procédés quels qu'ils soient, quand bien même il alléguerait ne procéder à aucune manipulation sur la malade, et peu importe également que la patiente déclare ne plus ressentir de douleur après consultation[398].

484- Il en est ainsi des prévenus qui se sont présentés dans leur publicité comme des « guérisseurs ou techniciens de santé », ce qui implique sans ambiguïté qu'ils proposent au public de traiter et de soigner leurs maladies, peu importe alors que le remède fasse appel à l'irrationnel et qu'il soit susceptible ou non de traiter efficacement les clients[399]. De même tombe sous le coup de la loi, le prévenu astrologue guérisseur qui reçoit les patients souffrant de divers maux, établit des diagnostics, prescrit des remèdes contre rémunération, pratique des massages avec une huile et fait absorber des substances à ses patients, alors qu'il n'est titulaire d'aucun diplôme de médecine[400].

485- Il a également été jugé que le fait par une personne non diplômée, de recevoir des malades et de se livrer sur eux, en plusieurs séances successives, à des pratiques d'imposition des mains, de magnétisme ou de suggestion, comportant l'émission d'un prétendu fluide, sous l'inspiration d'esprit mystérieux, constitue la participation habituelle et par direction suivie au traitement des maladies, caractéristique du délit d'exercice illégal de la médecine[401].

---

[397] *Cf.* M. VERON, « L'exercice illégal de la médecine, Traité de droit médical et hospitalier », Litec 1987 fasc. n° 20 ; A. VITU, « Traité de droit criminel, Droit pénal spécial », Paris Cujas 1982, n° 1403 et s. J. PENNEAU, « Répertoire Pénal », D. V° médecine n° 75-142.

[398] CA Paris, 11è ch. A, 5 nov. 1991 : juris-Data n° 024722.

[399] CA Bordeaux, ch. corr., 23 nov. 1993 : Juris-Data n° 049837.

[400] CA Paris 11è ch. A., 26 nov. 1996 : Juris-Data n° 020366.

[401] Cass. Crim., 20 juin 1929 : DP 1929.I.91, rapp. Bourdon. 28 déc. 1959 : Bull. crim., n° 592.

486- En principe tout traitement par magnétisme constitue un exercice illégal de la médecine, car son auteur prend ainsi part d'une manière habituelle au traitement des maladies[402]. Il est également admis que la seule imposition des mains peut constituer un véritable traitement médical[403]. Encourt la cassation, l'arrêt qui, pour relaxer un magnétiseur, se borne à constater qu'il n'établit pas de diagnostics, ne prescrit pas de médicaments, mais demande à ses clients de le renseigner par écrit sur le diagnostic établi par un médecin et d'aller consulter ensuite un médecin, en sorte que les impositions de mains auxquelles il se livre ne sont pas de nature à nuire à la médecine officielle. Le prévenu se livre, en effet, malgré tout, par direction suivie, au traitement des maladies sans être titulaire d'un diplôme de docteur en médecine[404]. Il a été jugé que se rend coupable d'exercice illégal de la médecine le magnétiseur, non pourvu du diplôme de docteur en médecine, qui, après avoir déterminé la nature ou le siège du mal de ses patients à l'aide d'un pendule, se livre ensuite à des passes ou à des attouchements pour améliorer leur état[405]. Les invocations religieuses telles que le fait pour un ecclésiastique qui diagnostique et traite par imposition des mains constituent l'exercice illégal de la médecine. Mais il ne saurait soutenir qu'il était de son devoir de charité de porter secours à des êtres humains privés de soins efficaces[406].

487- En revanche, on ne saurait considérer comme un traitement prohibé par la loi l'intervention du ministre d'un culte qui, se conformant aux principes de sa foi, recherche le soulagement des souffrances d'un malade, en appelant sur lui, par ses prières, l'action divine, sans s'attribuer personnellement un pouvoir propre de guérir et pourvu que l'efficacité de l'intervention de ce ministre repose sur la croyance à un secours surnaturel et sans emploi d'un moyen thérapeutique. On ne peut, en effet, attacher à l'imposition des mains un caractère thérapeutique, quand il s'agit d'un acte naturel purement religieux et non curatif, alors qu'à aucun moment, le prévenu n'a fait croire à la transmission, par ce moyen, d'un fluide capable d'amener la guérison ou d'un pouvoir personnel de guérir[407]. Dans le même ordre d'idée, le Tribunal correctionnel de la Seine a jugé que constitue un acte de foi et non un acte professionnel ou un procédé illégal, le fait, pour

---

[402] CA Douai 22 fév. 1951, GP 1951.I.p.268 ; Trib. Corr. Villefranche-sur-saône, 13 déc. ,1955 : D. 1956, somm. P.8

[403] Cass. Crim. 30 mars 1954, D. 1954, jurispr. P. 351, note Gollety ; CA Bordeaux, ch. Corr., 12 janv. 1993, Juris-Data n° 040456.

[404] Cass. Crim. 26 janv. 1966, GP. 1966 jurisp. P. 416.

[405] Cass. Crim., 22 fév. 1955, D. 1956, jurispr. P. 560 ; 19 juin 1957, Bul. Crim. n° 505 ; 24 mars 1958 ; Bul. Crim. 292.

[406] Cass. Crim., 18 déc. 1957 ; Bull. crim. n° 850, D.1958, somm. p. 70. ; 9 déc. 1959 Bull. Crim. n° 541, D. 1960, somm. 51 ; 26 janv. 1966, D. 1966 jurisp. P. 416 ; CA Paris, 25 janv. 1965 JCP G 1965.IV.47.

[407] CA Paris, 28 janv. 1957 ; JCP 1958. II. 10416.

provoquer la guérison, d'invoquer la bonté divine, en priant mentalement avec le malade, devant des images pieuses, sans employer de formules particulières, sans procéder à aucun examen, ni prescrire aucune thérapeutique[408]. Ces deux dernières décisions paraissent néanmoins à la limite de l'orthodoxie[409].

488- En France, l'activité de radiesthésiste est libre. Il ne leur est pas défendu, même sans diplôme, de prêter leur concours aux médecins, et ceux-ci peuvent recourir aux services d'un radiesthésiste. Toutefois, ils ne peuvent sortir de leur rôle de simples informateurs, ni empiéter sur les attributions du médecin en tirant de leurs constatations un diagnostic ou des prescriptions ayant pour but de faire régresser le mal et d'entraîner la guérison. L'examen radiesthésique n'échappe donc à la sanction pénale qu'à condition de rester un complément, un adjuvant de l'examen médical et d'être soumis directement au médecin, afin que celui-ci puisse seul et sous sa responsabilité se servir des indications fournies par cet examen[410].

489- Par ailleurs, il a été jugé qu'il importe peu, pour que le délit d'exercice illégal de la médecine soit constitué, qu'un traitement, consistant en la transmission au malade d'un prétendu fluide magnétique, ne soit pas une thérapeutique scientifiquement reconnue et que son efficacité soit mise en doute par des autorités médicales, les termes généraux de l'article L 372 du Code de la santé publique français prohibant tous les procédés réels ou imaginaires, utilisés par un non-médecin. L'infraction est caractérisée par la prescription de traitement et non par ses résultats ; il importe dès lors peu de savoir si le radiesthésiste guérit le malade ou soulage seulement sa douleur, s'il fait disparaître ou atténue les effets perceptibles de la maladie sans en supprimer la cause et si le traitement magnétique est curatif ou anesthésique[411].

490- Ainsi l'examen complet des radiations émanant des différents organes d'un malade, effectué par un radiesthésiste, afin de déterminer exactement l'organe malade, la nature et les causes de la maladie, constitue l'établissement d'un diagnostic. La recherche des remèdes appropriés tant au moyen d'une baguette que de remèdes témoins, puis leur prescription, constituent un traitement[412]. L'emploi de la suggestion pour une fin curative constitue un procédé de guérison réservé par la loi aux seuls médecins. L'hypnothérapie ne peut être appliqué que par un médecin ou sur son ordre

---

408 Trib. corr. Dunkerque, 7 juill. 1950 ; GP 1950, 2, p. 153.
409 Cass. crim., 3 déc. 1953, GP 1954.I.42 ; 30 mars 1954, JCP G 1954.II.8212.
410 Trib. corr. Lille, 4 avril 1950 GP 1950, 2, p. 17.
411 CA Paris, 14 déc. 1961, D. 1962, somm. p. 92.
412 Cass. crim. 19 mars 1953, D. 1953 p. 664 ; 30 mars 1954 D. 1954, jurisp. p. 351 note Gollety ; CA Paris, 25 mars 1952, D. 1953 jurisp. p. 23 ; CA Orléans, ch.corr., 3 mai 1993, Juris-Data n° 051433 ; CA Rouen, ch. corr., 27 sept. 1995, Juris-Data n°053508.

précis et, sous son contrôle et sous sa responsabilité, et le fait par celui qui, d'une manière habituelle et suivie et sans être diplômé traite des malades par suggestion, de se faire assister d'un médecin, laisse subsister le délit, lorsqu'il semble bien que l'inculpé n'a eu, en s'adjoignant un homme de l'art, d'autre but que se mettre à, l'abri des poursuites[413].

491- D'après la jurisprudence, le fait par un individu non diplômé, de se livrer, en vue de guérir les maladies, à certaines pratiques de spiritisme, ne constitue pas, à lui seul, l'exercice illégal de la médecine ; il en est autrement lorsqu'à ce fait se joignent des actes, des interventions, telles que des frictions, des attouchements sur les membres ou organes malades, des pressions sur le corps vêtu ou dévêtu, des massages, des insufflations sur le siège du mal et des passes magnétiques[414].

492- Constitue l'exercice illégal de la médecine, un mode de traitement tendant à la guérison ou à l'atténuation d'un état de malaise ou de maladie. Commet ainsi ce délit, celui qui ordonne de façon habituelle des tisanes diverses dont il varie parfois la formule suivant les effets à obtenir, alors même qu'il n'exige jamais une somme quelconque des malades, laissant ceux-ci libres de déposer dans une coupe placée en évidence telle somme d'argent, selon leurs ressources ou leur générosité[415]. De la même manière, commet le délit d'exercice illégal de la médecine, le rebouteux qui, sans réduction préalable d'une fracture, avait apposé des attelles ayant amené chez le blessé la formation d'une cal défectueuse et entraîné une opération chirurgicale ultérieure grave[416].

493- À l'issue de cette analyse, l'extrême sévérité de la jurisprudence française vis-à-vis des illégaux est parfaitement établie. Il faut à présent démontrer de la jurisprudence camerounaise qui ne réprime pas l'exercice illégal de la médecine par les tradipraticiens ; doit-on considérer qu'il s'agit d'une matière non contentieuse ?

B- L'EMBARRAS DU JUGE CAMEROUNAIS

494- Les différentes recherches effectuées dans les greffes des tribunaux et cours d'appel se sont avérées infructueuses ; en effet, nous n'avons trouvé aucune décision rendant le guérisseur traditionnel passible du délit d'exercice illégal de la médecine. Que faut-il en conclure ? Les actes dommageables du tradipraticien sont généralement réprimés par

---

[413] CA Paris, 7 juin 1937, DH 1937, jurisp. p. 445.

[414] Cass. crim., 16 déc. 1922, Bull. crim. 423.

[415] T. corr.Toulouse, 30 juin 1934, DH 1934, p. 535 ; *Cf.* aussi J. LARGUIER, « Le juge et le sorcier », JCP G 1967.I.2055.

[416] Cass. crim. 27 fév. 1984, D. 1985, p.367, obs. Penneau. CA Paris, 20 mars 1985, D. 1985 p. 402 obs. J. Penneau

l'application de l'article 251 du Code pénal[417] qui apparaît comme véritable roue de secours pour juges singulièrement hésitants et indécis en leur for intérieur qui retiennent le délit de l'article 251 même lorsqu'une qualification plus grave paraît juridiquement réalisée.

495- À titre d'illustration, citons le procès d'un « nganga »[418] raconté par E. DE ROSNY. Pour se faire une idée exacte de l'intérêt du jugement du tribunal de première instance de Douala, la logique commande de reprendre les faits tels que relatés par l'auteur : le prévenu, guérisseur de son état, est accusé par un client de pratiques de sorcellerie et traduit devant le juge. Le procureur, dans son réquisitoire, le déclare coupable de deux chefs d'accusation : escroquerie et sorcellerie. Cependant en l'absence de preuve, décide que l'infraction d'escroquerie n'est constituée. En revanche, il y a pratique de sorcellerie. Le Code exige un emprisonnement d'une durée minimale de deux ans, et une amende pouvant s'élever jusqu'à 100 000 francs CFA. « *Le procureur marque un temps, puis il énumère les circonstances atténuantes relevées par la défense, et demande que la peine ne soit que de trois mois de prison avec sursis et l'amende de 25 000 francs* ». L'avocat de la défense dans sa plaidoirie s'indigne de la situation de notre pays qui condamne un homme dont le métier est de soigner. « *Cet homme n'est pas un escroc ni un sorcier. Or le Code assimile sorcier et escroc. Dans les deux articles 251 et 318 on retrouve les mêmes expressions pour désigner aussi bien la sorcellerie que l'escroquerie : « celui qui se livre à des pratiques susceptibles de porter atteinte à la fortune d'autrui ». S'il n'y a pas escroquerie, il n'y a donc pas sorcellerie. Mais quelle est donc cette loi qui ne distingue pas entre sorcier et guérisseur ? Dans cette ville, vous trouvez tel médecin européen qui, fort de son*

[417] L'article 251 du Code pénal, punit d'un emprisonnement de deux à dix et d'une amende de 5 000 à 100.000 francs celui qui se livre à des pratiques de sorcellerie, magie ou divination susceptibles de troubler l'ordre ou la tranquillité publics, ou de porter atteinte aux personnes, aux biens ou à la fortune d'autrui même sous forme de rétribution.
Le législateur a érigé la sorcellerie en infraction sui generis, du moins tant qu'il n'y a pas de conséquences dommageables pour la santé ou la fortune d'autrui. Dans cette dernière hypothèse, ces pratiques changent alors de qualification et deviennent une circonstance aggravante des infractions portant atteinte à l'intégrité physique. Il en est ainsi du crime de coups mortels (art. 278 al. 2) et du délit des coups avec blessures graves (art.279 al. 2) qui devient un crime lorsque les blessures résultent de la pratique de sorcellerie. Et lorsqu'il y a remise d'une chose à la suite de ces procédés, l'escroquerie sera aussi réalisée.
On constate que le législateur, dans un souci de lutte contre certains agissements liés à la mentalité traditionnelle, a choisi une formule volontairement large. En effet, la formulation de cet article ne facilite pas son interprétation. Si on peut admettre qu'« a priori », les actes de magie ou de sorcellerie pratiqués par un charlatan sont en fait le prétexte à des activités par ailleurs réprimées (escroquerie...), peut-on en dire de même du guérisseur traditionnel dont l'intervention est d'un intérêt indéniable. Si l'on considère l'article 251 comme un délit obstacle, ce texte est dangereux en ce sens qu'il risque de soumettre au même opprobre l'escroc et l'honnête guérisseur.

[418] Ce mot signifie guérisseur ou tradipraticien en langue Douala.

expérience des traitements traditionnels en Indochine, a compris l'utilité de chercher le conseil de nos guérisseurs. Notre jurisprudence est à revoir en la matière »[419]. Le tradipraticien sera purement et simplement relaxé. Aucune charge n'ayant été retenue contre lui sinon celle de l'exercice illégal de la médecine. Et l'auteur prend soin de mentionner que comme cette dernière accusation n'a même pas été prise en considération par le juge, il se donne le droit de lui conseiller de reprendre sa fonction de guérisseur.

496- On conçoit que le sort des juges saisis de poursuites contre les guérisseurs ne soit guère enviable. On observe comme un désarroi de la jurisprudence face à l'incrimination de l'exercice illégal de la médecine. À constater la médiocrité des condamnations habituellement prononcées, on se rend compte que les juges ne s'aventurent qu'avec beaucoup de prudence sur ce terrain mouvant. Et il faut dire que le législateur n'a rien fait pour faciliter leur tâche. L'article 16 de la loi n° 90/36 du 10 août 1990 portant organisation de la profession médicale dispose : « *toute personne non habilitée qui prend part habituellement ou par direction suivie à l'établissement de diagnostic ou aux traitements d'affection par actes personnels* ». L'équivoque apparaît immédiatement. Qui est-ce que le législateur a voulu sanctionner exactement ? S'est-il attaché à protéger les médecins contre une éventuelle concurrence illicite, en admettant plus ou moins implicitement l'existence possible de thérapeutiques parascientifiques efficaces, ou a-t-il eu d'abord le souci de protéger la santé publique contre les ravages de l'incompétence des usurpateurs de titre de médecin ? Comment comprendre, si le législateur s'était soucié de défendre les malades contre les guérisseurs, que ces faits soient punis beaucoup moins sévèrement que ceux prévus par l'article 318 du Code pénal[420] ?

497- En dépit de la réglementation de l'exercice illégal de la médecine, son application aux tradipraticiens semble se heurter à un certain nombre d'obstacles.

---

[419] *Cf.* E. *De Rosny, Les yeux de ma chèvre*, Ed. Plon 1981, p. 147 et s.

[420] L'article 17 de la loi n° 90/036 du 10 août 1990 régissant la profession de médecine dispose « toute personne reconnue coupable d'exercice illégal de la profession de médecine est passive d'un emprisonnement de six jours à six mois et d'une amende de 200.000 à 2.000.000 francs ou de l'une de ces deux peines seulement. Tandis que l'article 318 nouveau du code pénal, punit d'un emprisonnement de cinq à dix ans et d'une amende de 100.000 à 1 million de francs celui qui porte atteinte à la fortune d'autrui par escroquerie. Dans le premier cas, le juge peut, suivant les circonstances prononcer seulement l'une des deux peines ; alors que dans la deuxième situation, les peines d'emprisonnement et d'amende sont cumulées.

SECTION 2 : LES OBSTACLES A L'ASSIMILATION DE L'ACTIVITÉ DU TRADIPRATICIEN A L'EXERCICE ILLÉGAL DE LA MÉDECINE

498- La complexité d'un système qui ne réprime pas l'exercice de la médecine par les « personnes non habilitées », c'est-à-dire dépourvues de titre comme les tradipraticiens, et qui de surcroît, leur accorde des autorisations légales d'exercer en association, laisse apparaître un véritable décalage entre l'apparente sévérité de la loi et son exécution pratique (§1). Dès lors ne doit-on pas considérer que l'exercice de la médecine par les tradipraticiens se présente dans notre pays comme une matière non contentieuse ? L'impact social de l'activité du tradipraticien (§2), fournit les raisons de l'embarras constaté dans l'appréciation de l'exercice illégal de la médecine par les tradipraticiens.

§1. LE DÉCALAGE ENTRE LA RÈGLE POSÉE ET LA VOLONTÉ POLITIQUE AFFICHÉE

499- Le contrôle de la capacité des soignants avec pour corollaire la répression de l'exercice illégal de la médecine d'une part, la promotion et le développement de la médecine traditionnelle qui constitue un levier dans la résolution des problèmes sanitaires d'autre part, intéressent la santé publique. Aussi, le droit de poursuivre les tradipraticiens dans l'intérêt d'un public souffrant d'une carence de soins santé modernes et savants est critiquable. La considération de l'intérêt général (A), démontre que dans un tel contexte, le défaut de titre est un critère insuffisant (B).

A- LA CONSIDÉRATION DE L'INTÉRÊT GÉNÉRAL

500- La justification de la soumission de l'exercice de la médecine à la vérification préalable de la capacité du soignant se fonde à l'époque, sur la protection de la santé publique. Le corps des médecins voyait avec un mélange de colère, de crainte et de mépris, de simples mortels pénétrer dans le domaine de la médecine. Le législateur a ainsi opté pour un système préventif dans lequel il incrimine le fait d'accomplir sans être habilité, des actes relevant de la médecine. L'argument des médecins pour motiver les poursuites était basé sur l'intérêt général de la santé que seuls leurs principes pouvaient conserver. Or on découvre néanmoins que derrière ces nobles et louables sentiments, se cachait aussi un intérêt pécuniaire.

501- L'ambiguïté résulte de la survivance de textes contradictoires et incohérents, qui cherchent tout autant à préserver le monopole de la profession médicale qu'à promouvoir la médecine traditionnelle[421]. Le droit pénal a essentiellement pour but d'assurer par des sanctions spécifiques, la protection des valeurs et intérêts que la société estime digne d'une attention particulière. Et c'est en réaction contre la démesure et la limitation arbitraire des libertés individuelles que l'article 5 de la Déclaration des droits de l'homme et du citoyen s'élève[422].

502- Dès lors en fondant aussi leurs pratiques ancestrales sur l'utilité publique, les tradipraticiens, soignants non titrés, s'attaquent au fondement même de l'exercice illégal de la médecine, contournant ainsi le critère formaliste de l'absence de diplôme. Le recours à la répression comme solution aux conflits « monopolistique » constitue non seulement une atteinte injustifiée aux libertés individuelles, mais également, une atteinte à la liberté de commerce et de l'industrie.

503- La science médicale n'étant pas à même de guérir l'ensemble des maux dont l'homme peut être affecté, il convient de ne pas négliger complètement les remèdes inventés et expérimentés par les tradipaticiens. L'intérêt de la médecine pour ces nouveaux remèdes, quand bien même ils ne seraient pas issus du monde médical officiel relève également de l'utilité publique. Et puisque la loi interdisant l'exercice de la médecine à des non-diplômés a été édictée dans un souci d'amélioration de la santé du public, la « permission » qui leur est accordée contribue également à l'amélioration de la santé des malades.

504- Une analyse des attitudes des pouvoirs publics montre que les activités du tradipraticien ne sont pas aussi nuisibles (1) à la société que pourraient le laisser entendre les textes instituant le délit d'exercice illégal de la médecine et qu'en outre, ses soins sont d'une grande accessibilité (2).

1- La faible nuisance de l'activité du tradipraticien

505- Le maintien en vigueur de l'art 16 de la loi organisant la profession médicale, constitue un détournement de la loi pénale au profit des privilèges des corporations concernées et par conséquent une atteinte injustifiée aux droits de l'homme. La dangerosité et la nuisance constituent les critères décisifs des incriminations et des sanctions[423]. Pour éviter que l'appréciation

---

[421] Le Cameroun a ratifié la Déclaration d'Alma-Ata, qui recommande l'intégration de la médecine traditionnelle dans les soins de santé primaires. Il a créé au sein du Ministère de la Santé publique une section de Médecine traditionnelle et a créé un institut de recherche sur les plantes médicinales. Avec la promulgation de la loi sur la liberté des associations, les tradipraticiens sont désormais autorisés à exercer en association après déclaration préalable à la préfecture territorialement compétente. Cette déclaration confère à leur groupement une personnalité juridique.

[422] Elle dispose en effet que la loi n'a le droit de défendre que ce qui est nuisible à la santé ».

[423] « La véritable mesure des délits c'est le dommage qu'ils causent à la société », *Cf.* C. BECCARIA, Traité op. cit. p. 113.

du caractère nuisible d'un comportement ne débouche sur une limitation arbitraire des libertés individuelles, la Déclaration des Droits de l'Homme a retenu le principe selon lequel, cette nuisance doit être appréciée en fonction de l'intérêt général. L'objectif du droit criminel est de protéger certaines valeurs et intérêts sociaux contre certains dangers. Son élaboration incite donc à la modération chaque fois que les menaces s'estompent. Cependant, c'est paradoxalement une situation contraire que nous constatons. En effet, l'analyse de l'attitude des pouvoirs publics et même de la société tout entière montre que l'activité du tradipraticien n'est pas aussi nuisible que laisse entendre l'article 16 ; dès lors le législateur doit s'interroger sur l'opportunité et la nécessité de cette loi.

506- Le principe de l'opportunité des incriminations découle du caractère même du Droit pénal qui voudrait qu'on n'y fasse recours que quand la situation à réguler est suffisamment grave et que les autres disciplines juridiques n'offrent pas de solutions satisfaisantes. Il s'agit donc de l'obligation d'apprécier l'adéquation entre le recours à l'incrimination et la gravité du sentiment d'insécurité qu'inspire un comportement[424]. Il est en fait question d'écarter dès que nécessaire, l'irrationalité des incriminations[425], qui détourne parfois le droit pénal de son but essentiel qui est la protection de l'intérêt général et partant du principe posé par l'article 5 de la Déclaration des Droits de l'Homme, selon lequel la loi n'a le droit de défendre que les actions nuisibles à la société, une prudence s'impose au législateur camerounais dans le tri des comportements à incriminer.

507- En nous référant au droit français, on constate que le droit pénal de l'ancien régime s'est construit autour des intérêts particuliers qui ne coïncidaient généralement pas avec l'intérêt général. D'où le poids très important de la pression de certains groupes politiquement plus puissants, tel que les multiples corporations existantes à l'époque, pour aboutir à la rédaction des textes à leur profit. C'est pour remédier à cette situation que Beccaria écrira que « *les lois les plus sages ont pour but naturel d'étendre à tous les hommes les avantages de l'existence et de combattre tout ce qui tend à les concentrer sur un petit nombre et à accumuler d'un côté la puissance et le bonheur, et de l'autre la faiblesse et la misère* »[426]. Mettant l'intérêt général en avant, il convient de rompre avec un système fondé principalement sur la protection des intérêts des médecins.

508- C'est la même idée qu'exprime M. Delmas-Marty qui dit que « *mieux vaut prendre le pari que l'injustice et l'inégalité ne sont pas de l'essence du droit pénal et qu'il est possible - souhaitable – de faire un tri,*

---

[424] *Cf.* H. « Lagrange, Appréhension et préoccupation sécuritaire, Déviance et Société », 1992 V.16 n°1, p.1.

[425] *Cf.* J.P. Delmas Saint Hilaire, cours DPG 4è leçons IV-5 et s.

[426] *Cf.* BECCARIA op.cit

quelle que soit la catégorie sociale des délinquants, entre ce qu'il est utile et juste de punir, et le reste »[427]. Il convient donc de rechercher le juste équilibre entre la gravité des infractions et la gravité des peines, afin d'éviter que la sanction édictée ne soit disproportionnée par rapport au fait incriminé. C'est dans le but de mettre fin à certaines lois arbitraires qui caractérisaient l'ancien droit français, que nous avons hérité, que les constituants ont adopté une méthode indirecte qui a consisté en l'affirmation des libertés, entraînant par voie de conséquence, la dépénalisation de certains comportements incriminés sous l'influence des groupes politiquement dominants. En ce sens nous pouvons souligner le cas des atteintes à l'ordre religieux qui furent dépénalisées à travers la liberté de croyance, et des atteintes aux privilèges qui furent dépénalisés à travers la liberté d'entreprise.

509- L'utilisation du droit pénal à des fins politiques a pour conséquence la légifération pour résoudre chaque problème que les gouvernants jugent important. Ainsi outre l'intervention « autonome », c'est-à-dire les cas où le droit pénal sanctionne l'atteinte à une valeur sociale ou morale en tant que telle, l'aspect « sanctionnateur » est particulièrement important dans la politique pénale camerounaise[428]. L'autre domaine d'intervention du droit pénal sanctionnateur concerne plus largement ce que M. DELMAS-MARTY appelle « *le droit pénal bureaucratique, celui qui s'élabore dans l'obscurité des bureaux ministériels* »[429]. Il est en effet notable que pour donner une plus grande coloration morale aux mesures législatives établissant les grandes orientations de leurs politiques respectives, toutes les administrations assortissent leurs textes de sanctions pénales. Rares sont les domaines sociaux, économiques, etc., qui échappent encore à une réglementation sanctionnée pénalement. Il s'en suit une véritable prolifération de textes pénaux de nature à dévaloriser le droit pénal, qui perd son caractère exceptionnel et n'apparaît plus véritablement comme « l'ultima ratio ». Le risque devient grand que, pour atténuer les effets négatifs de cette situation, l'accent soit mis sur le caractère exceptionnel que doit avoir la répression, et non sur la législation.

Par ailleurs, l'une des principales motivations du public à recourir au tradipraticien plutôt qu'au médecin réside dans sa très grande accessibilité.

2- L'accessibilité des tradipraticiens

510- La grande accessibilité des pratiques du tradipraticien semble souvent emporter l'opinion favorable des juges à leur égard. Pour autant, la gratuité ou son faible coût ne sauraient tout excuser. L'accessibilité, loin de

---

[427] *Cf.* M. DELMAS-MARTY, « Code pénal d'hier, droit pénal d'aujourd'hui, matière pénale de demain » D.1986, chron IV, P27

[428] Cette forme d'intervention trouve son terrain de prédilection dans les domaines où le droit se trouve en conflit avec la tradition.

[429] *Cf.* M. DELMAS-MARTY, *Le flou du droit*, PUF, paris, 1986, p. 44.

constituer une excuse absolutoire en matière d'exercice illégal de la médecine, apparaît comme un argument de nature à fléchir la sévérité des juges. En revanche, elle apparaît nécessaire pour justifier une pratique considérée comme relevant de l'utilité publique[430]. Le fait de donner gratuitement ou de vendre à faible coût, des remèdes ayant des vertus avérées constitue peut-être une bonne manière de soigner susceptible d'entraîner la clémence des juges à l'égard des tradipraticiens.

511- Cette forme de médecine est adaptée aux besoins des populations démunies du fait de la simplicité des préparations et de la faiblesse de son coût. La réflexion sur la santé dans les pays en voie de développement témoigne d'une véritable réflexion juridique tendant à ne pas conférer une trop grande importance à l'absence de droit et à faire émerger un critère de l'exercice illégal de la médecine se souciant plus de la manière de soigner que de l'absence de diplôme. L'enjeu de la définition de l'infraction ne doit plus reposer sur une simple question de monopole. Dès lors, le défaut du titre du tradipraticien se révèle être un critère insuffisant pour le rendre passible du délit d'exercice illégal de la médecine.

B- LE DÉFAUT DE TITRE : CRITÈRE INSUFFISANT

512- Face à l'apparente contradiction entre la loi et sa pratique, la possession du diplôme devient une notion toute relative, à tel point qu'il est difficile de la considérer comme le seul apte à permettre l'exercice de la médecine. Le diplôme n'est plus l'unique critère de l'aptitude à exercer. Sa possession est une condition nécessaire mais non suffisante. Cette relativisation de la valeur du titre permet l'exercice de la médecine par les tradipraticiens. Certes la nécessité du diplôme n'est pas remise en cause ; mais il convient d'user d'une certaine latitude dans les conditions d'exercice de la médecine en s'affranchissant d'une loi archaïque. Ce texte était plus dominé par un esprit corporatiste que par le souci de réprimer l'exercice illégal de la médecine c'est pourquoi nous estimons que l'argument de l'intérêt général doit permettre de s'affranchir d'un texte destiné à protéger des intérêts privés. Les pouvoirs publics tendent à généraliser la législation de l'art de guérir à tous les acteurs potentiels ; sans aller jusqu'à détruire la nécessité du diplôme, les pouvoirs publics contribuent à l'idée d'une certaine relativité du titre qui donne le droit d'exercer la médecine aux tradipraticiens[431] et non pas à tout autre usurpateur.

---

[430] *Cf.* article de la Déclaration universelle des droits de l'homme selon le lequel la loi n'a le droit de défendre que les actions nuisibles à la société. *Cf.* aussi, C. BECARIA op. cit. p. 51.

[431] Ceci conformément à la Déclaration d'Alma-Ata qui dispose que les soins de santé primaire font appel tant à l'échelon local qu'à celui des services de recours, aux personnels de santé : médecins, infirmiers, sages femmes, auxiliaires et agents communautaires, selon le cas, ainsi que, s'il y a lieu, aux praticiens traditionnels socialement et techniquement

513- Si l'intérêt du corps des savants réside essentiellement dans la défense du diplôme auquel est attaché le droit d'exercer, le public souffrant a lui, intérêt à la dépréciation de ce critère chaque fois qu'elle pourrait permettre d'augmenter quantitativement le personnel médical. Ainsi sans remettre en cause le diplôme, l'appartenance à un corps de tradipraticiens doit permettre d'exercer l'art de guérir. Cette remise en question semble plus nette lorsqu'on analyse l'impact social de l'activité du guérisseur.

§2. L'IMPACT SOCIAL DE L'ACTIVITÉ DU TRADIPRATICIEN

514- Il s'agit en fait d'analyser l'impact social de la loi et des décisions de justice à travers l'opinion des consommateurs de cette forme de médecine. Une appréhension nette et précise de l'évolution des mentalités en faveur de la médecine traditionnelle[432] conforte les consommateurs dans une attitude légitimante de cette forme de médecine et constitue à n'en point douter comme une forme d'approbation sociale (A). En outre la reconnaissance officielle implicite de l'activité des tradipraticiens (B), démontre qu'elle se situe désormais en dehors du champ d'application du délit d'exercice illégal de la médecine.

A- L'APPROBATION SOCIALE DE L'ACTIVITÉ DES TRADIPRATICIENS

515- La question qui nous vient d'emblée à l'esprit est celle de savoir si l'activité des tradipraticiens, et qui intéresse la majorité des consommateurs, a jamais constitué un réel danger pour la santé publique dans un contexte comme le nôtre ? En effet, ce n'est que dans un contexte comme le nôtre que doivent s'évaluer le véritable impact de la médecine traditionnelle et sa légitimité sociale.

516- Il faut considérer que cette forme de médecine a toujours existé ; mais qu'elle occupe une place rendue libre par la crise de la médecine. L'occupation de cette place signifie seulement que l'activité du tradipraticien se réinvestit socialement dans un rôle qui a toujours été le sien. Le public ne semble pas prêt à retirer sa confiance et cette légitimation sociale pèse de tout son poids dans le débat. Une analyse attentive montre que cette forme de médecine est créditée par l'opinion, de plusieurs des qualités dont les principales sont les suivantes : elle donne la parole au patient en investissant sur son capital d'autothérapie, et restaure sa place dans la gestion de son

---

préparés à travailler en équipe et à répondre aux besoins de santé exprimés par la collectivité.

[432] Il importe de relever que la population n'a jamais cessé d'avoir recours aux tradipraticiens. L'évolution des mentalités dont il est question ici, est d'une part, celle des organisations internationales, notamment l'OMS et d'autre part celle des pouvoirs publics à travers les diverses mesures légales prises en faveur de la médecine traditionnelle.

mal[433]. Elle replace l'événement pathologique dans l'histoire de vie du paient et l'interprète à partir d'une vision d'ensemble ; elle considère le symptôme comme l'expression localisée d'un désordre plus large. En retour, le traitement vise autant à favoriser un rééquilibrage ou un renforcement général qu'à remédier directement au mal ressenti. Elle ne met en jeu que des moyens thérapeutiques à faible coût et faible risque. Si l'on excepte la phytothérapie qui a parfois recours à des préparations non dénuées de danger ; cette médecine est remarquablement économe à tout point de vue. Étant donné qu'elle entre en compétition avec des pratiques médicales souvent fort coûteuses et largement plus dangereuses.

517- Ce sont là quelques-uns des arguments les plus généralement avancés pour justifier de l'indiscutable place qu'a prise la médecine traditionnelle dans l'opinion, y compris dans l'opinion médicale certes la légitimation sociale ne relève pas du registre scientifique, mais peu importe. Dans le contexte africain et notamment camerounais, l'interdiction de l'exercice de la médecine traditionnelle par les tradipraticiens est à exclure. L'insuffisance de systèmes sanitaires modernes oblige les pouvoirs publics à accorder, un certain intérêt à cette activité, suivant en cela les recommandations de l'O.M.S.

518- En effet dans son rapport[434], l'Organisation mondiale de la Santé recommande le recours aux tradipraticiens, herboristes et accoucheuses traditionnelles pour pallier les carences des systèmes sanitaires officiels. Cette recommandation fut réitérée à travers une résolution de l'Assemblée mondiale de la santé portant « Médecine traditionnelle et soins de santé modernes » qui invite les États membres :

- à intensifier les activités conduisant à une collaboration entre les tradipraticiens de santé et les médecins, notamment en ce qui concerne l'utilisation de remèdes traditionnels sûrs et dont l'efficacité est scientifiquement prouvée pour réduire les dépenses sanitaires nationales ;

- à introduire des mesures visant à réglementer et à contrôler les méthodes d'acupuncture.

519- Il est démontré aujourd'hui que les mesures de restriction et de protection à outrance du système de santé officiel, feraient plus de mal que de bien en matière de santé publique. Peut-on encore considérer aujourd'hui que les tradipraticiens exercent illégalement la médecine ? Peut-on encore justifier la répression de l'exercice illégal de la médecine par la nécessité de protéger la population contre sa propre crédulité ? Une telle explication qui a pu être soutenable lors de l'introduction de la médecine moderne dans notre

---

[433] *Cf.* Karl Laske, *Exercice illégal de la médecine : un diagnostic difficile*, Autrement, n° 85 décembre 1986.

[434] *Cf.* Résolution WHA 44.34 du 16 mai 1991, R.I.L.S., 1991, 42(3), p.641-642.

pays à l'époque coloniale ne résiste plus aux critiques. Ainsi le délit d'exercice illégal de la médecine est désormais invoqué dans un contexte différent. Il s'agit d'une activité qui s'appuie sur les recommandations des organismes internationaux tels que l'OMS, sur la reconnaissance de cette activité par les pouvoirs publics à travers la création au sein du ministère de la Santé publique d'un service de médecine traditionnelle et sur le début d'organisation de cette activité par la loi du 19 décembre 1990[435]. La prise en compte de cette évolution de mentalité ne fait pas de doute. Dès lors, l'indépendance de la profession est garantie par les textes internationaux ratifiés par le Cameroun. Généralement, l'argument majeur invoqué pour rejeter la médecine traditionnelle est sa non-scientificité avec pour conséquence l'incapacité des consommateurs à apprécier la qualité des soins[436]. Cet argument non plus ne résiste plus aux critiques.

520- Le constat fait ces dernières années montre que la clientèle de cette forme de médecine a beaucoup changé. Les patients atteints de maladie grave, quel que soit leurs rangs sociaux, n'hésitent plus à s'adresser aux tradipraticiens. En outre le regard du corps médical sur cette forme de médecine évolue considérablement. Un ministre de la santé publique, médecin de formation a vivement recommandé la collaboration entre les médecins et les tradipraticiens en permettant à ceux-ci de pouvoir consulter dans les milieux hospitaliers publics[437].

521- Tous ces arguments confirment la reconnaissance de la médecine traditionnelle par les pouvoirs publics et sa légitimation sociale par les consommateurs, et expliquent pourquoi les problèmes juridiques soulevés par l'exercice de la médecine traditionnelle appellent des solutions autres que la condamnation pour exercice illégal de la médecine.

B- LA RECONNAISSANCE OFFICIELLE IMPLICITE DE L'ACTIVITÉ DES TRADIPRATICIENS

522- La loi réprimant l'exercice illégal de la médecine est restée d'application théorique. En effet il importe de préciser qu'il n'existe aucune jurisprudence condamnant effectivement les tradipraticiens pour délit d'exercice illégal de la médecine. Il est évident, note M. Salifou DEMBELE, que « *dans les régions où la structure complexe et onéreuse de la médecine moderne n'est pas en mesure de satisfaire les besoins sanitaires des populations, les interdictions frappant l'exercice de la médecine par les tradipraticiens sont peu réalistes* ». La loi en effet est impuissante à freiner

---

[435] *Cf.* Loi n° 90-53 du 19 décembre 1990 portant sur la liberté d'association.

[436] *Cf.* S. Dembélé op. cit.

[437] Citons par exemple le cas de M. EVINA, tradipraticien, que nous avons rencontré lors de nos enquêtes sur le terrain, et qui dispose d'une salle de consultation à l'hôpital central de Yaoundé où il reçoit effectivement des malades tous les jours.

le commerce quotidien des guérisseurs[438]. L'approche pragmatique de l'exercice de la médecine par les tradipraticiens doit conduire le législateur à définir de manière précise le cadre d'application de la loi sur l'exercice de la médecine. L'effet de cette législation est quasi inexistant. À côté de celle-ci, il existe un certain nombre de textes différents sur la médecine traditionnelle.

523- Quoi qu'il en soit, les activités des tradipraticiens sont approuvées par l'habitude et l'usage et leur regroupement dans des associations relevant du régime de la déclaration, contribue à ce qu'ils échappent à la législation sur l'exercice illégal de la médecine. Par là tout permet de penser qu'ils acquièrent petit à petit un statut particulier au sein de « l'ordre médical ». Il est également permis de penser qu'entre surveiller ou punir, il est clair que les autorités publiques ont fait un choix sur le critère de l'exercice illégal de la médecine préférant l'appréciation de la manière de soigner des bons guérisseurs pour les intégrer dans l'ordre médical.

524- Au terme de cette étude, il apparaît qu'au-delà du défaut du titre, il faut utiliser un critère complémentaire pour appréhender la notion d'exercice illégal de la médecine. D'abord le fait que les tradipraticiens n'aient que peu été poursuivis, qu'ils aient été jugés avec indulgence, et qu'enfin, ils se soient vus accorder l'autorisation de se regrouper en association mérite l'attention. L'association apparaît comme le cadre organisationnel officiel qui permet aux tradipraticiens d'exercer leur art. Dès lors le délit d'exercice illégal de la médecine apparaît comme une incrimination inadaptée du moins relativement à son application aux tradipraticiens[439]. Les juges se heurtent probablement à un cas de conscience : comment condamner un thérapeute qui soulage son prochain qui plus est jouit d'une certaine reconnaisse ?

525- L'intérêt général ne peut plus justifier à lui seul le maintien d'un monopole inefficace. Cette protection dans un contexte comme le nôtre est critiquable. Une telle conception pourrait se concevoir si les guérisseurs faisaient la même chose que les médecins. Tel serait par exemple le cas d'un autodidacte qui, ayant lu des précis d'anatomie, prendrait des responsabilités opératoires. L'immense majorité des guérisseurs, bien au contraire, tourne résolument le dos aux prescriptions orthodoxes. L'abrogation de l'article 16 de la loi n° 90/036 du 10 août 1990, ou du moins la précision des personnes concernées par celle-ci s'impose, car elle permettra de lever bien des ambiguïtés. La jurisprudence pourra utiliser contre les guérisseurs, les peines de l'article 318 du Code pénal, qui punit l'escroquerie. Son abrogation n'entraînera pas non plus l'impunité des guérisseurs qui auront soit causé la mort, soit un dommage corporel. Les articles du Code pénal punissant l'homicide et les blessures involontaires s'appliqueront bien dans ces cas.

---

[438] S. DEMBELE, op. cit.

[439] *Cf.* supra, p. 494, n° 405.

526- Nous pensons que seuls doivent être passibles des peines d'exercice illégal de la médecine, les usurpateurs du titre de docteur en médecine[440] et ceux contre lesquels un malade lésé dans sa santé porterait plainte. L'élimination du charlatanisme se fera ainsi d'elle-même dans une large mesure. Nous pensons également qu'un régime de liberté explicite ne fera que légaliser ce que tout le monde fait et supprimera de ce fait une forme artificielle de délinquance. Ce que toute bonne politique criminelle commande ; car les lois sont faites pour être obéies ou abrogées[441]. La victime d'un acte dommageable du tradipraticien a la faculté d'exercer son action aussi bien devant le juge pénal que devant le juge civil. La mise en œuvre de la responsabilité du tradipraticien est possible dès que la faute présente le caractère d'une infraction d'imprudence, et que le délai de prescription n'est pas expiré.

[440] TGI Yaoundé, Jugement n° 129/68 du 20 juillet 1994 : Le prévenu se faisait passer pour médecin auprès de ses victimes et prescrivait des examens et des traitements médicaux. Le mis en cause produisait des documents émanant d'un tiers, sur lequel lui était faussement attribuée la qualité de docteur en médecine, et se faisait appeler « docteur ». Suite au décès de l'un des clients et de plusieurs affaires d'escroquerie, il sera enfin condamné pour faux usage de faux, usurpation de titre, escroquerie et activités dangereuses.

[441] Cf. A MELOR, *Le problème des guérisseurs*, Ed. La colombe, Paris 1958.

TITRE 2

LA MISE EN ŒUVRE DE LA RESPONSABILITÉ DU TRADIPRATICIEN

527- Dans toute société, il existe une idéologie de la responsabilité médicale fondée sur le droit à la guérison. Cette mutation s'effectue de plus en plus au sein de la médecine traditionnelle. Le patient loin de s'en remettre à la fatalité comme jadis, ne supporte plus de voir son mal s'aggraver, non du fait de l'évolution naturelle de la maladie, mais du fait du guérisseur qui lui aura administré des substances dangereuses par exemple[442].

528- La question qui se pose est celle de savoir dans quelle mesure le tradipraticien peut être déclaré responsable des dommages qu'il cause au patient ? La réponse à cette question passe nécessairement par la mise en évidence des conditions de la responsabilité civile personnelle du tradipraticien (chapitre 1) ; qui dès lors qu'elle est établie, a pour effet de contraindre son auteur à la réparation des dommages causés (chapitre 2).

[442] Trib. cor. Yaoundé 12 oct. 1970.

CHAPITRE 1

LES CONDITIONS DE LA RESPONSABILITÉ CIVILE PERSONNELLE DU TRADIPRATICIEN

529- À l'instar de toute activité humaine, l'exercice de la médecine traditionnelle peut être entaché de défaillances dont les répercussions seront plus ou moins dommageables pour le malade. Il est évident que les remèdes ne sont plus les « philtres magiques » dont l'efficacité était liée à l'action des forces mystiques et obscures. Si les plantes, les méthodes ou procédés de guérissage du tradipraticien permettent des guérisons, ils peuvent faciliter parfois aussi, la naissance incontrôlable du mal du fait des effets iatrogènes ou de la toxicité de certains médicaments.

530- Le tradipraticien de santé peut-il dans sa pratique quotidienne échapper à la justice ? En réalité la question fondamentale qu'il faut se poser est la suivante : existe-t-il réellement une médecine, quelle qu'elle soit dépourvue de risque ? En d'autres termes, la médecine traditionnelle est-elle un domaine particulier qui ne peut être compris que par les initiés ? La doctrine doit explorer sous ses diverses faces le problème du tradipraticien responsable[443]. Comment peut-on caractériser cette responsabilité ? Peut-on la considérer comme une responsabilité professionnelle ? C'est-à-dire d'une responsabilité qui frappe un homme pour les erreurs de conduite qu'il a commises dans l'exercice de sa profession ?

531- C'est dans ces questionnements que résident tout l'intérêt et aussi toute la difficulté de l'étude de la responsabilité des tradipraticiens. En effet lorsqu'une personne exerce une activité, quelle qu'elle soit, elle doit assumer des obligations auxquelles échappe le commun des hommes. Les questions qui se dégagent sont celles de savoir si on doit lui appliquer le droit commun de la responsabilité s'il n'exécute pas ses obligations ? Ou alors doit-on au contraire bâtir une théorie de la responsabilité professionnelle qui, compte tenu de la situation dans laquelle se trouve l'auteur du dommage, dérogera au droit commun de la responsabilité civile ? L'expression « responsabilité

443 La solution demeure encore incertaine, parce que les éléments qui permettent de la rechercher et de la discuter sont quasi inexistant pour donner corps à une théorie de la responsabilité civile du tradipraticien qui ne soit autre chose qu'une vue de l'esprit ou une anticipation hypothétique des solutions non acquises.

civile » ici, caractérise essentiellement celle du tradipraticien qui a commis une faute dans les soins qu'il donne à ses malades.

532- La cohérence du raisonnement passe également par de constantes références au droit médical classique. En effet, le législateur n'avait consacré ni expressément ni implicitement la deuxième hypothèse[444]. Face au mutisme du législateur quant à la responsabilité civile du médecin, la jurisprudence n'a eu que la ressource de se référer aux principes généraux de la responsabilité civile, tels qu'ils sont énoncés dans les articles 1382[445] et suivant du Code civil, pour la responsabilité délictuelle, 1137[446] et 1147[447] pour la responsabilité contractuelle[448]. Il a fallu attendre l'arrêt de la chambre civile du 20 mai 1936 pour que la Cour de cassation désavoue formellement cette argumentation erronée[449]. Cette décision dont l'importance est extrême dans l'élaboration de la théorie de la responsabilité du médecin pose trois principes :

- d'abord que le médecin fournit ses soins en vertu d'un contrat et ses obligations sont contractuelles,

- ensuite que la responsabilité que met en jeu leur inexécution a une nature semblable (c'est-à-dire contractuelle),

- et enfin, que l'étendue de l'obligation est autonome par rapport à la nature juridique des liens qui unissent le médecin au malade, puisque même lorsque les soins sont fournis en vertu d'un contrat, seule leur qualité compte, et non leur efficacité.

---

[444] Le code civil, ignore pour ainsi dire, totalement le médecin responsable. Son silence n'est d'ailleurs pas étonnant. Son attitude est conforme à l'esprit de la Déclaration des droits. Elle est édictée par le souci d'assurer l'égalité civile entre les hommes et l'abolition des distinctions sociales.

[445] Aux termes de l'article 1382 du Code civil, « Tout fait quelconque de l'homme, qui cause à autrui un dommage, oblige celui par la faute duquel il est arrivé à le réparer ».

[446] Cet article dispose en effet que « L'obligation de veiller à la conservation de la chose, soit que la convention n'ait pour objet que l'utilité de l'une des parties, soit qu'elle ait pour objet leur utilité commune, soumet celui qui en est chargé à y apporter tous les soins d'un bon père de famille ».

[447] D'après cet article, « Le débiteur est condamné, s'il y a lieu, au paiement de dommages et intérêts, soit à raison de l'inexécution de l'obligation, soit à raison du retard dans l'exécution, toutes les fois qu'il ne justifie pas que l'inexécution provient d'une cause étrangère qui ne peut lui être imputée, encore qu'il n'y ait aucune mauvaise foi de sa part ».

[448] La jurisprudence a longtemps laissé à la responsabilité médicale un régime incertain. Les juges, s'attachant à découvrir la faute par l'étude des circonstances de chaque espèce, lui concédait une nature délictuelle, sans se soucier de mesurer la portée du principe quant à l'étendue de l'obligation médicale ou l'organisation technique de l'action en réparation. La doctrine de l'époque n'avait pas manqué de relever l'illogisme de cette position qui méconnaissait l'existence d'un contrat médical né de l'échange de consentements du malade et du médecin.

[449] *Cf.* arrêt Mercier op.cit. ; D.P. 1936, I, 88. rapport JOSSERAND, concl. MATTER ; S. 1937, I, 321 note BRETON.

533- Dans quelle mesure peut-on appliquer ces principes au tradipraticien sans conduire à une déformation des règles du Code civil ? Ou alors, ces textes sont-ils trop généraux pour donner la solution des problèmes juridiques que peut poser la conduite d'un tradipraticien dont l'activité ou les agissements distinguent du commun des hommes ? Nous ne le pensons pas. Bien que cette forme de médecine présente des spécificités[450], elle ne nécessite pas pour autant un droit particulier. Cette activité nécessite simplement comme toute autre activité particulière, l'aménagement des règles générales. Certes le juge appelé à statuer sur un problème de responsabilité du tradipraticien doit tout en gardant l'esprit des textes, s'attacher à construire, en fonction des conditions particulières d'exercice de cette activité, l'ensemble des obligations auxquelles un tradipraticien doit nécessairement se soumettre. Ces conditions impliquent, on le conçoit aisément à la fois la prise en considération des aléas inhérents à tout art de soin, et surtout la protection de l'intégrité corporelle, ce bien infiniment précieux, dont la défense, par le patient est généralement dans ce domaine inopérante. Cependant la considération de cette activité est indispensable si on veut soustraire le tradipraticien soit à une immunité que rien ne justifie, soit à une responsabilité dont le poids serait sans mesure avec le rôle qu'il aura joué dans la réalisation du dommage. Nous pensons que les juges camerounais doivent innover en cette matière sans pour autant ébranler l'organisation technique que le Code donne à la théorie de responsabilité.

534- L'intérêt que nous accordons à la médecine traditionnelle ne doit pas occulter le fait qu'elle comporte des pratiques dangereuses et est susceptible de mettre en œuvre la responsabilité du tradipraticien. Les conditions de la responsabilité civile contractuelle du tradipraticien devraient présenter de nombreuses similitudes avec les conditions retenues dans la responsabilité médicale classique. En effet le contrat de soin conclu entre le praticien traditionnel avec les malades se rapproche, sous de multiples aspects, du contrat médical courant. Bien que la finalité soit la même, en l'occurrence guérir le malade, l'identité entre les deux relations est loin d'être parfaite, en raison d'une divergence essentielle d'approche. En effet, le contrat de soin étudié comporte une finalité thérapeutique directe pour les personnes qui s'y prêtent. Mais tous les actes pratiqués au titre de la médecine traditionnelle ne sont pas toujours fondés exclusivement sur la nécessité curative et personnelle sur laquelle repose le contrat médical classique[451].

---

[450] Envisagée du point de vue sociologique et idéologique, la profession médicale en général a avec le droit, un rapport tout à fait original et quelque peu ambigu.

[451] L'allusion est faite ici aux aspects irrationnels de contenus dans les actes de certains tradipraticien qui conduit au charlatanisme. A noter cependant que ces aspects irrationnels ne font pas l'objet de notre propos.

535- Bien que généralement susceptible de créer des dommages corporels moins graves qu'en médecine moderne, la responsabilité encourue par le tradipraticien devrait se révéler un peu plus rigoureuse[452] que ne l'est celle du médecin, en raison de l'impérieuse nécessité d'assainir cette activité. Les tradipraticiens doivent à leur malade des soins consciencieux ; pour ce faire, ils doivent dans le cadre de leurs associations, avoir à cœur de se former, de se recycler, de ne pas dépasser leur possibilité et surtout d'orienter le malade vers un médecin en cas de nécessité. Les règles de la responsabilité médicale classique et à travers elle, les règles de la responsabilité civile de droit commun devront faire l'objet d'une application particulière de manière à renforcer la protection des malades, à favoriser l'indemnisation des victimes des actes dommageables découlant de cette activité[453].

536- De toute évidence, la mauvaise exécution par le tradipraticien d'une obligation issue du contrat de soin peut causer un dommage relativement important à la personne malade. La responsabilité civile du tradipraticien ne peut être retenue que si l'existence d'un fait dommageable (Section 1), d'un dommage (Section 2) et d'un lien de causalité (Section 3) entre les deux est démontrée.

SECTION 1: LE FAIT DOMMAGEABLE

537- Le tradipraticien de santé dans ses rapports avec un malade peut commettre des fautes à deux points de vue : il peut commettre une faute en tant qu'homme, une faute que quiconque dans l'exercice da sa profession peut faire, une faute que l'on qualifie généralement de faute de droit commun[454]. Il peut aussi commettre une faute en tant que « professionnel » ou homme de l'art. Le caractère particulier de l'art de guérir en médecine traditionnelle incite à se demander si on peut placer sur le même plan le contractant ordinaire c'est-à-dire celui qui n'exécute pas ses obligations et le tradipraticien qui, par son intervention, cause à autrui un dommage. En principe toutes les fautes dommageables devraient engager la responsabilité du tradipraticien ; mais le problème se pose de savoir quand est-ce que le tradipraticien est réellement en faute ?

538- Le droit de la responsabilité pose le principe selon lequel le dommage doit être causé par la mauvaise exécution ou l'inexécution d'une

---

452 La rigueur de la loi et sa stricte application aux tradipraticiens responsables d'actes dommageables graves, telle que l'atteinte grave à l'intégrité corporelle d'un malade ou à ses biens, suscitera une prise de conscience de leur part et permettra surtout de faire le tri entre les vrais guérisseurs et les charlatans.

453 Du point de vue des praticiens traditionnels, l'application stricte des règles de la responsabilité à leur égard, entraînera une plus grande prise en considération des risques éventuels et aura par le fait même des répercussions sur leur assurabilité.

454 Tel par exemple l'inobservation d'une règle de prudence qui s'impose à tout être humain.

obligation à laquelle le débiteur était tenu au titre du contrat. En fait, la définition de l'inexécution contractuelle reste cependant difficile à établir. En effet, le praticien traditionnel, en qualité de débiteur contractuel, est responsable de la non réalisation de l'obligation convenue. La mise en évidence d'une telle inexécution, bien que difficile, se révèle nécessaire ; car le cas échéant, il ne saurait être question de retenir la responsabilité du tradipraticien[455]. Mais si le client a subi un dommage sans qu'aucune faute puisse être relevée à l'encontre du praticien traditionnel, la responsabilité de ce dernier ne saurait être engagée. Ainsi une faute contractuelle doit nécessairement être établie dans l'exécution du contrat de soin.

539- La faute entre dans la catégorie des notions non définies par le législateur et non susceptibles d'une définition qui soit à la fois assez précise et assez générale pour être à la disposition du juge comme un critère dont l'application mécanique donnerait la clé de toutes les difficultés d'interprétation[456]. PLANIOL en la comparant à un protée sous couvert duquel se cachent des significations diverses, reconnaissait implicitement que « les auteurs comme les juges, peuvent parler le même langage sans faire appel aux mêmes idées »[457].

540- Face à la carence législative, la tâche s'avère difficile. Pourtant malgré cette difficulté, la recherche d'une définition de la faute du tradipraticien s'impose. Par leur activité juridictionnelle, les juges devraient contribuer à la définition de la faute. En général, la faute évoque l'idée d'une défaillance, le manquement à une règle[458]. La notion n'a pas toujours une connotation morale ; elle n'implique même parfois aucune culpabilité. Le reproche est inhérent à la faute juridique. Celui qui commet une faute, quelle qu'elle soit, encourt inévitablement une certaine réprobation sociale. La faute implique un jugement de valeur, non un simple jugement de réalité. Tout au plus trouve-t-on dans le Code civil quelques dispositions qui nous renseignent, avec plus ou moins de précisions sur son contenu. Tel est le cas

---

[455] En réalité les rapports de l'acte de soin du tradipraticien avec le préjudice sont particulièrement complexes et font apparaître des situations sans équivalent sur les autres terrains de la responsabilité. En fait un acte dommageable crée en principe un préjudice. Il perturbe donc une situation jusque-là normale. Alors que l'acte de soin du tradipraticien intervient par hypothèse tandis que le préjudice est en voie de constitution. Dès lors, tout ce qui concerne la causalité devient problématique. Son acte peut soit avoir aggravé le préjudice initial soit avoir créé de toutes pièces un préjudice nouveau sans rapport avec la maladie initiale ; son acte peut même n'avoir aucun rapport avec le préjudice spontané qui ne saurait lui être imputable.

[456] *Cf.* MARTY, la distinction du fait et du droit, Thèse, Toulouse 1929, p. 192-197.

[457] *Cf.* PLANIOL, Etudes sur la responsabilité civile, Rev. Crit. 1905 p. 277-292 ; cf. également H. et L. MAZEAUD, Traité T. I n° 280-439 ; SAVATIER, Traité T.I n° 4 ; MARTY op. cit. n° 128.

[458] *Cf.* P. JOURDAIN, « Responsabilité fondée sur la faute », Jur. Cl. Civ., 11, 1995, fasc. 120-1.

de l'article 1383[459] qui déclare implicitement que la négligence et l'imprudence sont des fautes, et encore de l'article 1137 qui se réfère à l'attitude du « bon père de famille » pour préciser l'obligation du conservateur d'une chose, et à partir duquel on a construit une théorie de la faute contractuelle.

541- Qu'ils en retiennent l'existence ou, au contraire, la nient, les juges peuvent être conduits à confronter, dans leur jugement, l'attitude d'un praticien traditionnel à une notion de faute. De l'étude de la jurisprudence, on devrait donc pouvoir dégager une définition de la faute à partir d'une qualification juridique des faits. Force est de constater qu'il n'en est rien. On observe en effet d'importantes divergences dans l'appréciation de la faute d'une décision à l'autre. Aussi convient-il de se tourner vers la doctrine afin de proposer une définition de la faute assez précise pour guider les juges dans leurs appréciations.

542- Parmi les définitions de la faute civile, c'est sans doute celle qu'ont donnée Messieurs MAZEAU et TUNC qui est restée la plus célèbre. En effet d'après ces auteurs, la faute doit être comprise comme une « *erreur de conduite telle qu'elle n'aurait pas été commise par la personne la plus avisée* »[460]. Ces définitions se ramènent à la constatation d'un « écart » dans la conduite de l'agent ; elles impliquent une référence à une norme de comportement, à l'attitude d'un type abstrait, celui de l'homme prudent, et soucieux de ses devoirs. En somme, la faute est la conduite que n'aurait pas eue cet homme, celui que les Romains appelaient le « *bonus pater familias* ».

543- Cette référence au « bon père de famille » est d'ailleurs reprise par le Code civil dans l'article 1137. L'expression « bon père de famille » désigne ainsi un type de référence humain, un standard, une norme abstraite au regard des caractéristiques de la situation à examiner[461]. Ainsi son comportement sera apprécié en fonction de ce qu'aurait fait à sa place, de manière abstraite, dans les mêmes circonstances temporelles et spatiales, le type de référence choisi. S'il aurait agi de même, on ne saurait parler de faute. Mais si tel n'aurait pas été le cas, la faute est donc bel et bien constituée. Pour apprécier le comportement du tradipraticien par rapport aux soins donnés, peut-on aussi faire appel au critère de « bon professionnel » ?

544- En général, dans le domaine professionnel il est habituel de substituer le critère de bon professionnel à celui du droit commun de bon

---

459 D'après l'article 1383, du C. civ., « Chacun est responsable du dommage qu'il a causé non seulement par son fait, mais encore par sa négligence ou par son imprudence ».

460 *Cf.* MAZEAUD et TUNC, Ph. MALAURIE et L ; AYNES, Ibid.

461 Le bon père de famille, écrit M. VANSWEEVELT, n'a pas le courage d'Achille, la sagesse d'Ulysse ou la force d'Hercule. C'est tout au plus, un citoyen normalement diligent et prudent. *Cf.* en ce sens, Th. VANSWEEVELT, La responsabilité civile du médecin et de l'hôpital, Anvers/Bruxelles, Bruylant, 1996, pp. 17-20.

père de famille, pour savoir si le professionnel a ou non manqué à ses obligations. Ainsi pour apprécier si le tradipraticien a commis une faute en donnant des soins au malade, il faut se référer au comportement d'un autre tradipraticien. La difficulté ici réside dans le fait que les approches de « guérissage » diffèrent d'un guérisseur à un autre, en l'absence d'un protocole de dosage de médicament.

545- Malgré la substitution du critère de bon professionnel à celui de bon père de famille, on procède à une appréciation in abstracto, comme en droit commun. La faute professionnelle s'apprécie comme n'importe quelle autre faute : par comparaison à un type de conduite abstrait, qui sera un tradipraticien avisé, diligent et placé dans des conditions spatiales et temporelles identiques par exemple. Par conséquent, pour résoudre un problème de responsabilité, on s'interroge sur l'existence d'une faute du tradipraticien à l'égard des soins qu'il a donnés au malade, en vertu de la convention qui les liait.

546- Il faut donc partir de l'existence de devoirs ou obligations pour étudier la faute. Il peut s'agir d'une *« obligation déterminée » ou de résultat ou d'une « obligation générale de prudence et de diligence* » ou de moyens. En effet, lorsque l'obligation est « *déterminée », le débiteur est tenu à une obligation de résultat et la loi présume la faute à partir de la preuve de l'inobtention du résultat imposé*[462]*. Ainsi revient-on à l'énonciation des « devoirs* ».

547- En définitive, la faute n'est autre chose que la transgression d'un devoir préexistant. Les sources de ces devoirs correspondent aux différentes sources du droit objectif, que sont la loi, le règlement, la coutume et la jurisprudence. C'est dire dans le cas qui nous occupe, qu'en l'absence de la loi, ces devoirs, en médecine traditionnelle doivent nécessairement avoir pour sources la coutume, les usages et la jurisprudence. Cette dernière apparaît comme une source autonome du droit, par exemple lorsqu'elle intègre au contrat, des obligations que les parties n'avaient pas prévues. Mais elle est encore créatrice de normes lorsque les juges, en vertu des larges pouvoirs d'interprétation dont ils disposent, précisent ou élaborent des devoirs en puisant dans des sources non écrites.

548- On se trouve en effet tenté en raison du caractère conjectural de la médecine traditionnelle et de la nature parfois insaisissable de la faute du tradipraticien d'en revenir à la distinction du fait de l'homme et du fait du praticien. Cependant il serait totalement inadmissible de ne pas condamner le tradipraticien pour les actes dommageables relevant de l'activité qu'il exerce ou mieux de laisser subsister en sa faveur des zones d'immunité sous le prétexte fallacieux qu'il s'agit de fautes « techniques ». Il n'en reste pas

---

[462] H., L. et J. MAZEAUD et F. CHABAS op. cit. n 440.

moins vrai que le problème de la responsabilité du tradipraticien doit se poser d'une manière différente suivant que sa conduite ne se différencie en rien de celle d'un homme quelconque ou bien revêt une allure particulière. Le principe de la distinction pourrait conduire à admettre une méthode différente d'appréciation de la faute. Puisqu'aux termes des articles 1382 et 1383 du Code civil, une faute quelconque doit engager la responsabilité de celui qui la commet, le tradipraticien, dans la mesure où il agit en tant qu'homme doit se trouver soumis à cette loi. Lorsqu'il agit par contre en tant que praticien traditionnel, une triple considération doit conduire à subordonner sa condamnation à la preuve de sa faute[463].

549- Le travail que le tradipraticien engage contre la maladie se décompose généralement et toujours en deux phases très différentes l'une de l'autre : d'abord celle du diagnostic (§1), au cours de laquelle il recherche la nature du mal, puis celle du traitement (§2) qui met en œuvre les moyens destinés à le combattre.

§1. APPRÉCIATION DES FAUTES DU TRADIPRATICIEN SE RAPPORTANT AU DIAGNOSTIC

550- L'analyse précédente a eu pour but d'établir que le tradipraticien ne saurait être condamné sans que soit rapportée la preuve de sa faute, c'est-à-dire d'un comportement imprudent ou négligent. Ce critère abstrait qui marque la conception unitaire de la faute, vers laquelle tendent les tribunaux, peu-il s'appliquer à tous les actes du tradipraticien ? Quels sont les actes auxquels il s'applique ? Comment la jurisprudence pourrait-elle leur appliquer le critère précédemment dégagé pour dire quand un tradipraticien est ou non en faute ?

551- En fait nous pensons que pour résoudre le problème, la jurisprudence camerounaise n'a pas besoin d'être aidée uniquement par un texte. Certes la difficulté du système actuel tient surtout à l'exigence qui est faite aux victimes d'apporter la preuve de la faute reprochée au guérisseur. Nous pensons que le juge doit conformément au projet de loi-cadre de l'O.M.S. commettre un expert plus qualifié pour déterminer la nature et la dimension de la responsabilité encourue[464]. Ajoutons que l'intérêt d'un bon guérisseur ne devrait pas être de tromper ni de se tromper. Il est clair que ce ne sont pas ses titres et travaux scientifiques qui attirent la clientèle, mais ses seuls succès de guérison. S'il peut être sûr de certaines de ses méthodes de traitement, il l'est certainement moins en matière de diagnostic. C'est ce qui explique pourquoi dans certains cas, il est le premier à solliciter le diagnostic

---

[463] *Cf.* en ce sens DEMOLOMBE, « Traité des engagements qui se forment sans convention », T. 8 p.469 et s, n° 539-555.

[464] *Cf.* article 23 alinéa 2, Projet de loi cadre de l'O.M.S., portant reconnaissance de la médecine traditionnelle africaine.

établi par un médecin, au besoin il demande aux malades de se rendre d'abord à une consultation à l'hôpital, avec, à l'appui, des examens de laboratoire. Ceci pour être sûr non seulement du diagnostic, mais aussi et surtout dans le souci d'administrer un traitement approprié. Le diagnostic en principe est l'acte (ou résultat de l'acte) qui aboutit à identifier l'affection dont un patient est atteint, à partir des données de l'interrogatoire et de l'examen[465]. C'est la détermination de la maladie du patient, de ses caractères et de ses causes[466]. Le diagnostic est par conséquent l'acte médical, ou plutôt la série d'actes médicaux, qui a pour objet de recueillir tous les renseignements susceptibles d'éclairer le praticien, de les interpréter, et de déduire de l'ensemble des faits rassemblés quelle est la nature de l'affection dont est atteint le malade et quel est son degré de gravité ; il consiste ainsi à faire rentrer telle situation particulière dans le cadre d'un état pathologique connu. L'importance du diagnostic n'est pas à démontrer : il dicte le traitement à suivre ; donc s'il n'est pas exact, le traitement ne sera pas approprié au mal à guérir, et il risquera d'avoir un effet contraire à son but, ou de causer au malade plus de mal que de bien.

552- À supposer que certaines personnes soient douées d'une sensibilité exceptionnelle, leur permettant de percevoir intuitivement le siège des maladies, à supposer vraies les thèses de la radiesthésie, nous pensons que jamais l'art ne remplacera la science. Le meilleur pendule ne vaudra jamais une radio assortie d'un examen de laboratoire. Est-ce à dire qu'il y a lieu de méconnaître certaines facultés exceptionnelles ? Nullement. Il serait même contraire à toute raison de priver le médecin de leur aide[467]. Mais nous estimons que c'est le médecin qui doit, dans le cadre d'une collaboration que nous préconisons, sinon poser seul, du moins diriger le diagnostic ; car cet acte délicat est celui dont dépendent tous les autres. Cette position est justifiée par le fait qu'il existe une infinie variété de maladies, que révèlent des symptômes quelques fois rares et imprécis, d'autant plus difficiles à interpréter qu'ils peuvent avoir des sens très différents. Par ailleurs, la médecine traditionnelle ne met pas à la disposition de celui qui la pratique des procédés susceptibles de lui donner une certitude absolue. Il y aura donc des erreurs qui seront inévitables et qu'on ne pourra qu'imputer à l'imperfection de cet art de guérir. Le tradipraticien se trouvera en plein domaine de l'hypothèse, où un sens de la divination est tout aussi utile que de nombreuses connaissances empiriques. S'il tombe juste, l'on pourra admirer la sûreté de son diagnostic. Nul n'est infaillible et le guérisseur l'est encore moins que toute autre personne, et du reste, aucun praticien ne peut se

---

[465] *Cf. Dictionnaire de médecine*, Préface J. Hamburger, éd. Flammarion.

[466] R. et J. SAVATIER, Auby et PEQUIGNOT, « Traité de droit médical », n° 263.

[467] C'est dans ce cadre, que faisant suite aux recommandations de l'O.M.S., Un ministre de la santé avait vivement recommandé la collaboration entre tradipraticiens et médecins.

vanter d'avoir toujours vu clair en présence de tous les cas qui lui ont été soumis.

553- Devant cet état de choses, peut-on raisonnablement décider que le tradipraticien devra réparer les conséquences fâcheuses de ses erreurs de diagnostic ? Ce serait une injustice certaine et une atteinte flagrante aux principes de notre droit qui déclare qu'il ne peut y avoir de responsabilité sans faute car on arriverait à rendre le tradipraticien responsable des suites qu'a pu avoir une manière d'agir qui n'est pas acceptée par tous. De même il serait excessif de l'absoudre en alléguant le caractère incertain de la médecine traditionnelle alors qu'il aura abusé de manière flagrante de la crédulité de son client ou aura manifesté une légèreté coupable.

554- En fait, établir un diagnostic c'est en premier lieu rassembler un certain nombre de renseignements, que l'on devra ensuite confronter, interpréter. Comme précédemment indiqué ; ils seront surtout tirés des déclarations du malade[468], et consisteront aussi dans des observations faites. Le tradipraticien doit procéder à un véritable interrogatoire de son client ; en effet, l'un des atouts unanimement reconnus de la médecine traditionnelle, est la grande importance qu'elle accorde au dialogue et à l'écoute. Il lui posera des questions sur sa famille, etc., et des réponses qu'il recueillera, il pourra tirer des indications intéressantes. Dans le cadre de la collaboration entre médecin et tradipraticien, ce dernier prendra aussi soin de demander au malade s'il a consulté un médecin afin de pouvoir solliciter de celui-ci, le cas échéant, des renseignements plus scientifiques. C'est surtout sur les constatations qui en résultent qu'est basé le diagnostic. Si après la mise en œuvre de tous les moyens d'investigation pouvant lui fournir des renseignements utiles, le tradipraticien n'est pas arrivé à poser un bon diagnostic et constate que ses compétences sont en défaut, le bon sens devrait lui commander d'orienter le malade vers un médecin. Ce sont là en fait toutes les précautions que nous suggérons et que le tradipraticien doit prendre dans l'établissement non seulement du diagnostic, mais aussi du traitement.

555- Malgré nos recherches, nous n'avons pas trouvé de décision se rapportant aux fautes de diagnostics imputables aux tradipraticiens. Cependant déduire de là qu'ils ne peuvent engager la responsabilité du praticien traditionnel serait certainement exagéré, et il nous semble préférable de dire qu'on pourrait les reprocher au tradipraticien s'ils révélaient une ignorance grossière de sa part. Pour établir son diagnostic, le tradipraticien doit voir le malade. Nous pensons dès lors que le diagnostic établi par correspondance sans voir le malade constitue un des procédés charlatanesques et n'est qu'un leurre. Nous pensons par exemple au

[468] *Cf.* supra n° 100.

diagnostic effectué par correspondance à travers une mèche de cheveux, un vêtement ou une photo de la personne malade.

556- En droit médical classique, le diagnostic occupe une place importante. On admet généralement qu'un diagnostic erroné ne constitue pas nécessairement une mauvaise exécution de l'obligation de soins, mettant en œuvre la responsabilité du médecin[469] ; ainsi donc, l'erreur de diagnostic en elle-même ne constitue pas une faute ; la faute n'apparaît que si l'erreur a été rendue possible parce que les moyens et généralement la diligence nécessaire à l'établissement d'un diagnostic exact n'ont pas été mis en œuvre. Bien entendu, encore faut-il que l'erreur ne soit pas d'une gravité telle qu'elle révèle – par elle-même - une ignorance par trop grossière ; il ne faut pas qu'elle soit à l'évidence due à une méconnaissance de données médicales certaines, et de ce point de vue, les signes dits pathognomoniques des affections ont une importance déterminante[470]. L'erreur de diagnostic entraîne immanquablement une erreur dans le traitement.

§2. ANALYSE DES FAUTES DU TRADIPRATICIEN SE RAPPORTANT AU TRAITEMENT

557- Le deuxième aspect de l'intervention du tradipraticien concerne le traitement c'est-à-dire dans la mise en œuvre de divers procédés curatifs empiriques, en tenant compte de l'état dans lequel se trouve le malade. Le traitement consiste à imposer au malade des ménagements, à le soumettre à un régime c'est-à-dire à une obligation de faire ou de ne pas faire, à lui prescrire et lui administrer certains médicaments qui provoqueront dans son organisme des réactions dont on escompte qu'il retirera des avantages, et enfin quand il y a lieu, à pratiquer sur son corps certains soins par des incisions cutanées autrement appelées scarifications ou même à procéder à la réduction des luxations ou des fractures[471].

558- Pour nous, le mot traitement est général et s'entend de tout acte ou conseil tendant à la guérison ou à l'atténuation d'un état de malaise ou de maladie, et en ce sens ne saurait être arbitrairement restreint à la prescription de médicaments ; la réduction de luxations ou de fractures constitue un acte de traitement. Le fait dommageable étant habituellement défini comme l'activité qui se trouve à l'origine du dommage, activité qui résulte du fait personnel d'un individu, le guérisseur traditionnel doit avoir pour souci

---

[469] *Cf.* A. GRAVEN, *Les médecins et le droit moderne*, Dalloz, paris, 1925 p. 157 ; NORDMANN, Th. préc. ; A. DEMICHEL, Droit médical, op. cit. p. 98 et s. J. PENNEAU, Faute et erreur en matière de responsabilité médicale, op. cit. ; G. MEMETEAU, La responsabilité civile médicale en droit comparé français et québécois op. cit., n° 7.

[470] *Cf.* en ce sens, J. PENNEAU, *La responsabilité médicale*, Dalloz, 1992, p. 23.

[471] *Cf.* Les diverses manières traditionnelles de préparer et d'administrer les médicaments.

majeur de choisir un traitement qui réponde aux règles générales de prudence et de diligence attendues de tout professionnel.

559- La faute dans le traitement se manifestera tantôt par le fait que le guérisseur traditionnel désigne au malade un remède qu'il croit devoir le guérir, alors qu'au contraire il n'est pas indiqué dans le traitement de l'affection dont il souffre, tantôt parce qu'il commet une erreur de dosage ou lui donne un produit toxique qui dépasse de beaucoup la normale, ou lui en fait prendre une quantité convenable, mais à des intervalles trop rapprochés. Chacune de ces fautes doit être soumise à l'appréciation du juge. Bref, l'imprudence résidera dans le fait d'ordonner la prise de médicaments trop énergiques et à trop forte dose[472].

560- C'est à propos de la faute de traitement que la comparaison avec un standard (c'est-à-dire entre ce qui aurait du être fait techniquement et ce qui a été fait) prend toute sa valeur. Et à cet égard, on peut aussi faire référence aux règles de l'art ou aux usages ; la règle de l'art étant une pratique performante et aussi accessible aux usages. De ce point de vue on dira que le tradipraticien s'est conduit comme se serait conduit le standard de référence. À l'égard du client, le tradipraticien est tenu d'une obligation principale de faire qui consiste en l'exécution des soins[473]. Dès lors sa responsabilité civile doit être engagée si le dommage subi par son client résulte par exemple, d'un mauvais dosage[474] ou d'une administration irrégulière des produits[475]. Une faute peut également résulter d'une information insuffisante sur les risques encourus ou sur les contraintes inhérentes aux soins. À cet égard il doit manifestement être tenu d'une obligation d'information vis-à-vis de son client. Il devra lui incomber à l'instar du médecin, et conformément à la jurisprudence adoptée en ce domaine[476] de prouver qu'il a bien exécuté cette obligation.

561- Comme nous l'avons vu précédemment le tradipraticien dans cette relation ne peut raisonnablement que s'obliger, à utiliser tous les moyens possibles[477], en vue de parvenir à améliorer l'état de santé de son cocontractant sans promettre toutefois qu'il y parviendra. Le tradipraticien

---

472 C'est le cas par exemple du guérisseur qui avait administré des potions dangereuses à des malades. *Cf.* Trib. cor. Yaoundé, 12 oct. 1970.

473 *Cf.* supra, n° 142.

474 Malgré l'absence d'un protocole de dosage en médecine traditionnelle, les accidents dus à ce fait, peut facilement être caractérisés. Cf. Trib. cor. Yaoundé, 12 oct. 1970.

475 Par exemple lorsqu'un produit toxique qui devait faire l'objet d'un usage externe a été ingéré par le malade ; ou alors si ce produit qui devrait être utilisé pour la purge a été avalé.

476 Civ, 1ère, 25 fév. 1997, Arrêt HEDREUL

477 Cf. supra n° 148 et s.

ne promet donc pas un résultat précis[478], mais qu'il va employer tous les moyens dont il dispose pour réaliser de manière satisfaisante les soins. Il s'agit bien d'une obligation de moyens puisque son exécution comporte aussi une grande part d'aléa. Ainsi, du fait de son caractère, l'obligation du tradipraticien à l'égard de son client est très proche de l'obligation qui incombe généralement au médecin au titre d'un contrat médical classique. Conformément à l'article 1137 du C. civ., il est établi qu'une faute, même légère, suffit à engager la responsabilité civile du débiteur contractuel.

562- Si le diagnostic a pu établir à la maladie, il n'a pas toujours déterminé par cela même le procédé thérapeutique à utiliser pour la combattre. Le problème en médecine traditionnelle c'est qu'en face de chaque affection ne se trouve pas un remède unique, applicable dans tous les cas où elle est décelée, mais il y en a une immense variété, différente suivant les guérisseurs et suivant les cultures. Certains peuvent être recommandés dans des cas déterminés, et contre indiqués dans d'autres.

563- Parmi eux, lequel faut-il employer ? Ce questionnement fait ressortir que le tradipraticien a une liberté de choix ; en fait il est seul juge de ce qu'il doit faire. Le tradipraticien ne doit évidemment pas prescrire de traitement fantaisiste c'est pourquoi dans le cadre des associations de tradipraticien, doivent être instaurées des séances de formation et de recyclage. Un autre problème qui pourrait se poser est celui de savoir dans quelle mesure le tradipraticien peut-il utiliser son malade comme sujet d'expérimentation, et se livrer sur lui à des essais de nouveaux médicaments ? L'expérimentation médicale a en effet un caractère exceptionnellement grave[479] ; elle est destinée à confirmer une théorie échafaudée sur les résultats de recherches anatomiques, biologiques ou chimiques, ou simplement basée sur l'imagination du savant ; or, il se peut que l'une des déductions qui a servi à l'établissement de cette théorie soit inexacte, car la nature ne livre pas tous ses secrets à la fois ; le résultat qui était attendu sera donc entièrement faussé, et ce qui se produira sera très différent de ce qui avait été prévu. On aperçoit aisément le dommage que peut alors subir celui qui se sera prêté à cette expérience.

564- Par ailleurs, il faut considérer que la médecine traditionnelle ne se développera pas si les chercheurs n'osent vérifier sur certains malades, l'exactitude de leurs raisonnements, lorsque certains médicaments remplissent les conditions désirées. C'est donc une nécessité si l'on veut que la médecine traditionnelle puisse progresser, que de reconnaître à certaines

---

[478] Dans le cas contraire, il serait en faute si le résultat promis n'était pas réalisé. Il est d'ailleurs facile de reconnaître là les agissements des charlatans, qui usent de tromperie pour exploiter le désespoir des malades.

[479] Cf. loi n° 88-1138 du 20 déc. 1988 dite loi Huriet, D. 1989, 12.

équipes de chercheurs[480], le droit de tenter des essais ; mais ce qu'il faut éviter, comme dans tous les domaines, ce sont les abus, c'est-à-dire le fait pour le guérisseur par exemple, de considérer le malade comme un champ d'expérimentation qui lui est largement ouvert, comme une matière brute, destinée aux essais, voire faits au hasard. Les règles de la plus simple humanité, le respect de la personnalité d'autrui, interdisent cette manière de procéder.

565- Une autre question très délicate à résoudre est celle de l'emploi des traitements dangereux. En médecine traditionnelle tous les procédés curatifs, des plus anodins en apparence aux plus énergiques comportent des risques, ils peuvent être la cause de réactions auxquelles on ne s'attendait pas et par suite être dommageables pour celui qui les subit. Il en résulte que les tribunaux ne peuvent condamner l'accusé que si la preuve est rapportée que la quantité par lui prescrite dépassait de toute évidence celle qui est habituellement utilisée. Nous percevons déjà toute la difficulté du fait de l'absence d'un protocole de dosage de médicaments en médecine traditionnelle.

566- Afin qu'aucune négligence ne puisse lui être reprochée, nous suggérons que le tradipraticien ne délivre qu'une médication en rapport avec les conditions particulières que remplit son client. En effet, avant de lui donner le moindre médicament, même des plus anodins, qu'il ait le devoir d'examiner en collaboration avec un médecin, la personne à laquelle ce médicament est destiné. C'est là une règle de bon sens tellement évidente que nous ne devrions même pas la formuler, cependant son inobservation a fait l'objet d'un jugement qui a condamné un guérisseur dans les circonstances suivantes : Il s'était contenté d'envoyer des médicaments à une de ses clientes sans l'avoir vue ; la mort avait suivi de près l'absorption de ce médicament[481]. Le tradipraticien doit également prendre soin d'adapter ses médicaments à l'âge et à la résistance du malade en s'assurant qu'il peut supporter les produits qu'il lui délivre. Il doit également prendre la précaution et faire des recommandations spéciales aux malades qu'il soigne, pour éviter qu'un remède destiné à un usage externe ne soit avalé. Si le médicament doit être pris en plusieurs fois, il doit ordonner que le malade observe les effets de la première dose, et qu'il s'abstienne d'absorber les doses suivantes si le moindre malaise s'est produit. Outre la faute, le préjudice[482] est l'une des conditions nécessaires à la mise en cause éventuelle du tradipraticien.

---

480 Nous pensons ainsi aux chercheurs du Ministère de la recherche scientifique et technique et à ceux du « laboratoire » spécialisé dans la recherche sur les plantes médicinales, qu'est l'IRMPM.

481 TPI de Douala, 20 avril 2001, inédit.

482 *Cf.* CHARTIER, la réparation du préjudice, 1983.

SECTION 2 : LE PRÉJUDICE

567- Les divers préjudices que peut éprouver le client du fait de la défaillance contractuelle du tradipraticien ne sont guère très différents de ceux qui se rencontrent lors de la mise en œuvre de la responsabilité du médecin, mis à part bien évidemment les accidents relevant des actes chirurgicaux. En exécutant le contrat de soin qui le lie à son client, il peut principalement lui causer un dommage corporel. Par exemple en méconnaissant le dosage du produit délivré, ou en ne détectant pas une intolérance médicamenteuse[483]. Le tradipraticien peut provoquer une aggravation notable de l'état de santé de certains malades. Le cas s'est présenté devant le tribunal de première instance de Ngaoundéré[484]. En effet, un malade atteint de trouble d'érection s'était présenté chez un guérisseur qui avait promis de le soigner grâce à ses médicaments. Après avoir reçu l'avance des honoraires qui consistait en une forte somme d'argent, il lui donna à absorber de nombreux médicaments. L'absorption de ces divers médicaments entraîna une aggravation de l'état initial du malade en le rendant totalement impuissant. Ce dernier s'est rendu compte du marché de dupe qu'il avait conclu et essaya d'obtenir des dommages-intérêts. Le tribunal saisi déclara qu'il y avait là un acte de charlatanisme et le guérisseur a été reconnu passible des peines de l'article 318 du Code pénal sur l'escroquerie et de l'article 310 du C. pénal qui incrimine l'administration des substances nuisibles ayant altéré gravement la santé du malade.

568- L'article 1149 du Code civil ne fait pas de distinction quant à la nature des préjudices réparables ; dès lors le client peut aussi se plaindre d'un simple dommage moral consécutif au fait du tradipraticien. Un tel dommage, certes difficile à établir dans les situations rencontrées, pourrait sans doute être constitué lorsque le tradipraticien a laissé espérer une amélioration sensible de l'état de santé grâce aux soins médicaux traditionnels, l'empêchant par sa faute de bénéficier des aspects positifs du traitement conventionnel. Tel est le cas de cette dame atteinte d'un cancer du sein qui dès le début de sa maladie, va voir un tradipraticien qui prétend la guérir. Ce dernier lui interdit l'ablation du sein comme le lui recommande le médecin. Malgré le traitement traditionnel, sa maladie s'aggrave entraînant son décès. Ses ayants droit saisissent le juge afin d'obtenir des dommages intérêts, car ce dernier avait largement bénéficié de l'état de faiblesse de la malade pour la ruiner[485].

---

[483] Tel est par exemple le cas de celui qui a conseillé à une diabétique la prise d'un médicament traditionnel contre indiqué, ayant entraîné sa mort.

[484] TPI Ngaoundéré, jugement n° 831/ cor. du 11 avril 1999, inédit.

[485] TPI de Yaoundé, jugement cor. du 22 mai 2000, Inédit.

569- Par référence aux règles de la responsabilité civile contractuelle, seul le dommage prévisible peut être, en principe réparé par le tradipraticien (art. 1150 du C. civ.). Or le contrat de soin conclu entre le tradipraticien et son client possède un caractère aléatoire avéré. Il s'en suit que la définition précise du type de dommage encouru et du montant des réparations s'avèrent impossibles. Des dommages assez exceptionnels peuvent survenir et demeurer totalement imprévisibles. En la matière, l'application de l'article 1150 du Code civil se trouve donc neutralisée. Il importe de distinguer les différentes catégories de dommages que recouvrent les actes dommageables du tradipraticien avant de s'interroger sur ses caractères.

§1. LES DIFFÉRENTES CATÉGORIES DE PRÉJUDICE INCLUS DANS LES ACTES DU TRADIPRATICIEN

570- Il convient de conférer un sens très large à la notion de dommage réparable ; ceci pour permettre la réparation des dommages personnels subis non seulement par le malade victime, mais également par ses ayants droit, victimes par ricochet. Les victimes directes ou immédiates supportent le plus souvent des dommages corporels, portant, par définition atteinte à leur intégrité physique. Le préjudice peut alors s'entendre d'une simple incommodité passagère due au traitement[486], à un mal plus grave. Dans une hypothèse extrême, les soins peuvent même provoquer la mort. Le préjudice recouvre aussi les dommages matériels subis par les victimes. Il peut s'agir de perte d'argent. Un dommage moral peut aussi être subi par le malade. Mais la notion de préjudice, objet d'une interprétation extensive s'entend également des dommages occasionnés par répercussion aux victimes indirectes ou médiates que sont les victimes par ricochet. En effet un dommage matériel causé par la perte des subsides ou même un dommage moral dû à la perte d'un être cher peut être causé à ces personnes, à condition toutefois que leur préjudice ait un caractère requis.

§2. LES CARACTÈRES DU PRÉJUDICE

571- Pour que le client victime puisse obtenir réparation, le préjudice qu'il invoque doit avoir un caractère direct, actuel et certain. Même si le caractère direct du dommage se rattache à l'étude du lien de causalité,[487], il importe d'observer, d'ores et déjà, que la détermination d'un tel caractère peut soulever de nombreuses difficultés dans le domaine de la médecine traditionnelle, difficulté affectant également les règles d'évaluation des dommages. Le problème essentiel résulte, en l'espèce, du fait que les traitements sont très souvent réalisés sur des personnes qui souffrent déjà de

[486] Un effet secondaire inconnu peut par exemple survenir, entraînant chez le malade une réaction inattendue.

[487] *Cf.* infra, n°617 et s.

pathologies diverses. L'existence même et la gravité des dommages qui peuvent alors survenir après la mise en œuvre d'un traitement sont parfois susceptibles de résulter des maladies initiales du client. Ces maladies constitueraient, dès lors, des causes au moins partielles du dommage ou de son aggravation. Les prédispositions de la victime peuvent donc remettre en cause le caractère direct des conséquences dommageables des actes du tradipraticien. Conformément au droit commun, il n'y a pas lieu de prendre en considération les prédispositions de la victime, car même si elles concourent à la production du dommage, elles ne sont pas une cause fautive de nature à priver la victime de l'indemnité réparatrice. Les juges doivent en tenir compte dans l'évaluation du dommage. Le principe énoncé devra être rappelé très fréquemment dans la mesure où les soins sont pratiqués sur des personnes malades.

572 Le préjudice doit également être actuel dans son principe, quand bien même il ne serait que futur dans ses conséquences. Il faut avouer que le caractère actuel de certains préjudices découlant des actes du tradipraticien peut être cependant malaisé à établir. Le dommage futur n'est alors indemnisable que s'il y a de fortes raisons de croire qu'il se réalisera.

573- Le caractère certain que doit nécessairement posséder le préjudice est également difficile à établir en de telles circonstances. Pour tenter de résoudre ce problème, la solution doit être recherchée dans la jurisprudence relative à la contamination transfusionnelle par le V.I.H. qui entraîne, dans un premier temps, une séropositivité qui peut donner lieu, dans un second temps, au développement de la maladie proprement dite. La Cour de cassation française[488] a cependant estimé que l'éventualité de la survenance du V.I.H. SIDA déclaré est subordonnée à la constatation médicale de la maladie.

574- Mais pour pouvoir être retenu, le raisonnement avancé impose l'existence d'un lien de causalité entre le fait dommageable et le préjudice subi par le client.

SECTION 3 : LE LIEN DE CAUSALITÉ

575- L'établissement du lien de causalité entre le préjudice et le fait dommageable constitue le troisième élément nécessaire à la mise en jeu de la responsabilité civile du tradipraticien. Il obéit également aux règles de droit commun de la responsabilité. Il ne suffit pas, en effet, d'établir l'existence d'un préjudice et d'un fait générateur de responsabilités pour que naisse aussitôt un droit à réparation au profit de la victime du dommage. Il faut qu'une relation de cause à effet entre le préjudice et le fait dommageable soit

[488] *Cf.* Civ. 2è, 20 juil. 1993, D. 1993, 526, RTDC 1994, 107.

établie. Les multiples ressemblances présentées par le contrat de soin médical traditionnel conclu par le tradipraticien et son client avec le contrat médical classique impliquent d'étudier les éléments constitutifs de la responsabilité civile contractuelle du tradipraticien en tenant compte du mouvement actuel d'objectivation de la responsabilité médicale. Les tentatives jurisprudentielles qui visent à adopter une conception objective de la faute médicale dans le domaine de soins médicaux courant pourraient-elles s'appliquer au domaine de la médecine traditionnelle ?

576- Si nous prenons prétexte du fait que ledit contrat qui relève de l'activité du tradipraticien possède un caractère particulier qui le différencie irrémédiablement du contrat médical classique, faut-il en conclure qu'ici l'exigence du lien de causalité doit être assouplie, dans l'optique de renforcer la responsabilité du tradipraticien ? Dans l'affirmative, l'interprétation peut alors être conforme à une conception extensive de la relation de cause à effet particulièrement sensible dans le domaine de la responsabilité médicale[489], contrairement à la solution habituellement adoptée en matière de responsabilité civile contractuelle qui retient généralement la théorie dite de la causalité adéquate. En application de cette dernière théorie, la responsabilité du tradipraticien ne pourra être retenue que s'il est démontré une implication dans le dommage, ce qui, en réalité revient à exiger la mise en évidence d'un véritable lien de causalité entre sa faute contractuelle et le dommage subi par le malade.

577- Cependant afin de faciliter l'action du malade victime des actes dommageables du tradipraticien, il pourrait être tentant d'atténuer une telle exigence. Après tout, l'activité de la médecine traditionnelle suppose l'intervention de plusieurs actes et par son fait le tradipraticien contribue à la production du dommage qui sans lui ne se serait pas réalisé. En effet il est permis de penser que le juge aura la faculté d'adopter une méthode d'appréciation particulière de la causalité, de plus en plus souvent appliquée dans le domaine médical classique. Procédant d'un raisonnement par élimination, la causalité est ainsi parfois considérée comme établie du seul fait de la constatation de l'absence d'autres causes possibles[490]. Il reste que la preuve qui incombera au malade victime pourra se révéler très difficile à rapporter, notamment en raison d'éventuelles interférences médicamenteuses

[489] La jurisprudence relative à la faute virtuelle traduit aussi un certain relâchement du lien de causalité.

[490] En matière de contaminations transfusionnelles, l'existence du lien de causalité est déduite du fait qu'aucune cause de contamination autre que celle résultant de la délivrance de produits sanguins viciés n'est démontrée, la présence d'un autre facteur de transmission des maladies n'étant pas prouvée. Civ. 1ère, 14 nov. 1985, B n° 414. L'éventualité d'un problème de transmission du virus du V.I.H. du fait de l'utilisation de matériel souillé par le guérisseur traditionnel lors d'un traitement par des scarifications ou des saignées doit être relevée. Un tel problème peut bien se poser en médecine traditionnelle.

si celui-ci continue un traitement conventionnel initial ou en raison de son état de santé originel. Toujours dans le souci de résoudre les problèmes qui pourraient se rencontrer dans la définition du lien de causalité entre le dommage du malade et la faute du tradipraticien, et aussi dans le but de faciliter l'action de la victime, on peut également être conduit à faire appel à la notion de perte d'une chance[491]. Le préjudice invoqué est alors déplacé puisque ce n'est plus le décès ou l'aggravation de l'état de santé qui est pris en compte, mais la perte de chance de l'éviter.

578- Dès lors, s'il n'est pas certain que la faute du praticien a causé le décès ou l'aggravation précitée, il ne doit faire aucun doute qu'elle ait compromis les chances de survie ou d'amélioration de l'état de santé du malade. Toujours afin de faciliter l'action de la victime, il serait possible de présumer l'existence du lien de causalité. Cette solution qui s'inscrirait certes dans la tendance visant à améliorer l'indemnisation des victimes des actes dommageables du tradipraticien risquerait peut-être aussi d'engendrer une responsabilité quasi systématique du tradipraticien, ce qui serait fort regrettable.

§1. L'APPRÉCIATION DE LA NOTION DE PERTE D'UNE CHANCE DE GUÉRISON OU DE SURVIE EN MÉDECINE TRADITIONNELLE

579- La question que nous sommes en droit de nous poser est celle de savoir s'il est possible en cette matière aussi, en l'occurrence la médecine traditionnelle, de se servir de la notion de perte d'une chance pour suppléer le lien causal ? La réponse à une telle question commande que soient au préalable exposés les contours de la notion de perte d'une chance à travers le raisonnement structuré par la doctrine[492] (A), avant d'apprécier sa possible application à l'activité étudiée (B).

A- LE RAISONNEMENT

580- L'hypothèse est la suivante : nous sommes en présence d'une faute d'un côté, et d'un préjudice de l'autre. Il est possible que la faute ait causé le dommage, mais aucune certitude ne peut être vérifiée. Le dommage peut trouver sa source dans des causes naturelles ou encore dans des causes extérieures favorisées par un tiers. Nous sommes en présence d'une situation où une incertitude sur le lien de causalité direct et certain entre cette faute et

---

491 *Cf.* infra, n° 581 et s.

492 *Cf.* P. ESMEIN, « Le prix d'une espérance de vie », D.1972, chron. 151 ; J. BORE, « L'indemnisation pour les chances perdues : une forme d'appréciation quantitative de la causalité d'un fait dommageable », JCP 1974.I. 2620 ; I. VACAIRIE, « La perte d'une chance », RRJ 1987.903 et s. ; F. CHABAS, « La perte d'une chance en droit français, Genève », 1991.131 et s. ; Caroline RUELLAN, « La perte d'une chance en droit privé », RRJ 1999. 729.

le préjudice se double d'une certitude sur le fait qu'il est impossible d'exclure que sans la faute, le dommage ne se serait pas produit. Un double risque d'iniquité existe donc : soit on s'en tient à un concept strict du lien de causalité et en ce cas, le praticien, bien qu'il ait commis une faute, sera toujours exonéré ; soit on met en avant le second aspect et en ce cas, le patient sera toujours indemnisé pour le tout, bien que la faute du praticien n'ait pas causé le dommage, car la faute a causé le préjudice soit entièrement, soit pas du tout, mais pas pour partie ; et le problème c'est que l'on ne sait pas laquelle des deux branches de l'alternative s'est réalisée. Dès lors, va-t-on dire que la faute a provoqué le dommage, du moins a-t-elle fait perdre au malade les chances qu'il avait de l'éviter. Il suffira de calculer les chances de départ, de les conjuguer avec la faute afin de déterminer l'indemnisation la plus juste.

581- La perte d'une chance est traditionnellement entendue comme le préjudice subi par un malade dont la guérison était incertaine, mais qui a perdu par la faute du praticien, la probabilité plus ou moins grande qu'il avait de guérir ou de survivre[493]. Or, même s'il ne peut être démontré que la faute commise par le praticien a effectivement compromis l'état du malade, les tribunaux français allouent souvent une réparation partielle au motif que cette faute a entraîné, en toute hypothèse, la perte d'une chance de guérison ou de survie du patient[494].

582- En droit, d'une façon générale, il n'est pas contesté la possibilité aux tribunaux de faire application de la notion de perte de chance. D'ailleurs cette théorie, admise depuis longtemps, s'est largement étendue à la matière médicale. Il est en effet une foule d'hypothèses dans lesquelles la faute du défendeur a permis ou facilité la réalisation du dommage, mais il est cependant impossible d'affirmer que ce fait en a été la cause génératrice, ni même la condition sine qua non, parce que nul ne saura jamais si, même en l'absence de cette faute, le dommage ne se serait pas produit. « *Par le retard d'un transporteur, un cheval a été empêché de prendre le départ d'une course ; par la négligence d'un avoué ou d'un avocat, un recours n'a pu être déposé à temps. Il est généralement impossible de déterminer avec certitude si le cheval aurait triomphé ou si le procès aurait été gagné. D'une part, les faits se rattachent à un avenir déjà révolu, qu'aucun destin ne peut plus trancher : la course est finie, le procès ne sera jamais plaidé. Le pronostic rétrospectif est donc compliqué par le fait que la réponse à la question posée dépend d'un futur qui ne sera jamais vécu* ». Par la suite, l'auteur rèleve que « *Pourtant il est bien certain que l'erreur de conduite initiale a déterminé un*

---

493 *Cf.* en ce sens, D. TRUCHET, *Droit de la santé publique*, Mémento Dalloz, 1995, p.170.

494 *Cf.* en ce sens, N. DEJEAN de la BATIE, op. cit. , n0 70 : « dans certaines situations, voyant les victimes mal placées pour rapporter la preuve du lien de causalité, la jurisprudence use de palliatifs pour les en dispenser, il en est ainsi, en particulier, dans le domaine de la responsabilité médicale ».

préjudice : c'est parce que le cheval n'a pas pris le départ, qu'il n'a pas pu gagner la course et parce que le recours n'a pas été formé en temps de droit que le demandeur n'a pas pu faire valoir ses droits. La faute n'a pas nécessairement créé le dommage final, mais elle a créé ou maintenu la possibilité de ce dommage »[495].

583- En présence de cette situation délicate, le choix s'impose entre deux solutions qui correspondent à deux attitudes de l'esprit :

- Ou bien sensible à cette irréductible marge d'incertitude, le juge renonce à réparer le dommage ; il considère que la preuve n'est pas faite d'un préjudice certain et qu'il n'existe pas en l'espèce de présomptions graves, précises et concordantes qui permettent de faire le saut du connu à l'inconnu et d'affirmer dans la solennité du jugement, que la faute doit être réputée avoir causé l'entier dommage[496].

- Ou bien le juge réduit le préjudice à la mesure du lien de causalité qu'il constate avec la faute du défendeur ; il considère que, si le préjudice final et total n'est pas en relation de causalité certaine avec la faute du défendeur, il y a place au moins pour un préjudice partiel et relatif, qui s'analyse en la perte d'une chance d'obtenir le résultat escompté. C'est d'ailleurs cette démarche audacieuse qui a été suivie depuis longtemps par la jurisprudence française.

584- Une telle théorie a été étendue au domaine médical. Mais comme le précise M. J. PENNEAU, *« la perte de chance de guérison ou de survie se place dans une tout autre perspective. Ici, le malade est invalide ou décédé ; le processus s'est déroulé jusqu'à son terme et on connaît le préjudice final et son importance. La seule inconnue est, en réalité, la relation de causalité entre ce préjudice et la faute du praticien, on ne sait pas avec certitude quelle est la véritable cause du préjudice : cette faute ou l'évolution naturelle de la maladie »*[497].

585- Il n'y a donc pas véritablement de question plus complexe et confuse que celle-là, puisque la mise en œuvre de la responsabilité suppose la certitude du préjudice et du lien de causalité entre la faute et ce préjudice. Or, en l'espèce, on ne sait pas s'il y a un lien de causalité entre la faute et le préjudice. Alors on condamne, mais on ne condamne pas pour le préjudice constitué par le décès ou par l'affection grave, on condamne pour perte de chance. La responsabilité pour perte de chance est tout à fait spécifique au

---

[495] Pour la perte d'une chance de gagner un procès, Cf. Civ., 27 mars 1911, D.P. 1914.I.225, note LALOU, Pour la perte d'une chance de participer à un concours, Cf. Rennes, 15 décembre 1961, RTDC 1964.739 obs. RODIERE ; F. CHABAS, La perte d'une chance en droit français, 1991 ; P. JOURDAIN, La perte d'une chance, RTDC, 1992. 109.

[496] *Cf.* SAVATIER, note sous : JCP 1966, II, 14753 ; et D. 1970 chron., p. 123.

[497] *Cf.* J. PENNEAU, *La responsabilité médicale*, Dalloz 1992, p. 32.

droit médical, car on peut dire qu'en droit médical, le mécanisme est inversé : en effet dans le cas de la responsabilité de l'avoué, ou du jokey, on fait perdre à la victime une chance d'obtenir quelque chose de favorable alors que dans la responsabilité pour perte de chance en droit médical, on fait perdre le cas échéant à la victime une chance d'éviter un résultat défavorable, et ce n'est pas du tout la même chose. On peut donc en conclure que le mécanisme transposé du droit général de la responsabilité au droit médical de la responsabilité n'a pas été inventé, mais a été inversé et cela est fondamental. Car malgré l'absence d'un des éléments de la responsabilité en l'occurrence le lien de causalité, le praticien serait condamné. C'est en effet cette nouvelle politique qui permet d'élargir le champ des victimes indemnisées. Un tel raisonnement peut-il être appliqué à la médecine traditionnelle ?

B- APPLICATION DE CE PRINCIPE EN MÉDECINE TRADITIONNELLE

586- Dans quelle mesure la théorie de la perte de chance pourrait-elle constituer une mesure de réparation possible ? Nous pensons qu'un tel préjudice pourrait bien être aussi retenu par les juges camerounais, en matière de médecine traditionnelle, lorsque le malade ne parvient pas à démontrer que l'aggravation de son état de santé résulte des soins entrepris. Car le traitement a pu se révéler préjudiciable pour le malade qui aurait eu de meilleures chances de guérison s'il avait été soumis à un traitement conventionnel. Comme partout ailleurs, le risque que peut présenter cette théorie est son utilisation abusive par les juges du fond, en ce sens que pratique et souple, cette, notion « bonne à tout faire » a tendance à servir à l'indemnisation de dommages difficilement évaluables[498]. Ainsi les juges pourraient se référer à perte de chance en cas d'aggravation du dommage du patient par la faute du tradipraticien, alors que le lien de causalité entre cette aggravation et la faute est indéniable, seule l'importance de l'aggravation imputable au tradipraticien est incertaine, à savoir l'étendue du préjudice. L'autre risque que présente cette théorie, au regard de l'indemnisation des victimes, c'est qu'elle soit utilisée en toute occasion par des juges indécis. En effet le lien de causalité est rarement établi de façon certaine, et il est plus facile pour les juges de se réfugier dans la perte de chance chaque fois que leur conviction n'est pas solidement établie, plutôt que de tirer des éléments de preuve un lien de causalité entre la faute et le dommage final.

---

[498] *Cf.* J. BORE, L'indemnisation pour les chances perdues : une forme d'appréciation quantitative de la causalité d'un fait dommageable, JCP, 1974.I.2620 ; F. CHABAS, Vers un changement de nature de l'obligation médicale, JCP, 1973.I.2541 ; R. SAVATIER, Une faute peut-elle engendrer la responsabilité d'un dommage sans l'avoir causé ? D 1970, chr. P. 125.

587- Qu'est-ce qu'une chance au sens de la jurisprudence ? La chance se distingue d'abord du simple espoir purement subjectif : elle s'apprécie objectivement. Le malade atteint d'un cancer incurable peut conserver l'espoir de guérir, alors que médicalement cependant, il ne dispose d'aucune chance appréciable de guérison. La chance se distingue également de la certitude : elle n'est qu'une probabilité suffisante. Et ce critère permet de distinguer deux hypothèses différentes en matière de responsabilité médicale.

588- Il est des cas où c'est l'exécution défectueuse de l'acte médical qui a elle-même créé le phénomène pathologique. Et dans ce cas, la faute est la cause unique du dommage et la responsabilité qu'elle engendre ne peut être qu'entière. Mais il est d'autres cas très fréquents, dans lesquels la faute du praticien n'est pas moins certaine puisqu'il a l'obligation de dispenser au malade des soins intensifs ; mais, en de telles circonstances, cette faute n'a pu engendrer que la perte d'une chance de guérison dont la valeur est fonction du bénéfice probable que les soins omis auraient pu procurer au patient. Ces probabilités peuvent parfois approcher de 100 %, mais cela est rare, car de toute façon une marge 'incertitude subsistera toujours.

589- Ce raisonnement ne se heurterait-il pas à un obstacle d'ordre juridique ? Les seules règles juridiques qu'on lui oppose sont celles qui ont trait à la preuve de la certitude du dommage et de son lien de causalité avec le fait générateur de responsabilités ; et elles n'apparaissent pas décisives. Le législateur n'a imposé au juge aucun système déterminé de causalité. Il ne lui a pas imposé de n'accepter qu'une certitude absolue et métaphysique : il lui permet de s'en tenir à une certitude humaine et raisonnable qu'il dégage à l'aide de présomptions abandonnées à sa souveraine appréciation. Le juge est donc investi du droit d'approfondir la notion de causalité.

590- Cependant, un tel raisonnement n'en reste pas moins fort critiquable, car en principe, la perte d'une chance ne sert qu'à évaluer le préjudice[499], non à déclarer le praticien partiellement responsable d'un préjudice. On justifie le caractère partiel de la réparation en prétendant que l'on indemnise un préjudice spécifique, distinct du préjudice final : celui que constitue la chance perdue. Pour certains auteurs[500], le doute sur le lien causal ne peut être suppléé par la notion de perte d'une chance. Au sein de la jurisprudence française, bien que la Cour de cassation ait adopté, en 1982,

---

499 Cf. F. TERRE, Ph. SIMLER, Yves LEQUETTE, *Les obligations Précis*, Dalloz, 2002, p. 679, n° 700 et s.

500 *Cf.* en ce sens, Ph. Le TOURNEAU et L. CADIET, op. cit., n° 876 : « En présence d'une infirmité ou d'un décès, d'un fait accompli, il ne s'agit pas de juger d'un évènement passé dont la cause est incertaine, mais de déterminer le lien de causalité entre la faute et le dommage. Si ce lien n'est pas établi, la victime doit être déboutée ».

une telle motivation[501], des arrêts ultérieurs se sont contentés, pour fonder une responsabilité médicale, d'un lien de causalité, entre la faute et la perte de chances d'amélioration ou de guérison[502]. Par conséquent, il n'est pas exclu que cette jurisprudence puisse être transposée dans le domaine de la médecine traditionnelle. Dans l'hypothèse précédemment envisagée, le malade a subi, a priori, un préjudice certain puisque le gain espéré, en l'occurrence l'amélioration de son état de santé, est définitivement perdu. Néanmoins, son préjudice demeure éventuel, car rien n'établit que selon le cours normal des choses, il aurait obtenu le gain escompté. En fait, il n'est pas certain que son état de santé se serait amélioré s'il avait reçu un traitement « conventionnel ». Il s'ensuit qu'il appartiendra au juge d'apprécier si la chance existait réellement et s'il était probable qu'une amélioration de la santé des personnes malades survienne effectivement. Dans l'affirmative et en fonction de l'intensité de la probabilité, des dommages-intérêts, qui ne représentent cependant qu'une fraction du gain espéré, pourront être alloués aux malades victimes.

591- La mise en évidence des problèmes soulevés par l'établissement du lien de causalité existant entre le préjudice et l'activité du tradipraticien, explique, dès lors, qu'un tel lien de causalité possède des caractères pour le moins originaux au regard du droit commun.

§2. LES CARACTÈRES DU LIEN DE CAUSALITÉ

592- La particularité du dommage réparable et celle du fait dommageable se répercutent incontestablement sur le lien de causalité qui doit exister entre les deux éléments précités[503]. À notre sens, il ne s'agit plus d'établir un rapport de causalité entre une faute et un dommage, mais seulement de démontrer que le dommage a été causé par une activité, sans qu'il soit utile de rechercher l'acte précis qui se trouve à l'origine dudit dommage. C'est l'activité dans sa globalité, au titre de laquelle l'acte dommageable a pourtant été pratiqué, qui est réputée causale. Par conséquent, les caractères directs et certains qui s'attachent en principe au lien de causalité, devraient faire l'objet, en l'espèce, d'une interprétation extensive puisqu'ils doivent être appréciés au regard d'une activité envisagée dans sa globalité et non au regard d'un fait précis.

---

[501] Civ., 1ère, 17 nov. 1982, JCP 1983, II, 20056 ; D. 1984, 308 ; RTDC 1983, 547.

[502] Civ., 1ère, 8 janv. 1985, D. 1986, 390 et Crim. 20 mars 1996, B. n0 119 ; RTDC 1996, 912 ; JCP 1996, I. 3985, n° 22 (la relaxe fondée sur l'absence de causalité entre la faute médicale et le décès ne fait pas obstacle à une condamnation civile fondée sur la causalité entre la faute et la perte d'une chance de survie).

[503] *Cf.* G. MARTY, *De la relation de cause à effet comme condition de la responsabilité civile*, RTDC 1939. 685 ; R. BARROT, B. NICOURT, *Le lien de causalité*, Masson, 1986.

593- Dès lors la jurisprudence camerounaise doit-elle assouplir, l'exigence traditionnelle du lien de causalité ? Le lien de causalité demeure un élément déterminant dans la mise en œuvre de la responsabilité du tradipraticien, et il ne saurait être question de se satisfaire de simples indices ou de présomptions de fait qui conduiraient à une probabilité suffisante de causalité. À défaut cela équivaudrait à présumer l'existence du lien de causalité ; cette solution qui s'inscrirait certes dans la tendance visant à améliorer l'indemnisation des victimes risquerait aussi d'engendrer une responsabilité quasi systématique du tradipraticien. Ce qui n'est pas une bonne solution non plus. Toutefois, ce dernier peut aussi s'exonérer de sa responsabilité en démontrant que le dommage résulte en réalité d'une cause qui lui est étrangère.

594- Conformément aux règles de droit commun, le tradipraticien peut parvenir à limiter, voire à exclure sa responsabilité en opposant au malade certaines causes d'exonération. Une action en responsabilité civile contractuelle intentée contre le tradipraticien peut donc permettre au malade de percevoir une réparation intégrale de son préjudice. Il peut arriver que le dommage éprouvé par le malade trouve son origine dans son fait personnel. Par exemple en dépit de la faute commise par le praticien, le malade serait décédé des suites d'une autre affection contre laquelle on ne pouvait rien. Dans ce cas, le fait du malade doit entraîner une exonération totale de la responsabilité du tradipraticien.

595- Toutefois la question qui se dégage est de savoir si l'on peut considérer que le malade qui consent à se prêter à un soin médical traditionnel accepte sciemment de s'exposer à un risque éventuel si minime soit-il ? Dans quelle mesure le consentement du malade exonère-t-il le soignant ?

596- Nous pensons que lorsque le dommage s'accroît au-delà du caractère normal, son acceptation, en toute connaissance de cause, est constitutive d'une faute susceptible de conduire à un partage de responsabilité. La faute du malade victime qui, par exemple, consent délibérément à se prêter à un soin dangereux peut permettre au tradipraticien de se dégager au moins partiellement de sa responsabilité.

597- D'une manière générale, toute faute commise par le malade dans l'exécution de soin est de nature à entraîner un partage de responsabilité. Il n'est guère nécessaire qu'elle constitue une faute particulièrement grave Il suffit que le comportement du malade présente à l'égard du tradipraticien un caractère extérieur normalement imprévisible et insurmontable. Le tradipraticien est alors exonéré de sa faute si la faute de la victime a seulement contribué à la production du dommage. Il est totalement exonéré si la faute est la cause du dommage. Mais l'attitude du malade n'est pas la seule cause d'exonération dont le tradipraticien peut se prévaloir, puisque le dommage a pu être également provoqué par un fait extérieur à la victime.

598- Le praticien traditionnel peut tenter de se dégager de sa responsabilité en démontrant que le préjudice résulte en réalité du fait d'un tiers. La personne qui a causé par son fait un préjudice au malade peut être totalement étrangère à la convention de soin médical traditionnel[504]. Dans une telle hypothèse, le tiers doit néanmoins agir en toute indépendance puisque s'il est le préposé de guérisseur, ce dernier assume la responsabilité des actes effectués par ses préposés. Outre le fait que le tiers à l'origine du dommage ne doit pas être placé sous la sphère d'autorité du tradipraticien, son comportement doit se révéler totalement imprévisible et irrésistible. En d'autres termes, le fait du tiers doit présenter tous les caractères de la force majeure pour constituer une véritable cause d'exonération pour le tradipraticien. Lorsque le dommage subi par le malade provient exclusivement du médicament administré par le tradipraticien, il en assume l'entière responsabilité, car il lui incombe de vérifier, dans la mesure du possible, le produit n'est pas dangereux pour la santé[505].

599- En définitive, le tradipraticien peut parvenir à se dégager de sa responsabilité en démontrant que le dommage résulte d'un cas fortuit[506]. L'événement à l'origine du préjudice doit être non seulement imprévisible et irrésistible, mais doit également avoir un caractère d'extériorité. Il doit donc être étranger à la personne même du tradipraticien, mais aussi aux choses qu'il utilise ou aux personnes dont il répond. L'événement doit donc être étranger à la sphère d'autorité et de compétence du tradipraticien, condition qui réduit les cas de force majeure aux seuls événements qui découlent des forces dites naturelles[507]. L'existence d'un cas fortuit permet alors au tradipraticien de s'exonérer totalement de sa responsabilité. Cependant si cette exonération n'est pas établie, il se trouvera dans l'obligation de réparer le dommage qu'il aura créé.

---

[504] Le malade peut être amené à consulter un médecin pour d'autres soins et ce dernier peut lui prescrire des médicaments pourtant contre-indiqués, provoquant alors une nette aggravation de l'état de santé du malade.

[505] Cf. supra n° 440 et s.

[506] Cf. article 1148 du C. civ.

[507] Par exemple le dommage subi par le malade à la suite d'un incendie provoqué par la foudre représente un événement de force majeure.

CHAPITRE 2

LA RECHERCHE D'UNE RÉPARATION ADÉQUATE

600- Lorsqu'une personne se livre à un tradipraticien, elle espère que ce dernier lui proposera le traitement lui permettant d'obtenir la guérison. Mais il ne s'agit là que d'un espoir et non d'une exigence, car elle sait que la médecine traditionnelle n'est pas une science ; et même si elle l'était, elle ne serait pas une science exacte. Dès lors la guérison dépend de multiples facteurs dont certains échappent à la maîtrise du tradithérapeute. Comme dans tout processus de guérison, l'aléa est aussi présent, ponctué par les limites de la connaissance et les vicissitudes d'un corps humain malade. Si cet échec est de moins en moins bien perçu, c'est souvent par déception et non pas véritablement par accusation. Parfois, il finit dans certains cas, par être compris des patients comme un événement de pure fatalité, si bien qu'ils renoncent à agir en justice contre le tradipraticien.

601- En revanche, et de plus en plus aujourd'hui, le malade ne tolère pas que le traitement entrepris débouche sur une aggravation de son état ou sur une atteinte supplémentaire à son intégrité corporelle[508]. Tout patient voit dans toute forme de médecine un art destiné à soigner, à soulager, à protéger, et non à léser. En passant le seuil de la porte du tradipraticien, personne n'envisage le risque de subir un dommage nouveau, voire de mourir pour une cause autre que sa maladie[509].

602- En droit, cette attente du patient n'est pas satisfaite : il n'existe pas de droit à la sécurité des patients. Ce vide juridique, caractérisé par l'absence de protection d'un intérêt pourtant légitime, fait que, pour l'heure, les victimes supportent ce risque comme une profonde injustice surtout lorsqu'elles n'obtiennent aucune indemnisation. Cette situation est vécue comme une iniquité indigne d'un droit qui se veut protecteur.

---

[508] L'article 23 du projet de loi cadre de l'OMS dispose que le tradipraticien est civilement et pénalement responsable de tous les actes qu'il pratique. Et selon l'article 25, toute personne est habilitée à intenter des actions : soit devant les juridictions civiles pour la réparation des préjudices subis, soit devant les juridictions pénales pour la répression des actes qui constituent des crimes ou des délits.

[509] *Cf.* TPI Douala, jugement n° 1123 du 15 fév. 1976. Un guérisseur avait fait boire à une patiente une potion laxative qui a entraîné la mort de cette dernière 24 heures plutard. Alors qu'avant la consultation celle-ci paraissait relativement bien portante.

603- L'objet de la responsabilité civile en général est la réparation du dommage. Celle-ci peut résulter d'un accord entre le responsable et la victime et il y a alors réparation amiable. En l'absence d'accord, le créancier aura recours au juge et la réparation sera alors assurée judiciairement. Il en résulte qu'une action en justice est nécessaire. L'action intentée doit être alors fondée sur les règles de la responsabilité médicale de droit commun.

SECTION 1 : LES DIFFICULTÉS PROBATOIRES

604- La médecine traditionnelle comporte beaucoup d'incertitudes et s'installe dans le doute ; les causes de la maladie sont extrêmement variées. Alors, affirmer qu'il y a ou qu'il n'y a pas un lien de causalité entre la faute et le préjudice est de moins en moins évident. La production des preuves est un obstacle[510] auquel les patients, victimes des actes dommageables des tradipraticiens, se heurtent généralement dans leur démarche indemnitaire. En général la victime d'un acte dommageable du tradipraticien pourra parvenir sans trop de difficulté à prouver son préjudice. En revanche, les deux autres preuves seront plus délicates à rapporter. Cet obstacle de la preuve de la faute ou du lien de causalité constitue l'une des raisons qui pourraient expliquer le faible recours au juge en cas de dommage lié à la médecine traditionnelle. La raison tient à ce que la faute du tradipraticien et le lien de causalité doivent être prouvés dans un contexte qui s'avère assez souvent difficile pour le demandeur. Il se heurtera parfois, à l'hermétisme ou à l'obscurantisme de cet art de guérir et surtout à la difficulté de convaincre le juge en reconstituant un passé par des indices souvent bien fugitifs. Ce constat nous conduit nécessairement à nous référer à la jurisprudence du droit médical classique dans le but d'analyser non seulement les différents obstacles, mais également les techniques que pourraient mettre sur pied leurs homologues camerounais pour assouplir, voir à détourner de sa rigueur, la preuve aussi bien dans l'établissement d'une faute (§1) que dans celui du lien de causalité (§2).

§1. L'OBSTACLE DE LA FAUTE PROUVÉE

605- La faute constitue le point d'ancrage, la condition *sine qua non*, de la mise en œuvre de la responsabilité des professionnels de santé en général[511]. L'orthodoxie du droit repose, pour le patient, sur la règle « du

---

[510] Selon M. SAVATIER, « le barrage de la preuve est général, et le plus souvent infranchissable » cf. Savatier, la responsabilité médicale, 1948, p. 59.

[511] D. TRUCHET, « La faute et la loi du 4 mars 2002 en matière de responsabilité des établissements publics de santé », RDSS 2015, p.14 ; G. SALEM, « Contribution à l'étude de la responsabilité médicale pour faute en droit français et américain, Thèse Université Paris VIII, mars 2015 ; pp. 80-83.

tout ou rien » : s'il parvient à prouver la faute[512], il est indemnisé de son préjudice. À l'inverse, s'il n'y a pas de faute ou, ce qui dans les faits revient au même, si l'apport de la preuve est impossible, aucune indemnisation n'est permise.

606- Quel sort réserver ou pourrait-on réserver à ces dommages non imputables à une faute du tradipraticien ? Ne méritent-ils pas tout autant réparation ? Précisément parce qu'il n'existe pas d'autres critériums que la faute pour mettre en œuvre la responsabilité du tradipraticien, leur réparation serait-elle donc vouée à l'échec ? Plusieurs jugements en sont le témoignage et permettent de dresser un tableau particulièrement inconvenant de la situation dans laquelle les victimes sont campées. La force et la pérennité des principes dégagés par l'article 251 du Code pénal incitent parfois les juges à négliger toute réflexion. Profitant de l'intangibilité du principe de l'obligation de moyens, ils parviennent ainsi parfois à évincer des difficultés qui auraient peut-être mérité un approfondissement. On peut observer, au sein de certaines juridictions, l'utilisation coutumière de formules lapidaires pour relaxer, soit pour condamner le tradipraticien. Alors même que très souvent dans ce dernier cas, rien ne permet d'affirmer qu'il y a eu magie ou divination.

607- Leur inadaptation est parfois frappante : alors que les victimes subissent des jugements de déboutés parce qu'elles ne sont pas parvenues à prouver avec pertinence et conviction qu'une faute avait été commise par le tradipraticien, les juges tentent de justifier leurs décisions par des considérations directement axées sur la spécificité de l'activité médicale en cause. Ainsi les juges refusent-ils de reconnaître la responsabilité du tradipraticien en se contentant d'affirmer que la médecine traditionnelle n'est pas une science exacte. La même solution prévaut lorsque le dommage est la manifestation d'une pathologie intrinsèque inexplicable qu'il est impossible de prévenir ou de guérir.

608- La victime a souvent beaucoup de mal à prouver qu'une faute a été commise par le tradipraticien[513], d'autant plus que la faute n'est pas de l'essence même de ce type de dommages, ainsi le dommage est-il très souvent facilement imputé au sort, au destin, à la sorcellerie ou encore à l'aléa thérapeutique qui peut être défini comme un l'élément incertain de la guérison. Cet état de choses entraîne un abandon important des procédures par les victimes, lesquelles, découragées par les solutions de jurisprudence

---

[512] Que M. SERIAUX appelle en d'autres circonstances « acte de déloyauté », car dit-il, l'essence du contrat est la fidélité à l'autre ; Droit des obligations, droit civil, Coll. Droit fondamental, P.U.F. 1992, n° 59.

[513] En effet alors que devant la juridiction pénale la réunion des éléments de preuve (pour ou contre) incombe à un magistrat, devant la juridiction civile c'est à la victime qu'il appartient de démontrer que sont réunies les conditions de la responsabilité civile du tradipraticien.

antérieures ayant statué en leur défaveur dans des cas similaires, se résignent à vivre leur dommage dans un sentiment d'injustice. Le débouté des victimes est presque certain lorsque l'absence de preuve d'une faute se double d'un lien de causalité incertain entre l'acte et le dommage. Cette situation n'est pourtant pas la plus choquante. Pire encore est la position de la victime dont on refoule les prétentions pour absence de preuve d'une faute, alors que le dommage provient avec certitude du traitement.

609- La preuve d'une faute étant le passage obligé pour accéder à l'indemnisation, peu importe que la causalité entre le dommage et le traitement soit certaine. Il importe peu que le dommage ait été provoqué par l'action du tradipraticien ; aucune indemnisation n'est possible sans la faute démontrée. Il importe peu que le dommage ait été provoqué par l'action du tradipraticien, aucune indemnisation n'est possible sans faute démontrée. Les déboutés par ce motif sont malheureusement trop fréquents. Quel que soit le fait générateur du dommage, le fait d'une chose ou le fait personnel, seule une faute peut être génératrice de responsabilités. Autrement dit, si le dommage est imputable à l'utilisation d'une lame souillée ayant entraîné la contamination du malade par le virus du sida suite aux incisions cutanées ou scarifications effectuées sur le malade, le tradipraticien n'est responsable que si la victime prouve une négligence ou une imprudence de sa part[514]. Il existe un véritable vide juridique pour ce type de dommages dont la réparation ne devrait pas être subordonnée à la preuve d'une faute.

610- Cette technique procède d'une logique d'équité qu'utilisent les magistrats anglo-saxons depuis 1895 sous le nom de maxime « res ipsa loquitur »[515]. Les juges trouvent à l'appliquer lorsque le fait générateur du dommage est inconnu, mais que les circonstances dans lesquelles il s'est produit sont telles qu'il ne peut normalement s'expliquer que par une faute du défendeur. « *Le dommage est tellement anormal, inexplicable et inattendu, qu'il ne peut résulter que d'une faute, ne pouvant s'expliquer autrement* »[516]. Dès lors, les magistrats, insatisfaits des résultats négatifs sur la recherche des preuves, vont passer de l'inconnu au connu par une extrapolation répondant à leur intime conviction. Ils vont induire « *de l'existence d'un résultat qui est certain, l'existence d'une faute qui ne l'est pas* »[517]. Puisque le dommage est tel qu'il ne peut avoir pour cause qu'une

---

[514] *Cf.* supra, n° 573.

[515] Avec toutefois une certaine hostilité en matière médicale au motif que « s'il est possible de tirer certaines conclusions concernant le comportement normal des choses, le même raisonnement ne s'applique pas nécessairement à un être humain » : juge Andrew, cité par J6L. FAGNARD, les remèdes possibles, Responsabilité civile professionnelle, le point, octobre 1995.

[516] M. BLOCH-MAUREL, *L'indemnisation des accidents médicaux* , Les petites affiches, 04.07.97.

[517] *Cf.* S. HOCQUET-BERG, thèse préc. N° 160.

faute commise par le praticien, ils vont présumer la faute de ce dernier à partir de l'anormalité du dommage[518]. L'idée, c'est que le dommage parle de lui-même. Cette technique est le fruit d'un raisonnement a contrario. On établit d'après les circonstances, « non pas que le demandeur a commis telle faute précise, mais qu'il n'a pas pu ne pas en commettre une »[519]. Le plus souvent le dommage est bien d'une gravité inexplicable et l'acte incriminé correspond à un acte de soins courant et de caractère bénin.

611- L'intérêt de cette technique est de faire présumer non seulement la faute, mais également le lien de causalité[520]. Les circonstances de fait se prêtent souvent à l'application de cette technique. La raison vient de ce que, bien souvent, il s'est écoulé un délai très long entre la survenue du dommage et le moment où le juge est appelé à statuer, de sorte que la victime éprouve quelques difficultés à en retracer avec précision les circonstances. Cette technique vise également à trouver la faute dans un geste malencontreux du praticien.

612- La faute incluse est une facette de la faute virtuelle qui va à l'encontre du principe selon lequel toute faute doit être caractérisée et qui consiste à prendre pour postulat non plus la nature du dommage, mais la nature du geste incriminé. Elle trouverait à s'appliquer lorsque le geste du tradipraticien inclut en lui-même une faute. Dès lors le comportement reproché n'a pas à être soumis à une recherche de la faute puisqu'il est ipso facto fautif.

613- La victime qui a passé le cap de la faute prouvée n'est pas pour autant assurée d'obtenir l'indemnisation de son dommage. Il lui reste l'obstacle de l'établissement du lien de causalité entre celui-ci et la faute commise.

§2. L'OBSTACLE DE LA CAUSALITÉ

614- En droit, chacun est responsable du dommage qu'il cause, et de celui-là seulement[521]. Démontrer que l'activité du tradipraticien a provoqué l'apparition ou l'aggravation d'une maladie ne sera pas chose aisée. Quels sont les faits qui ont causé le dommage ? Quand peut-on dire qu'un fait est la cause d'un dommage ? La réponse à ces questions s'avère délicate. Une

---

[518] F.- A. SIMO KOUAM, « La faute en droit médical et hospitalier : contribution à l'amélioration du système hospitalier camerounais », Juridis Périodique, n° 107, septembre 2016, p. 114.

[519] *Cf.* J. PENNEAU, thèse préc. N° 319.

[520] *Cf.* P. BRUN, « Les présomptions dans le droit de la responsabilité civile », thèse Chambery, 1993.

[521] *Cf.* P. ESMEIN, « Le nez de Cléopatre ou les affres de la causalité : D ». 1964, chron. 205 ; F. CHABAS, « Bilan de quelques années de jurisprudence en matière de rôle causal : D. 1970 », chron. 113 ; Y. LAMBERT-FAIVRE, « De la poursuite à la contribution : quelques arcanes de la causalité : D. » 1992, chron. 311.

pluralité de causes peut être à l'origine du préjudice subi. En effet, le préjudice peut fort bien résulter de l'évolution naturelle de la pathologie initiale dont souffrait la personne avant de rencontrer le tradipraticien, sans que les soins aient produit une quelconque interférence. Il peut également n'exister qu'une simple coïncidence entre l'apparition d'un état pathologique et le traitement administré.

615- De même, l'aggravation de la maladie peut provenir, tout simplement, d'une inadaptation du traitement conventionnel poursuivi pendant l'exécution du traitement traditionnel comme c'est le cas assez couramment. Dès lors ; la complexité de l'analyse provient du fait que d'une part, dans domaine de la médecine traditionnelle, l'état des connaissances, dû pour une grande part à la non scientificité de cette forme de médecine, ne permet pas toujours de mettre en lumière le lien de causalité entre le traitement administré et le dommage subi par la victime. D'autre part, les hypothèses de prédisposition de la victime sont fréquentes en la matière, celles-ci étant souvent des personnes malades.

616- Nous suggérons, comme c'est d'ailleurs le cas dans certains centres de soins traditionnels[522], que les malades soient astreints à la pratique d'un examen médical préalable à la mise en œuvre d'un traitement traditionnel ; il constitue ainsi le plus sûr moyen de contrôler l'état de santé initial du patient. Cette pratique permettrait également de renforcer et surtout d'assainir les rapports entre médecins et tradipraticiens dans le cadre de la collaboration entre les deux formes de médecine. Tout bien considéré, l'existence d'un lien de causalité entre la faute du tradipraticien commise dans l'exécution du contrat de soin le liant au patient, et le dommage causé par ces soins est malaisé à établir. Les obstacles à l'établissement du lien de causalité ne sont pas propres à la seule médecine traditionnelle, mais se rencontrent aussi dans le domaine médical conventionnel. Le « lien causal »[523] est très difficile à définir, surtout en une matière particulièrement complexe comme la médecine traditionnelle. Les tradipraticiens agissent souvent dans des situations par nature pathologiques, dans lesquelles peuvent se combiner l'évolutivité de l'état du patient et la réceptivité de certains produits.

617- La preuve de l'existence du lien de causalité étant très complexe à établir, certaines techniques consistent tantôt à déplacer la preuve de la causalité sur un autre terrain, celui de la perte de chance, tantôt à présumer de manière camouflée que la causalité est établie. La technique de la perte de

---

[522] Lors de nos investigations sur le terrain, il nous a été donné de constater que certaines associations de tradipraticien, en l'occurrence l'association des tradipratiens de l'ouest, exigeaient de leurs futurs clients, le résultat des examens de laboratoire prescrits soit par un médecin soit par le tradipraticien lui-même

[523] J. PENNEAU *La responsabilité du médecin*, Dalloz 1992, p. 34.

chance modifie, comme précédemment analysé[524]e, la problématique de la causalité et plus précisément l'objet du lien de causalité. Il ne s'agit plus pour la victime de prouver que la faute établie du tradipraticien est bien la cause directe du dommage du client, mais seulement d'établir que cette faute l'a privé d'une chance de guérir, d'éviter les séquelles ou de mourir. Dès lors que cette chance existait bien, fut-elle unique ou infime[525] ; en revanche, si aucun élément ne permet d'étayer l'existence d'une telle chance, il ne peut y avoir réparation[526], puisque le préjudice hypothétique ne peut être indemnisé. Partant de la difficulté à prouver le lien de causalité, il serait logique d'estimer que mieux vaut une demi-justice que le risque d'une injustice totale, quand bien même les principes ne seraient pas pleinement respectés.

618- En médecine traditionnelle, la théorie de la perte d'une chance apparaît alors d'un précieux secours pour retenir la responsabilité d'un tradipraticien dès lors qu'il est fautif, en éludant la preuve par la malade victime, du délicat lien de causalité[527]. C'est en quelque sorte une technique d'équité destinée à faire profiter la victime de l'existence d'un doute sur la causalité entre le dommage subi et la faute prouvée. Il serait bien trop facile de se retrancher derrière le doute et la non scientificité de la médecine traditionnelle, pour échapper à la responsabilité étant donné le caractère fuyant des éléments de preuve en cette matière. Ce qu'on indemnise en réalité, c'est un préjudice tout différent, qui est d'ordre moral : la perte d'une chance. La perte de chance est une question qui relève de l'appréciation des juges du fond, lesquels peuvent la déclarer nulle, partielle ou totale.

619- Mais ce qui est particulièrement intéressant à observer au regard de notre sujet, c'est que cette technique, d'application générale et ancienne, peut aussi bien être utilisée en cas d'échec d'une guérison espérée du patient dû à une erreur de traitement. Autrement dit, elle pourrait avoir vocation de permettre l'indemnisation des maladies non vaincues ou aggravées du fait des fautes commises dans l'accomplissement d'actes relatifs à la médecine traditionnelle. Mais une telle mesure est considérée comme trop sévère ; il faut relever que c'est surtout l'absence ou l'insuffisance d'information qui se prêterait le mieux à la mise en œuvre de cette théorie.

620- C'est une logique de bon sens qui commande d'y recourir. En effet, sur le plan de l'équité, on ne voit pas quelle raison pourrait justifier une discrimination et une non application de cette théorie à une personne victime

---

[524] Voir supra, p. 581 et s.

[525] Civ, 1ère, 27 janv. 1970, B. civ., n° 37 ; D. 1970. som.70 ; JCP 1970.II.16422, note RABUT.

[526] Tel par exemple l'absence de perte de chance d'éviter un dommage en l'occurrence une surdité, dès lors qu'il était impossible de poser un diagnostic avant l'apparition de ce phénomène, ou d'entreprendre un traitement.

[527] A. RABUT op. cit.

d'un risque auquel elle n'était pas exposée : N'y a-t-il pas dans ce cas un préjudice tout aussi indemnisable ? En effet serait-il juste de refuser à certaines victimes toute indemnisation, alors qu'on l'accepterait au profit des autres parce qu'elles sont engagées dans un quelconque processus morbide ?

621- Nous pensons donc que la reconnaissance de la perte d'une chance de guérison ou de survie à la charge du tradipraticien permettrait d'indemniser les dommages relatifs à leurs actes de manière beaucoup plus cohérente et moins artificielle en évitant des imbroglios juridiques dont la logique semble parfois contestable. Mieux vaudrait donc abandonner le recours fallacieux à la notion de pratiques de sorcellerie que les juges utilisent comme « roue de secours » et qui permet dans certains cas, soit de refuser toute indemnisation à la victime, soit d'accorder une indemnisation alors qu'il existe des doutes sur la causalité. Il faudrait plutôt admettre ouvertement une appréciation plus libérale de la causalité, parce que le domaine de la médecine traditionnelle, en raison des particularités qui lui sont propres, le justifie.

622- Certes la technique de la perte d'une chance, si louable soit-elle dans son objectif, et nécessaire en raison de la sénescence des principes de la responsabilité par rapport de la médecine traditionnelle, ne saurait donc constituer un moyen de régler toutes les questions de l'indemnisation des dommages liés à la médecine traditionnelle dans son ensemble. Même si on peut considérer que par l'application de ce principe, la charge de la victime pourrait être sensiblement assouplie.

623- Nous avons voulu dénoncer le recours abusif à l'article 251 du Code pénal toutes les fois où le juge se sentait embarrassé même si dans les faits exposés on ne recèle aucun problème de pratiques de sorcellerie, simplement un lien de causalité douteux. Cependant lorsqu'une faute a véritablement été commise par le tradipraticien, et a eu pour conséquence une atteinte à l'intégrité corporelle du patient, elle doit être sanctionnée en tant que telle, et engager la responsabilité de ce dernier sur le fondement de la responsabilité pour faute prouvée. Certes toute dénaturation de principes comporte en elle-même ses propres limites.

624- En droit commun, la responsabilité se caractérise par l'obligation de réparer l'intégralité du dommage[528]. L'analyse des cas d'ouverture du droit à réparation étant établie, il convient dès à présent de nous pencher sur les conditions de mise en œuvre de réparation.

---

[528] *Cf.* Y. LAMBERT-FAIVRE, *Droit du dommage corporel*, Précis Dalloz, 2000.

SECTION 2 : LES CONDITIONS DE LA RÉPARATION

625- La mise en œuvre de la réparation ne peut être possible que si les moyens des réparations sont respectés (§2) et si la créance de la victime n'est pas éteinte par la prescription (§1),

§1- LA PRESCRIPTION

626- Une très grande disparité caractérise les règles de prescription en droit Camerounais. En effet, celle-ci obéit aux règles applicables devant la juridiction auprès de laquelle la victime porte son action, compte tenu de la nature de cette action. Puisqu'il s'agit dans le cadre de notre étude d'une responsabilité contractuelle, l'action de la victime sera portée devant la juridiction civile. Cette juridiction demeure soumise à la prescription de droit commun conformément à l'article 2262 du Code civil[529] : la prescription est donc de trente ans.

627- Ce sont les dispositions du code de procédure pénale qui seront applicables si la victime porte son action devant la juridiction répressive. Et d'après le Code de procédure pénal, l'action civile ne peut être engagée devant la juridiction répressive après l'expiration du délai de prescription de l'action publique : un an pour les contraventions, trois ans pour les délits, et dix ans pour les crimes. Toutefois, s'il y a dissociation de l'action publique, et de l'action civile, la victime ayant saisi directement la juridiction civile de sa demande en réparation, celle-ci se prescrit selon les règles civiles. Ainsi donc l'expiration du délai de prescription de l'action publique ne fait pas obstacle à ce que l'action puisse être exercée devant la juridiction civile, dans les délais de prescription prévus par le Code civil.

628- En France, un souci d'unification s'est manifesté en matière de prescription. En effet, au terme du nouvel article L. 1142-28 du code de la santé publique, « les actions tendant à mettre en cause la responsabilité des professionnels de santé ou des établissements de santé publics ou privés à l'occasion d'actes de prévention, de diagnostic ou de soins se prescrivent par dix ans à compter de la consolidation du dommage »[530]. Le législateur camerounais gagnerait à se préoccuper d'un tel souci d'unification.

---

[529] Selon lequel « Toutes les actions, tant réelles que personnelles, sont prescrites par trente ans, sans que celui qui allègue cette prescription soit obligé d'en rapporter un titre, ou qu'on puisse lui opposer l'exception déduite de la mauvaise foi ».

[530] D'après la Cour de cassation, « il conviendrait de généraliser à dix ans le délai maximal de prescription des actions en toute matière ; bien entendu, cette suggestion ne concerne pas la prescription acquisitive ou usucapion ».

§2- LES MOYENS DE LA RÉPARATION

629- Par sa nature, l'acte de soin traditionnel est également constitutif d'une atteinte à l'intégrité corporelle dès lors, pénalement quantifiable. En général, les actions en responsabilité qu'elles soient pénales ou civiles, ressortissent de la compétence des juridictions de l'ordre judiciaire. Les juridictions répressives compétentes pour statuer sur l'action civile, dans la mesure où le dommage résulte d'une infraction pénale[531], rattachent généralement celui-ci non pas à la violation d'une obligation contractuelle, mais directement à l'infraction résultant de l'atteinte portée à l'intégrité corporelle ou à la vie du patient par la faute du praticien.

630- À l'heure actuelle, le système des assurances est totalement méconnu en médecine traditionnelle. Nous suggérons que la future réglementation de l'exercice de la médecine traditionnelle prenne en compte la question des assurances. En effet l'instauration d'une assurance obligatoire est souhaitable du fait de l'exercice de leur activité à titre libéral. Cette assurance sera destinée à les garantir pour leur responsabilité civile susceptible d'être engagée en raison de dommages subis par des patients et résultant d'atteintes à la personne, survenant dans le cadre de leur activité de traitement.

631- En définitive, il convient de noter que les victimes des actes dommageables se retrouvent dans une situation d'injustice du fait de la non réparation des dommages qu'elles subissent. Cette injustice est telle qu'elle ne doit plus laisser dans l'indifférence les créateurs du droit, lesquels doivent manifester la volonté de venir en aide aux victimes, soit explicitement par la réglementation de la médecine traditionnelle, soit implicitement par le recours à divers expédients permettant d'atténuer la rigueur du régime juridique actuel.

632- Certes la médecine traditionnelle est relativement limitée dans l'obtention des guérisons, par rapport aux « miracles » qu'accomplit la médecine moderne ; elle est éminemment moins dangereuse par les moyens limités dont elle dispose pour guérir. Cependant nombre d'actes que requiert la médecine traditionnelle sont plus complexes en ce sens qu'ils ne mettent plus seulement à l'épreuve les compétences du tradipraticien, mais aussi sa sagacité dans les domaines les plus variés. Les malades, et a fortiori les victimes, ne se plaignent pas toujours. Pourtant, malgré certaines menaces que peut représenter la médecine traditionnelle pour les patients, ils sont devenus de véritables « consommateurs » de cette médecine. En conséquence, il est regrettable de constater l'existence d'une sorte de consensus en faveur de leur pérennité, au nom de la spécificité de cette forme de médecine.

---

[531] Cf. Article 3 du Code de procédure pénal.

CONCLUSION DE LA DEUXIÈME PARTIE

633- Au terme de l'analyse qui vient d'être faite, il est possible de conclure à une application des règles émanant du régime général de la responsabilité contractuelle. La solution serait d'autant plus favorable à la victime que le tradipraticien sera considéré comme responsable du fait des actes dommageables qu'il commet. Au stade de la poursuite, la présence d'une faute et d'une relation de causalité doit être effectivement démontrée pour que la responsabilité du tradipraticien soit retenue. On note d'ores et déjà l'ampleur de la difficulté. Cependant pour contourner l'obstacle du lien de causalité, la victime peut aussi invoquer le préjudice relevant de la perte d'une chance.

634- Nous avons constaté que le délit d'exercice illégal de la médecine dans un tel contexte ne s'appliquerait pas aux tradipraticiens parce qu'ils exercent leur activité avec des méthodes traditionnelles. Ce délit s'appliquerait en revanche aux usurpateurs du titre de médecin et qui pratiquent la médecine conventionnelle sans être titulaire de diplômes de médecins. De même qu'il serait injuste de reprocher à la médecine moderne lors de son implantation d'avoir voulu protéger les malades contre les charlatans, de même il est injuste de noter un trait constant de la stratégie médicale envers ceux à qui elle disputait le terrain : assimiler toute action thérapeutique qu'elle ne contrôle pas de charlatanisme[532] ou d'exercice illégal de la médecine. Certes la règle de droit doit tenir compte de l'état sanitaire d'une société donnée, à une époque donnée et le texte de loi ne peut donner un résultat que s'il n'est pas trop décalé par rapport à la réalité. Nous pensons que pour éviter de créer la confusion dans l'esprit du juge appelé à statuer sur une affaire relative à la médecine traditionnelle, une réforme est nécessaire avant toute réglementation de l'exercice de la médecine traditionnelle. Nous suggérons l'abrogation de cet article 16[533].

À défaut il est souhaitable que les personnes visées par cette loi soient spécifiées. Car les lois sont faites pour être appliquées et si une loi est mauvaise, il faut purement et simplement la supprimer. Est-ce une idée simpliste ? À notre avis c'est une idée à la fois simple et exacte : le destin des lois ne doit pas être de vieillir dans la naphtaline[534].

---

[532] *Cf.* J.P. PETER, Quiconque n'est pas docteur, n'est-il qu'un charlatan ? Autrement 15/78.

[533] De la loi n° 90/036 du 10 août 1990 portant organisation de la profession de médecins.

[534] Il importe de noter que cette pénale est une ancienne loi introduite dans notre pays lors de la colonisation mais qui au lieu d'être abrogée, a été maintenue lors de la réorganisation de la profession de médecin en 1990.

CONCLUSION GÉNÉRALE

« *Tant qu'une chose n'est pas faite, les hommes s'étonnent si on leur dit qu'elle est possible ; et quand elle se trouve faite, ils s'étonnent au contraire qu'elle ne l'ait été plus tôt* ».

BACON

« *La persévérance vaut mieux que la force* ».

Proverbe Bamiléké.

635- Cette étude nous a été inspirée par notre conviction que la médecine traditionnelle constitue une possibilité d'évolution de la santé dans notre pays vers un potentiel plus. En effet, les recherches visant au développement de la médecine traditionnelle ne peuvent être que pluridisciplinaires, intégrant : la sociologie, l'ethnologie, la psychologie, la botanique, la physiologie et bien sûr le droit. Dès lors plutôt que de balayer de la main l'apparente inadaptation des normes juridiques à cette forme de médecine, nous nous sommes efforcées de mettre en exergue la possibilité pour le droit de régir les actes du tradipraticien.

636- Tout au long de cette étude, nous avons constaté que l'analyse juridique de la médecine traditionnelle ne va pas sans poser des problèmes. Il est toujours très difficile de mettre ensemble deux communautés dont l'histoire, la langue, les concepts et le vocabulaire sont très différents. Juristes et tradipraticiens vivent dans des environnements bien distincts, même s'ils ont à se côtoyer. Il y a donc un problème de perception mutuelle. « *Médecine et droit sont pourtant parmi les plus vieilles activités humaines et le couple qu'ils forment est un des plus [...] conflictuels* »[535]. Afin de veiller aux conséquences du développement de la médecine traditionnelle, l'établissement d'une définition légale des conditions d'exercice, s'avère nécessaire. Celle-ci ne saurait reposer sur la seule conscience des tradipraticiens.

637- Il s'en suit qu'une opération de qualification juridique des pratiques concernées est indispensable, et quand bien même l'activité en cause disposerait d'un caractère particulier au regard de la médecine conventionnelle ; les catégories juridiques existantes se suffisent à elles-mêmes pour identifier et définir l'ensemble des actes accomplis[536]. L'analyse des aspects juridiques de l'activité du tradipraticien confirme cet état de fait. L'application des règles de droit existantes a finalement été rendue possible en raison de quelques ressemblances entre l'activité médicale courante et l'activité de soin relative à la médecine traditionnelle. Sinon, il aurait été inconcevable d'adapter les qualifications connues en les distordant à l'extrême, les vidant alors de leur sens originel.

638- Il reste qu'à de multiples reprises, la référence constante à l'activité médicale conventionnelle a mis en évidence la particularité de cette pratique. Si l'intérêt thérapeutique représente les finalités des actes de soins et du recours au guérisseur, la particularité de la médecine traditionnelle justifiait bien une étude sur les aspects juridiques de son exercice. La détermination

---

[535] En ce sens, *cf.* A. DEMICHEL, « Médecine et droit : bilan provisoire d'une cohabitation problématique », in *Etudes offertes à J.M. AUBY*, Dalloz, 1992, p. 705.

[536] En ce sens, *cf.* G. RIPERT, *Les forces créatrices du droit (1955),* LGDJ, 1994, n° 13, p. 39 ; ce qui assure la stabilité du droit, c'est la plasticité des règles générales, qui peuvent toujours être étendues à des objets nouveaux ».

de la nature juridique des liens de droit crées par l'exercice de la médecine traditionnelle, de même que la détermination des relations qui unissent le praticien traditionnel et le malade ajoutés aux risques que pourraient engendrer cette activité pour la santé des personnes qui s'y prêtent, impliquaient également la définition d'un régime juridique. Compte tenu de l'absence de législation spécifique, à l'exercice de la médecine traditionnelle, c'est par référence aux règles générales du droit qu'il a fallu envisager la situation des victimes d'actes dommageables du tradipraticien[537].

639- La répression des activités illégitimes, comme la réparation de leurs conséquences dommageables donnent lieu à l'application de mécanismes analogues à ceux rencontrés dans le droit médical. Cela nous a permis de constater que l'état des règles actuelles permet la condamnation civile et pénale des comportements délictueux du praticien traditionnel. Sur le plan civil, il a été aisé de démonter que notre droit de la responsabilité est de portée suffisamment générale pour permettre la condamnation du tradipraticien à l'indemnisation de la victime de ses actes. La seule véritable difficulté réside dans l'établissement du lien de causalité entre le préjudice et le comportement délictueux du guérisseur. Difficulté que la particularité de cette forme de médecine ne fait qu'aggraver.

640- Sur le plan pénal, Il est nécessaire de mettre fin à l'effronterie croissante des charlatans. Les difficultés liées à la qualification pénale des faits du charlatanisme peuvent tourner au véritable casse-tête et aboutir à des solutions qui ne sont pas toujours conformes à notre droit. Dans certaines hypothèses, la jurisprudence et notamment celle relative au délit d'exercice illégal de la médecine, le vide jurisprudentiel ne nous a pas permis d'évaluer la difficulté avec tout le recul nécessaire. Le fait que le juge n'applique pas le délit d'exercice aux tradipraticiens est un excellent indicateur du flou ou du moins des hésitations de notre justice. L'analyse de la jurisprudence révèle l'embarras des juges face à la survivance des textes contradictoires.

641- En l'absence de dispositions légales réglementant cette forme de médecine, la jurisprudence camerounaise doit faire preuve d'audace, en suppléant aux lacunes de la loi. Pour cela elle ne doit pas uniquement se limiter à appliquer la règle de droit. En fait elle doit aussi souvent être amenée à la préciser, l'expliciter et même à la modifier, elle doit donc jouer un véritable rôle créateur, étant entendu que la jurisprudence occupe une place de choix parmi les sources de droit.

---

537 En effet nous estimons que la démarche consistant à tirer le meilleur parti des instruments juridiques disponibles demeure la plus sensée.

642- En effet lorsque le juge, qui a le devoir de statuer sous peine de déni de justice, se trouve confronté à une règle de droit trop rigide[538], il s'autorise à en moduler les contours, voir à en limiter les effets. Tel a été le cas en France où la jurisprudence a joué un rôle de premier plan en matière médical ; en revanche au Cameroun, la jurisprudence ne fait pas preuve d'une audace analogue. Elle ne motive pas ses décisions et par conséquent, n'assume pas le rôle qui devrait être le sien. Il est impératif que le juge camerounais en matière de médecine traditionnelle, cesse d'appliquer l'article 251 du Code pénal à tous les actes du praticien traditionnel quels qu'ils soient, et s'attelle plutôt à déterminer dans chaque cas la nature de la relation entre le tradipraticien et le malade.

643- Malgré les efforts louables et méritoires de l'O.M.S. en vue de la réglementation de l'exercice de la médecine traditionnelle dans les pays en voie de développement, les difficultés rencontrées dans l'application des textes internationaux dans les divers pays concernés sont encore malheureusement loin d'être résolues. « *Ces difficultés ne sont pas insurmontables et ne sauraient entamer le désir de se doter d'une réglementation relative à l'exercice de la médecine traditionnelle. Seulement la prise en compte des données culturelles par le droit va poser un problème de sélection ; la préférence sera accordée aux aspects positifs desdites données* »[539]. Cela signifie qu'il faut expurger la médecine traditionnelle de ses aspects irrationnels, c'est-à-dire de tout ce qui peut paraître contraire à l'ordre public et aux bonnes mœurs, et n'inclure que ses aspects rationnels dans les textes à adopter par l'organe législatif.

644- L'adoption de divers textes[540] en faveur de la médecine traditionnelle, bien que n'ayant pas encore toute l'autorité juridique souhaitée, traduit néanmoins l'orientation éventuelle de la future législation camerounaise sur l'exercice de la médecine traditionnelle. Ce travail permettra sans nul doute d'accélérer le processus de réglementation de l'exercice de cette forme de médecine.

645- Cette étude désormais achevée n'est pas exhaustive tant la médecine traditionnelle embrasse de domaines. Il n'est qu'une simple présentation de la réalité des aspects juridiques de l'activité du praticien traditionnel, et se veut être une première approche de la médecine traditionnelle sur le plan du droit. On peut d'ores et déjà remarquer la richesse des débats qui peuvent porter sur ce thème. Il s'agit là d'un domaine que la doctrine gagnerait à explorer en s'interrogeant sur l'avenir juridique de cette forme de médecine.

---

[538] *Cf.* supra, n°494.
[539] *Cf.* S. Dembélé op. cit. p. 350.
[540] *Cf.* supra, n° 33 et s.

BIBLIOGRAPHIE

I – OUVRAGES GÉNÉRAUX

AUBRY et RAU : *Cours de droit civil français*, T. IV-2, Responsabilité délictuelle, Par N. DEJEAN de la BATIE, Lib. Tech., Paris, 1989.

BERNARDINI (R.) : *Droit pénal général : Introduction au droit criminel, Théorie générale de la responsabilité pénale*, Gualino, Paris, 2003.

CARBONNIER (J.) : *Droit civil, Les personnes*, T. 1, Thémis, P.U.F. Paris, 2000.

CHABAS (F) : *Obligations. Théorie générale, Leçons de droit civil* par H. et L. MAZEAUD, J. MAZEAUD, F. CHABAS, Montchrestien, 1998.

CORNU (G.) : *Vocabulaire juridique*, P.U.F., Paris, 2015.

DESPORTES (F.) et LE GUNEHEC : *Droit pénal général*, Economica, 17è Ed., Paris, 2010.

FAHMY ABDOU (A.) : *Le consentement de la victime*, LGDJ, Paris, 1991.

GARRAUD (R.) : *Traité théorique et pratique du droit pénal français*, Sirey, 1914.

GHESTIN (J.) : (dir), *Traité de droit civil, La formation du contrat : l'objet et la cause, les nullités* par J. GHESTIN, LGDJ 1993 : Les effets du contrat, par J. GHESTIN, G. LOISEAU, M. BILLIAU, LGDJ, Paris, 2013.

LAMBERT-FAIVRE (Y.) et PORCHY-SIMON (S.) : *Droit du dommage corporel*, Dalloz, Paris, 2015.

LARGUIER (J.) CONTE (Ph.) : *Droit pénal général*, Mémento Dalloz, Paris, 2014.

MAISTRE du CHAMBON (P.) : *Le régime des obligations civiles*, coll. Le droit en plus, P.U. Grenoble, 2014.

MARTY (G.), RAYNAUD (P.) : - *Droit civil, Les obligations*, T. 1, Les sources, par P. RAYNAUD, Dalloz, Paris.

MARTY (G.), RAYNAUD (P.) : -*Droit civil, Les obligations,* T. 2, Les effets, par P. RAYNAUD et P. JESTAZ, Sirey, Paris, 1989.

MAZEAUD (D.-H.) et (J.), CHABAS (F.) : *Les obligations*, Montchrestien, Paris, 2000.

MERLE (R.) et VITU (A.) : *Traité de Droit criminel*, T.1, Droit pénal général, CUJAS, Paris, 2000.

RASSAT (M.-L.) : *Droit et procédure pénale*, P.U.F., Paris, 2015.

RIPERT (G.) : *Les forces créatrices du droit*, Coll. Reprint, LGDJ, Paris, 1998.

ROBERT (PH.) : *La question pénale*, Librairie DROZ, GENEVE, 1984.

ROBERT (PH.) : (dir.) : *La création de la loi et ses acteurs : l'exemple du droit pénal*, SANTAMARIA S.A., 1991.

SLACHMUYLDER (L.), en hommage à : BRUYLANT-BRUXELLES, *Les objectifs de la sanction pénale*, 1989.

STEFANI (G.), LEVASSEUR (G.) et BOULOC (B.) : *Droit pénal général*, Précis Dalloz, Paris, 2007.

TERRE (F.), SIMLER (Ph.), et LEQUETTE (Y.) : *Les obligations*, Précis Dalloz, Paris, 2013.

TUNC (A.) : *Responsabilité (en général),* Dalloz civil, Paris, 2000.

VERON (M.) : *Droit pénal spécial*, Sirey, 2012

II - OUVRAGES SPÉCIAUX

AUBY (J-M.) : *Le droit de la santé,* PUF. Paris, 1981, 508 p.

BANNERMAN et Al. : *Médecine traditionnelle et couverture des soins de santé primaires, textes choisis à l'intention des administrateurs de santé,* OMS, Génève, 1983.

BELANGER (M.) : *Droit international de la santé,* Economica, Paris, 1983.

DARMON (P.) : *Médecins et assassins à la belle époque*, Seuil, Paris, 1989

DEMICHEL (A.) : *Droit médical*, Berger-Levrault, Paris 1983.

- *Le droit de la santé*, Les études hospitalières, Bordeaux 1998.

- *La responsabilité médicale*, Coll. Guides essentielles, L'Hermès, 1997.

GASTIN (L.) : *L'art de guérir, Trilogie scientifique et sociale – le point de vue des guérisseurs, le point de vue des médecins, le point de vue des malades : la justice par l'égalité d'exercer la fraternité, Penser et Agir*, 1929.

GONIDEC (P-F.) : *L'OUA, trente ans après*, Karthala, 1993.

- *Les droits Africains : évolutions et sources*, B.A.M., T.1, LGDJ., 1976.

IMBERT (J-L) : *La responsabilité médicale*, Coll. Que sais-je ? N° 2200, PUF, 1985.

HARICHAUX (M.) : *La rémunération du médecin*, Economica, Paris, 1979.

HARICHAUX (M.) et MONROCHE (A.) : *Droit de la santé, Dictionnaire commenté,* Mansson, Paris, 2003.

KAMTO (M.) : (Sous la direction de), L'OUA : *Rétrospective et prospectives africaines,* Economica, Paris, 1990.

KLEFSTAD-SILLONVILLE (F.) : *Nos enfants vivront, l'éducation pour la santé chez les Bamilékés : l'enjeu de la médecine africain*e, L'Harmattan, 1988.

KORNPROBST (L.) : *Les droits de l'homme malade devant les nouveaux programmes thérapeutiques,* Rév. des droits de l'homme, 1974.

LAPLATINE (F.) et RABEYRON (P-L) : *Les médecines parallèles,* PUF, Coll. Que sais-je? 1987.

LELEU (Y-H.) et (G.) GENICOT : *Le droit médical : Aspects juridiques de la relation médecin-patient,* De Boeck Université, Bruxelle, 2001.

MELLOR (A.) : *Le problème des guérisseurs,* La Colombe, Paris, 1958.

MELENNEC (L.) et MEMETEAU (G.) : « Le contrat médical, La responsabilité civile du médecin », in *Traité de droit médical,* sous la direction de L. MELENNEC, Maloine, 1982.

MEMETEAU (G.) : *Abrégé de droit médical,* LITEC, Paris, 1986.

- *Cours de droit médical*, avec la coll. GIRER (M.), *Les Etudes hospitalières*, 2015.

- *La responsabilité civile médicale en droit comparé français et Québécois,* Cowansville, 1990, LGDJ, diffuseur.

PENNEAU (J.) : *Faute et erreur en matière de responsabilité médicale,* LGDJ, 1973

- *Faute civile et faute pénale en matière de responsabilité médicale,* P.U.F., Paris, 1975.

- *La responsabilité du médecin,* Dalloz, Paris, 1996.

PRADEL (J.) : *La condition juridique du malade*, L.G.D.J., 1963.

ROSNY (E.) De : *Les yeux de ma chèvre*, Plon, Paris, 1981.

SAINT-AURENS (D.) : *Les charlatans de la médecine*, J.-B. Baillière et Fils, Paris, 1904.

SAINT-SAVIN (C.) De : *Guérisseurs et médecins, le magnétisme*, L'Ermite, Paris, 1950.

SAVATIER (R.) : *Traité de droit médical,* Paris, 1956.

VIALLA (F.) : *Les grandes décisions du droit médical,* LGDJ, 2014.

- *Les grands avis du CCNE,* LGDJ, 2013.

VERON (M.) : « La responsabilité pénale du médecin », in *Traité de droit médical,* sous la direction de L. MELENNEC, Maloine, 1984.

WEIL (G-D.) : *De l'exercice illégal de la médecine et de la pharmacie : Législation pénale et jurisprudence,* LGDJ, Paris, 1886.

WELSCH (S.) : *Responsabilité du médecin, Risques et réalités judiciaires,* Litec, Paris, 2000.

III – THESES, MEMOIRES ET RAPPORTS

ARRIGHI DE CASANOVA : *La responsabilité médicale et le droit commun de la responsabilité civile,* Thèse droit, Aix, 1946.

BAYTI (L.) : *Le nouvel ordre sanitaire international et la coopération sanitaire entre les pays en développement,* Thèse Droit de la santé, Bordeaux 1, 1987.

BEAUDOT (H.) : *L'exercice illégal de la médecine,* Thèse droit, Lyon, 1938.

BOURAMOUE (C.) : « Etapes de l'intégration de la médecine traditionnelle à la médecine moderne », Colloque du CAMES, 1976, pp. 201-204.

BOUSSAT (D.) : « La récupération du savoir du guérisseur », Colloque du CAMES, 1976.

COLLOMB (H.) : « Les niveaux d'intervention du guérisseur », Colloque du CAMES 1976.

CORNILLOT (P.) : « Groupe de réflexion sur les médecines différentes », Rapport au ministre des affaires sociales et de la solidarité nationale et au secrétaire d'état chargé de la santé, la documentation française, février 1986.

DAUVERGNE (B.) : *Les éléments du délit d'exercice illégal de la médecine*, Thèse Droit, Rennes, 1935.

DAVID (G.) : *De l'exercice illégal de la médecine en France*, Thèse Droit, Paris, 1904.

DEMBELE (S.) : *Recherche sur la réglementation de la médecine traditionnelle en Afrique noire,* Thèse droit de la santé, Bordeaux 1, 1997.

DEPASSIO (L) : *L'exercice illégal des thérapeutiques manuelles (Réflexions à partir d'une enquête effectuée à Lyon),* Thèse médicale : Lyon, 1975.

DUPUY (P.) : *Du charlatanisme médical et sa répression,* Thèse médecine, Bordeaux 1929.

FAITROP (M.) : *Aspects juridiques des médecines différentes*, Thèse Droit Bordeaux 1, 1989.

GARNIER (A.) : *Le délit d'exercice illégal de la médecine,* Thèse Droit, Paris, 1837.

GENEST (S.) : « Phytothérapie et médecine africaine : examen d'une tendance », 6è Colloque CAMES, Niamey, 1978.

GOUAJEU KAMENI (G.) : Les tradipraticiens à Ngaoundéré de 1916 à 1993, Mémoire de Maitrise, Université de Ngaoundéré 1999/2000.

JOHNSON-ROMUALD (F.) : « Aperçu des travaux du Comité d'experts de l'O.M.S. sur la médecine traditionnelle », Colloque CAMES, 1976.

KAMGOUI KUITCHE Victorine : « Contribution à l'études des aspects juridiques de la médecine traditionnelle : l'exemple du Cameroun », thèse Droit, Paris 8, 2003.

KITENGE (L.-J.) : Collaboration entre médecin et tradipraticien, Mémoire Santé et développement, Bordeaux II, 1981-1982.

KOUMARE (M.) : « Lignes directrices pour une politique nationale de médecine traditionnelle en Afrique : comment utiliser les tradipraticiens de santé pour accélérer l'instauration de la santé pour tous », OMS/AFRO, Brazzaville, 1991.

LANKOUANDE (S.) : « Guérisseurs et médecine moderne », Colloque CAMES.

LANTUM (D.-N.) : « Identité culturelles du Cameroun », Colloque Yaoundé, mai 1985.

LOGMO (B.) : « L'apport de la médecine traditionnelle à la médecine moderne », Colloque Yaoundé, mai 1985.

LOUSTE (J.) : *Le consentement dans le contrat médical*, Thèse droit, Nice, 1988.

MINKOA SHE (A.) : *Essai sur l'évolution de la politique criminelle au Cameroun depuis l'indépendance*, Thèse droit, Strasbourg III, 1987.

MONGBET (L.-M.) : *La médecine traditionnelle des Bamoun*, Thèse Ethno., Paris X, 1970.

NGOUNOU (E.) : *Evaluation de la communication médicale sur la qualité des soins dans les formations sanitaires publiques au Cameroun,* Thèse de médecine, Université des Montagnes, 2014.

NNANG AMOUGOU (N.) : *Relation entre médecine et patients,* Thèse de médecine, Université de Yaoundé I, 2009.

RAPPORT du C.M.G. : « Comment le guérisseur exerce-t-il son art ? », F.M.S., vol. 2(2), 1981.

RAPPORT INTERIMAIRE DU DIRECTEUR GÉNÉRAL : « La médecine traditionnelle et les soins de santé primaire » – OMS, 22 mars 1991, 11p.

RAPPORT de discussion technique. « La médecine traditionnelle et son rôle dans le développement des services de santé en Afrique », OMS/AFRO 1976.

RAPPORT DE L'OMS : « Promotion et développement de la médecine traditionnelle », Série de rapports techniques, 622, OMS Genève, 1978.

RAPPORT DE LA CONSULTATION SUR LA COORDINATION DES ACTIVITES DE LA MÉDECINE TRADITIONNELLE DANS LA REGION AFRICAINE, OMS Brazza. 1984.

RAPPORT DE LA PREMIERE REUNION DES CENTRES COLLABORATEURS OMS, « La médecine traditionnelle dans la région africaine », Niamey, OMS Brazza. 1989.

RIVET (J.) : *Le magnétisme devant la justice*, Thèse Droit, Rennes, 1932.

RESOLUTION DE L'OMS/AFRO, 40è Session du 12 sept. 1990.

SALEM (G.) : *Contribution à l'étude de la responsabilité médicale pour faute en droit français et américain,* Thèse droit, Université de Paris VIII-Vincennes Saint Denis, 2015.

VERGNEAU (F.) : *Le délit d'exercice illégal de la médecine*, Thèse droit Caen, 1940.

YAWAGA (S.) : *La protection pénale des monopoles des professions de santé : étude critique du droit français,* Thèse droit, Bordeaux IV, 1996.

IV – ARTICLES ET CHRONIQUES

ALT-MAES (F.) : « Le concept de victime en droit civil et en droit pénal », RSC, 1994.35.

ADABRA (K.) : « La responsabilité des praticiens traditionnels : mythe ou réalité ? », G.H. n° 246, mai 1985, pp. 403-405.

ADABRA (K.) : « Le droit et la médecine traditionnelle », G.H., n° 250, nov. 1985, pp. 769-776.

AKERELE (O.) : « Comment tirer parti des richesses des deux types de médecines ou pour un renouveau de la médecine traditionnelle », *Social Science and medecine*, vol. 24, n° 2, 1987, pp. 177et s.

- « L'OMS et la Médecine : Chemin parcouru et perspectives », chr. OMS, n° 38, 1984, pp. 84-90.

- « Plantes médicinales et soins de santé primaire : un plan d'action », traduction française publiée dans Fitoterapia, vol. 59, n° 5, 1988

ALUWIHARE (A.P.R.) : « La médecine traditionnelle et la médecine moderne travaillent en tandem », F.M.S. vol. 3(4) 1982, pp. 340-343.

AMEVIGBE (P.) et ASSIMADI (K-J.) : « Place et rôle des tradipraticiens dans le système de soins au Togo. Pédiatrie en Afrique », n° 10, juin-juil. 1993 pp. 46-49.

ARLLAUD (M.) : « L'autre spécialisation ? Propos obliques sur les médecines dites parallèles », *Sciences sociales et santé,* Vol. IV. N° 2, juin 1986, pp.109-127.

AUBY (J.-M.) : « Règles juridiques, règles déontologiques et règles éthiques dans le domaine de la santé », *Sociologie de la santé*, 1990, n° 2, pp. 43-58.

AUGUIN (R.) : « L'intégration des guérisseurs dans un service hospitalier », 2è Colloque du CAMES, 1976, pp. 191-193.

BANNERMAN (R.-H.) : « Place de la médecine traditionnelle dans les soins de santé moderne », F.M.S., vol. 3 (1), 1982, pp.8-29.

BARRETO (A.) : « Le secret des guérisseurs », *Médécine tropicale*, Vol. 51, n° 4, Oct.-Déc. 1991, pp. 421-426.

BASTIEN (J-W.) : « Des médecins et des infirmières collaborent avec les tradipraticiens », F.M.S., vol. 15, 1994, pp. 137-141.

BENOIT, (J.) : « La médecine traditionnelle est-elle efficace ? Santé médecine et développement », *Liberté sans frontière*, 1987, pp. 211-217.

BENOIT, (J.) : « Quand la médecine traditionnelle rencontre la médecine moderne », *Développement et Santé*, n° 73, 1988, pp. 20-21.

BERCHE (T.) : « Les voies « traditionnelles » et « modernes » des pratiques de santé : confrontation et coopération possible dans les actions de santé communautaire », *Bulletin d'ethnomédecine*, n° 32, 1984, pp. 5-17.

BESSERVE (R.) : « De quelques difficultés soulevées par le contrat médical », J.C.P. 1956, 1309

BICHMANN (W.) : « Soins de santé primaire et médecine traditionnelle : à propos du développement des concepts de santé publique en Afrique », *Revue Afr. et Dév.,* Vol. 5 n° 2, pp. 50-68.

BLANC (C.) : « La santé a-t-elle un prix ? » *Autrement,* n° 85, décembre 1986, pp. 180-187.

BONNEAU (J.) : « Le risque thérapeutique », G.P. du 27 au 31 août 1993, pp. 2-5.

BOUCHAYER (F.) : « Les usagers des médecines alternatives », R.F.A.S., *Médecine différentes*, n° hors-série 1986, pp. 105-106.

BOUCHAYER (F.) : « L'alliance de l'orthodoxe et de l'hétérodoxe », *Autrement*, n° 85, décembre 1986, pp. 50-54.

BRACKERS D'HUGO : *Radiesthésie et médecine*, G.P. 1951, 1, doct. 4.

BRIERE DE L'ISLE (G.) : « Faut-il repenser la responsabilité médicale ? », J.C.P. 1975.I.2737.

BRISSET (C.) : *Permanence des médecines traditionnelles, Santé dans le Tiers-Monde*, 1984, pp. 236-245.

CAMARA (S.) : « Les plantes médicinales, grandeur et misère des médecines traditionnelles africaines d'aujourd'hui, Ethno-psychologie », n° 3-4, 1979, pp.311-325.

CHABAS (F.) : « Vers un changement de nature de l'obligation médicale », J.C.P. 1973.I.2541.

CHIWUZIE (J.) et al. : « Les tradipraticiens ne sont pas menacés de disparition », F.M.S., vol. 8, n° 2 pp.259et s.

CORNILLOT (P.) : « La montée des médecines différentes », *Revue Française des affaires sociales*, n° hors-série, mai 1986, « Médecines différentes », pp. 7-16

DELAVEAU (P.) et DILLEMANN (G.) : « Classer les plantes médicinales », Bull. Ordre Pharm, n° 282 mars 1985, pp. 295-301.

DELMAS SAINT-HILAIRE (J-P.) : « Exercice illégal de la médecine par un acupuncteur », R.S.C. 1987, chron. P. 689.

DELMAS-MARTY (M.) : « Légalité pénale et prééminence du droit », *Mélanges,* VITU (A.), Cujas, 1989, pp. 151-167.

DELMAS SAINT-HILAIRE (J.-P.) : « Faits justificatifs – Consentement de la victime », *J. cl. Pénal*, art. 122-4 à 122-7.

DEMEHIN (A.-O.) : « Tradition et modernité : enrichissement réciproque », F.M.S. vol. 5, 1984, pp. 142-144.

DEMICHEL (A.) : « Médecine et droit : bilan provisoire d'une cohabitation problématique », *Mélanges,* AUBY, Dalloz 1992, pp.705-725.

DEMOGUE (R.) : « La notion de sujet de droit », RTDC 1909.614.

DOUCET (J-P.) : « La protection pénale de la personne humaine », Vol. 1 : *La protection de la vie et de l'intégrité corporelle*, Litec, 1994.

DUCOS-ADER (R.) : « De quelques éléments de comparaison entre le droit de la santé et le droit de la consommation », *Mélanges*, AUBY, 1992. 739.

DORSNER (A.) et SCEMAMA (A.) : « Médecins et partage d'honoraires : Aux frontières du possible et de l'impossible », J.C.P. 1979.I.2929.

DOZON (J.-P.) : « Ce que revaloriser la médecine traditionnelle veut dire », *Politique africaine,* N° 28, 1987, pp. 9-20.

EDELMAN (B.), HERMITTE (M.) : *L'homme, la nature et le droit,* Bourgeois, 1988.

ELOM-TOUZO'O (E.) : « Médecine et pharmacopée traditionnelle et développement en Afrique », n° 268, oct. 1992, pp. 457-471.

ELZIERE (P.) : « Des médecines dites naturelles, Sciences sociales et santé », Vol. IV, n° 2, juin 1986, pp. 39-74.

FADIKA (M.) : Le droit, les sorciers, les magiciens, guérisseurs, féticheurs et marabouts, Penant 1975, pp. 439-449.

FARNSWORTH (N.) : Place des plantes médicinales dans la thérapeutique, Bull. OMS, vol. 64, n° 2, 1986, pp. 159 et s.

FASSIN (D.) et FASSIN (E.) : De la quête de légitimation à la question de la légitimité : les thérapeutiques « traditionnelles » au Sénégal, Cahiers d'études africaines

FASSIN (D.) : La santé, un enjeu politique, Pol. Afr., n° 28, 1987, pp. 2-8.

FENOUILLET (D.) : Respect et protection du corps humain, J. cl. Civ., Art. 16 à 16-12, Fasc. 12, 1997 n° 28, 47 et s, et 134 et s.

FISY (C.F.) : Le monopole juridictionnel de l'Etat et le règlement des affaires de sorcellerie au Cameroun, Pol. Afr., n° 40 déc. 1990, p. 60-71.

GANGBO (Z.S.) : Contribution au processus de l'association des médecines moderne et traditionnelle, Bull. méd. Trad. Et pharm. Vol. 2, n° 1, 1988, p. 67-71.

GBANACE (P.) : Problèmes et méthodes liés à la connaissance de la médecine traditionnelle, Bull. Méd. Trad. Vol.1 n° 1, 1993, p 6-9.

GENEST (S.) : Phytothérapie et médecine africaine, R.C.E.A., vol. 13, n° 3, 1980, p. 497-499.

GINEST-GALANO (M.) : La santé dans le tiers-monde : bilan et perspectives, Problèmes économiques, 12 mai 1982, n° 1774, p.7-12.

GONNARD (J.M.) : Administration de substances nuisibles, J. cl. Pénal, art. 222-7 à 222-16, Fasc. 20.

GUICHENEY (P.) : Le diagnostic reste-il toujours un acte scientifique ? Conc. Méd. 12 novembre 1977. n° 99-42, pp. 6527-6528.

GROULARD (M.) De : Pratique de médecine traditionnelle et planification sanitaire, Méd. Trop. Vol. 51 n° 1 janv-mars 1991, p.37-41.

GRUENAIS (M-E.) : Vers une nouvelle médecine traditionnelle en Afrique, Rév. du prat., T V, n° 141, 1991, p.2.

GRUNAIS (M-E) et POURTIER (R) : La santé en Afrique, Anciens et nouveaux défis, n° 195, juil. – sept. 2001, La documentation française.

HAMA (K.) : Le droit africain de la santé, Revue générale de droit médical, n° 42, 2012, pp. 367-373.

HARICHAUX-RAMU (M.) : Santé, responsabilité du médecin, principes généraux, J. cl. Civ., art. 1382 à 1386, Fasc. 440-1.

HENNAN-HUBLET (C.) : L'activité médicale et les délits d'atteinte à la vie, à l'intégrité physique et à la santé des personnes, RDPC 1986.577.

HIEGEL (J.-P.) : Coopérer avec les thérapeutes traditionnels, FMS, vol. 3, n° 2, 1982, pp. 262 et s.

HOFF (W.) : La médecine traditionnelle a encore sa raison d'être, F.M.S., vol. 13, 1992, pp. 191-201.

HUGUENEY (L.) : Exercice illégal de la médecine par les magnétiseurs et psychanalystes, R.S.C. 1953, chron. pp. 665-666.

HUGUENEY (L.) : Exercice illégal de la médecine, R.S.C. 1962, chron. pp. 519-520.

ISENALUMBE (A.-E.) : L'intégration des accoucheuses traditionnelles au système de soins de santé primaire, F.M.S., vol. 11, n° 2, 1990, pp. 205 et s.

KIKHELA (N.) et al. : Médecine traditionnelle et médecine moderne en Afrique : affrontement ou coopération ? F.M.S., vol. 2 n° 1, 1981, pp. 114 et s.

KUITCHE KAMGOUI (V.) : Pratiques de sorcellerie, envoûtement, détention de produits maléfiques, éléments constitutifs, aveux spontanés, sanction. Juridis Périodique, n° 50, avril-mai-juin, 2002, pp.36-40.

- La nature juridique de la relation entre le tradipraticien et le patient, Juridis périodique, n° 52, oct.-nov.-déc. 2002, pp. 61-69.

- La profession de tradipraticien et le particularisme de l'exercice illégal de la médecine, Pharm. Med. Trad. Afr. 2004, Vol. 13, pp. 103-110.

- Réflexion sur les stratégies d'accès au soin de santé au Cameroun, Cahiers juridiques et politiques, Université de Ngaoundéré, 2009, pp. 139-168.

- Le médecin du travail : levier de la prévention de la santé au travail au Cameroun ?, Cahiers juridiques et politiques, Université de Ngaoundéré, 2016/1, pp. 123-151

LAPLANTINE (F.) : La maladie, la guérison et le sacré, Archives de sciences sociales des religions, C.N.R.S. 1982, n° 54/1, pp. 63-76.

LARGUIER (J.) : Le juge et le sorcier, JCP G, 1967. I. 2055.

LASHARI (M-S.) : Médecine traditionnelle et médecine moderne : le mariage est-il possible ? F.M.S., vol. 5 n° 2, pp. 195 et s.

LASKE (K.) : Exercice illégal : Un diagnostic difficile, Autrement, n° 85, décembre 1986, pp. 218-223.

LE GRAND (J.-L.) et PRAYEZ (P.) : L'utopie de la médecine idéale, Autrement, n° 85, décembre 1986, pp. 22-24.

LEGER (J-M & E.) : Les guérisseurs aujourd'hui, Science et vie. N° 150. pp. 120-127

LESLIE (C.) : Option de principe régissant l'exercice de la médecine traditionnelle, Bannerman et al., 1983, p. 311.

LOUX (F.) : Médecins et guérisseurs : deux rapports au corps, Autrement, n° 15/78, pp. 190-199.

MATHE (M.) : La justice face à la sorcellerie, Penant 1976, pp. 311-326.

NGUYEN THANH–BOURGEAIS (D.) : La sécurité des consommateurs : réflexion sur l'affaire du talc Morhange, DALLOZ 1981. Chron. pp. 87-94.

NEW (P-K.) : Soins de Santé traditionnelle et moderne : une appréciation de leur complémentarité, R.I.S.S. vol. 29, n° 3 pp. 522-535.

NERHOT (P.) : Le fait du droit, Archives de philosophie du droit T.31, 1986, pp.261-279.

R. NERSON, Le respect par le médecin de la volonté du malade, Mélanges G. MARTY, 1978, P. 870 et s.

OGER : La chiropraxie est une forme d'exercice illégale de la médecine, Arch. Belge Méd sociale, 22 mars 1964, pp 147-156.

OJANUGA (D.-N.) : Médecins et guérisseurs traditionnels : que pensent-ils les uns des autres ? FMS, vol. 2 n° 31 982, pp. 477 et s.

O.M.S. : Prise de décision à l'échelon national pour les soins de santé primaire, Etudes du Comité mixte F.I.S.E.-OMS. Genève 1981, 77p.

O.M.S. : La médecine traditionnelle dans le développement des services de santé, Bamako, 1979, 9 P.

O.M.S. : Série de rapport technique n° 829. Evaluation des récentes réformes opérées dans le financement des services de santé, Genève, 1993, pp.68-81.

PAIRAULT (C.) : A propos de l'efficacité de la médecine en Afrique Noire, Mél. Pairault, 1994, pp. 319-329.

PENNEAU (J.) : L'exercice illégal de la médecine : brève synthèse : Rev. Française des affaires sociales, n° hors série, mai 1986, « médecines différentes », pp. 233-236.

- Médecine : conditions d'exercice de la profession, Exercice illégal, Juris-Classeur Pénal, Annexes n° 5, fasc. 2. 1990, 24 p.

- Médecine, Particularités de certains délits, J. cl. Lois pénales annexes, Fasc. 40-1, 1996.

PETER (J.-P.) : Quiconque n'est pas docteur, n'est-il qu'un charlatan ? Autrement, n° 68, mars 1985, pp. 176-186.

RANGEON (F.) : Réflexions sur l'effectivité du droit, in Les usagers sociaux du droit, Travaux du Centre universitaire de recherches administratives et politiques de Picardie, PUF, 1989, pp. 126-149.

ROBERT (PH.) : La création de la loi pénale, problèmes actuels de sciences criminelles, IV, 1993, pp, 71-85.

RASSAT (M-L.) : La révélation médicale, DALLOZ 1989, chron. pp.107-112.

- Escroquerie, J. cl. Pénal, art. 313-1 à 313-3.

ROSNY (E.) DE : Combien de médecin pour l'Afrique ? L'Afrique des guérisons, Karthala 1992, pp.25-38.

- Les nouveaux guérisseurs africains, Etudes, n° 36/6, déc. 1984, pp. 661-673.

ROUZE (M.) : Des charlatans déguisés en savants, Science et vie, n° 774, pp. 74-82.

RWANGABO (P-C) : La médecine traditionnelle africaine comme patrimoine socioculturel, Karthala, 1994, pp.15-19.

SAYI (I.) : Vers une politique d'intégration de la médecine traditionnelle dans le réseau des soins de santé, Etudes Sociales, Genève 1984, pp. 93-97.

SAVATIER (R.) : Un attribut essentiel de l'état des personnes : la santé humaine, D. 1958 chron. 95.

SCHWARTZ (D.) : Peut-on évaluer les médecines douces ? Sciences sociales et santé, Vol. IV, juin 1986, pp. 75-88.

SIMO KOUAM (A.) : « La qualité des soins en droit médical et hospitalier » RASJ, n° 10, 2013, pp. 227-251.

La faute en médical et hospitalier : contribution à l'amélioration du système hospitalier camerounais, Jurisdis Périodique, n° 107, 2016, pp. 101-119.

SOURNIA (J.-L.) : L'introduction aux médecines non expérimentales, Science et vie, n° 150, mars 1985.

STEPAN (J.) : Aspects juridiques de la médecine traditionnelle, Bannerman et al. pp.284-307.

- Médecine traditionnelle et médecines parallèles : Étude de législation comparée, Rec. Inter. Légis. San, 1985, n°2, pp. 299-365. -

THIONGANE (B.) : Le droit africain de la santé, Revue générale de droit médical, n° 41, 2011, pp. 347-352.

THOUVENIN (D.) : Le secret médical, Droit pénal, Droit médical et hospitalier, Litec, Fasc. 33-10.

TRUCHET (D.) : « La faute et la loi du 4 mars 2002 en matière de responsabilité des établissements publics de santé », RDSS 2015.

VERON (M.) : L'exercice illégal de la médecine, Traité de droit médical et hospitalier, « sous la direction de AUBY (J-M.) », fasc. 26. 1992, 26 P, et fasc. 3, 1993, p. 22.

VILLEY (R.) : Publicité et charlatanisme, Bull. Ordre des médecins, n° 6, juin 1986, pp. 3-4.

VITU (A.) : Chiropraxie et exercice illégal de la médecine, R.S.C. 1978, pp. 656-658.
- Exercice illégal de la médecine et acupuncture, R.S.C. 1982, pp. 612-615.
- Exercice illégal de la médecine, R.S.C. 1984, chron. pp. 69-71.
- L'exercice illégal de la médecine et acupuncture, R.S.C. 1974, chron. pp. 93-94.

WALLENBURGER (CH.) : Essai scientifique et juridique sur le magnétisme, R.S.C. 1948, pp. 133-143.

V- JURISPRUDENCE

a. Notes de jurisprudence

BRETON-CAPITANT, note sous Cass. Civ., 20 mars 1936, D.P. 1936. I.88 ; S. 1937 I. 312.
DARRET-COURGEON (I.), obs. sous Cass. civ. 1ère, 16 janv. 2013, D. 2013, p. 598.
DJILA (R.), note sous TPI de Mbouda, jgmt n° 14/cor du 6 nov. 2000, Juridis Périodique
n° 56, 2003, p.
GOLLETY, note sous Cass. crim. 19 mars 1953, D. 1953 p. 664 ; 30 mars 1954 D. 1954, jurisp. p. 351.
GOLLETY, note sous Cass. Crim. 30 mars 1954, D. 1954, jurispr. P. 351.
GOLLETY, note sous Cass. crim. 20 fév. 1957 ; Bull. crim. n° 174 et 176 ; 28 mai 1957, D. 1958, p. 388.
LAURENT, note sous Civ. 1ère, 17 octobre 1955 : JCP 56, II, 9226.
LEBRUN, note Crim.24 mars 1944, D. a. 1944.75.
NERSON (R.), note sous Cass. Civ., 29 mai 1951, S, 1953, p.41.
PENNEAU (J.), obs. sous Cass. crim. 27 FÉV. 1984, D. 1985, p.367.

PENNEAU (J.), obs. sous CA Paris, 20 mars 1985, D. 1985 p. 402.
PORCHY-SIMON (S.), note sous Cass. civ. 1ère, 16 janv. 2013, D.2013, p. 681.
RABUT, note sous Civ, 1ère, 27 janv. 1970, B. civ., n° 37 ; D. 1970. som.70 ; JCP 1970.II.16422
ROTIERE (P.), note sous, Cass. civ. 1ère, 16 janv. 2013, n° 12-14.020 ; RDSS n° 52, mars2013, p. 177.
SAVATIER (R.), note sous DH 1937, 537.
SAVATIER (R.), note sous Cass. civ. 1ère, 18 oct. 1960.II. 11846.
TORTAT, note sous Cass. crim., 9 nov. 1937, S. 1939.

b. Cour de cassation/Cour suprême

Cass. civ. 1ère, 5 fév. 1985, B. n° 54 ; RTDC 1986, 105.
Cass. civ, 1ère, juin 1960, JCP 60, II. 11787.
Cass. civ. 1ère, 28 nov. 1987, D. 1989, somm. P. 61.
Cass. civ., juin 1990, Bull. Civ. 1ère, 7 oct. 1992.
Cass. civ. 13 avril 1909, D.P. 1910.I.14.
Cass. civ. 2è, 20 juil. 1993, D. 1993, 526, RTDC 1994, 107.
Cass. civ., 1ère, 17 nov. 1982, JCP 1983, II, 20056 ; D. 1984, 308 ; RTDC 1983, 547.
Cass. civ., 1ère, 8 janv. 1985, D. 1986, 390.
Cass. crim., 9 nov. 1961, JCP 1962, éd. G., II, 12777.
Cass. crim. 21 juin 1855, D.P. 1855.1.304.
Cass. crim. 6 mai 1921, B. 202 ; 2 mars 1933, GP 1933.1.689.
Cass. crim. 5 oct. 1871, D. 1872.1.382.
Cass. crim. 10 mai 1972, D.S. 1972.733.
Cass.crim. 5 juil. 1928, B. n° 197, S. 1930.I.37.
Cass. crim., 2 nov. 1971, Bull. crim. n° 290 ; JCP G 1971, IV, 279 ; D. 1972 somm. P. 8.
Cass. crim., 19 mars 1953 ; D. 1953, p. 664.
Cass. crim. 27 juil. 1887, D. 1887.I.97; Crim. 81993, Bull. n° 379.
Cass. crim. 30 déc. 18553, S. 1854.I.404.
Cass. crim. 20 mars 1996, B. n0 119 ; RTDC 1996, 912 ; JCP 1996, I. 3985, n° 22.
Cass. crim. 15 mars 1919, S. 1921.I.1387.
Cass. Crim., 22 fév. 1955, D. 1956, jurispr. P. 560 ; 19 juin 1957, Bul.
Cass. crim. n° 505 ; 24 mars 1958 ; Bul. Crim. 292.
Cass. crim., 18 déc. 1957 ; Bull. n° 850, D.1958, somm. p. 70. ; 9 déc. 1959 Bull. n° 541, D. 1960, somm. 51 ; 26 janv. 1966, D. 1966 jurisp. P. 416.
Cass. crim., 20 juin 1929 : DP 1929.I.91, rapp. Bourdon. 28 déc. 1959 : Bull. crim., n° 592.
Cass. crim. 26 janv. 1966, GP. 1966 jurisp. P. 416.
Cass. crim., 3 déc. 1953, GP 1954.I.42 ; 30 mars 1954, JCP G 1954.II.8212.

Cass. crim., 16 déc. 1922, Bull. crim. 423.
Cour suprême de Yaoundé, 20 fév. 1975, inédit.

c. Cour d'Appel

CA Paris, 29 oct. 1993, D. 1993 p. 589; JCP, 1993, II.22071. ; D. 1995, somm. P. 97.

CA Versailles, 28 mars 1996, D. 1996, I.R., P. 138.
CA Alger, 2 juin 1900, D. 1902, 2, 21.
CA Alger, 9 nov. 1904, D. 1903, 2, 243.
CA Aix-en-provence, 6 mai 1954 ; G.P. 1954.I.383.
CA de Paris, 15 mars 1899, S. 1899. 2. 176.
CA Paris, 11è ch. A, 5 nov. 1991 : juris-Data n° 024722.
CA Bordeaux, ch. corr., 23 nov. 1993 : Juris-Data n° 049837.
CA Paris 11è ch. A., 26 nov. 1996 : Juris-Data n° 020366.
CA Douai 22 fév. 1951, GP 1951.I.p.268 ; Trib. Corr. Villefranche-sur-saône, 13 déc., 1955 : D. 1956, somm. P.8.
CA Bordeaux, ch. Corr., 12 janv. 1993, Juris-Data n° 040456.
CA Paris, 25 janv. 1965 JCP G 1965.IV.47.
CA Paris, 28 janv. 1957 ; JCP 1958. II. 10416.
CA Paris, 14 déc. 1961, D. 1962, somm. p. 92.
CA Paris, 25 mars 1952, D. 1953 jurisp. p. 23.
CA Orléans, ch.corr., 3 mai 1993, Juris-Data n° 051433 ; CA Rouen, ch. corr., 27 sept. 1995, Juris-Data n° 053508.
CA Paris, 7 juin 1937, DH 1937, jurisp. p. 445.

d. Tribunaux

TPI, Douala, 12 mai 1948, Recueil Penant 1951, n° 1, p. 60, note Cosnard.
TPI Douala, jugement n° 69 du 19 septembre 1968.
TPI Douala, jugement du 15 mars 1972.
TPI de Douala, 20 avril 2001, inédit.
TPI de Yaoundé, jugement cor. du 22 mai 2000, Inédit.
TPI Douala, jugement n° 1123 du 15 fév. 1976.
TPI Yaoundé, jugement n° 655/cor du 20 juin 2002.
TPI Ngaoundéré, jugement n° 831/cor. du 11 avril 1999, inédit.
TPI Dla, jugement n° 351/cor du 09 nov. 197.
TPI Edéa, jugement n° 1026/cor du 06 avril 1999.
Trib. corr.Toulouse, 30 juin 1934, DH 1934, p. 535.
Trib. cor. Yaoundé 12 oct. 1970.
Trib. corr. Dunkerque, 7 juill. 1950 ; GP 1950, 2, p. 153.
Trib. corr. Lille, 4 avril 1950 GP 1950, 2, p. 17.
Trib. Corr. Domfront, 20 janv. 1950 ; D. 1950, somm. P. 60 ; Rapp. Cass. Crim., 29 déc. 1900 ; D.P. 901.1.529.
Trib. cor. Caen, 16 mai 1936, D.P. 1937.164.

Trib. cor. Yaoundé, 12 Oct. 1970. Inédit.
Trib. Corr. Saint-Yriex 6 juin 1933, S. 1933.2.166.
Trib. Corr. Nice 25 mai 1946, GP 1946.2.208.
Trib cor. de Yaoundé, jugement du 1210 oct. 1967
Trib cor., Bafoussam, 5 juin 1998.
Trib. cor. Yaoundé, 12 oct. 1970.
TGI Yaoundé, Jugement n° 129/68 du 20 juillet 1994 :
TGI MFOUNDI, 8 juin 1973. Inédit.
TGI Dla, 13 oct.1988, B, 2510. Inédit.

INDEX ALPHABETIQUE

Les chiffres revoient aux numéros des paragraphes.

D

R

S

TABLE DES MATIÈRES

Questions juridiques aux éditions L'Harmattan

Dernières parutions

LES OBJECTIFS DE LA RÉGULATION ÉCONOMIQUE ET FINANCIÈRE
Sous la direction de Gabriel Eckert et Jean-Philippe Kovar
Les buts de la régulation économique et financière impriment profondément le droit de la régulation mais semblent avoir considérablement évolué depuis une trentaine d'années. Ainsi l'objectif traditionnel de la construction de marchés concurrentiels, dans des secteurs anciennement sous monopole ou très fortement réglementés, est complété par de nouveaux objectifs extraconcurrentiels. La diversité des buts assignés aux régulateurs oblige les autorités de régulation à opérer une conciliation des objectifs au risque de dénaturer leur office.
(Coll. Logiques Juridiques, 28.50 euros, 276 p.)
ISBN : 978-2-343-11504-7, ISBN EBOOK : 978-2-14-003398-8

LA RESPONSABILITÉ CIVILE DES ENSEIGNANTS EN CAS D'ACCIDENT SCOLAIRE
Brusorio Aillaud Marjorie
Le régime de responsabilité civile des enseignants en cas d'accident scolaire fut envisagé dans le Code civil dès 1804 puis modifié en 1899 et 1937. La loi est actuellement inadaptée et critiquée à la fois par les victimes et les enseignants, mais les tentatives de la jurisprudence pour la réformer se révèlent insuffisantes. Il faut rechercher un autre fondement pour engager la responsabilité civile de l'enseignant ou un autre débiteur que ce dernier, afin que les victimes d'accidents scolaires obtiennent facilement réparation.
(Coll. Logiques Juridiques, 55.00 euros, 750 p.)
ISBN : 978-2-343-11346-3, ISBN EBOOK : 978-2-14-003367-4

SPORT ET DROIT EUROPÉEN
Miège Colin
Le droit européen a eu une influence déterminante sur le sport, à mesure que celui-ci devenait une activité économique à part entière. Lorsque le sport a été intégré dans les compétences de l'Union par le traité de Lisbonne en 2007, les organisations sportives avaient déjà subi de plein fouet l'impact du droit européen avec notamment l'arrêt Bosman de 1995. Voici un panorama complet des règlements ou décisions de justice qui ont eu un impact sur le sport depuis les débuts de la construction européenne.
(Coll. Le Droit aujourd'hui, 34.00 euros, 328 p.)
ISBN : 978-2-343-11822-2, ISBN EBOOK : 978-2-14-003468-8

LES INNOVATIONS CRIMINOLOGIQUES
Sous la direction de Erwan Dieu
Ce livre s'attelle à circonscrire la théorie et la pratique des modèles d'évaluation et d'accompagnement des auteurs et victimes d'infractions via des présentations d'outils d'exercices et de programmes. Les populations visées sont variées : problèmes d'addiction, de violence,

d'infraction sexuelle ou conjugale, etc. Au sein des différents chapitres, des présentations de méthodes concrètes explicitent les modèles qui aujourd'hui démontrent des effets pertinents.
(Coll. Logiques des pénalités contemporaines, 39 euros, 406 p.)
ISBN : 978-2-343-11337-1, ISBN EBOOK : 978-2-14-003517-3

70 ANS DE JUSTICE PÉNALE DES MINEURS
Entre spécialisation et despécialisation
Beddiar Nadia
L'année 2015 marque la célébration des 70 ans de l'ordonnance du 2 février 1945 relative à l'enfance délinquante. Par ce texte, la France a institué, après bien d'autres pays, une justice et un traitement pénal des mineurs véritablement spécifiques. Cet anniversaire offre l'occasion de revenir sur le passé, d'aborder le présent et de se projeter dans l'avenir de cette justice qui se veut singulière. Cet ouvrage permettra au lecteur d'apprécier la richesse des débats et les enjeux fondamentaux de ce sujet pour notre société.
(Coll. Colloques et rencontres, 20.50 euros, 196 p.)
ISBN : 978-2-343-11815-4, ISBN EBOOK : 978-2-14-003530-2

LA JURISPRUDENCE ET LA DOCTRINE
Barraud Boris
La jurisprudence est l'un des phénomènes juridiques les plus problématiques, comme source du droit réel mais non officielle. Ce livre retrace son parcours dans l'histoire de la pensée juridique, longtemps dominée par le légicentrisme. Il s'intéresse également à la difficile identification doctrinale des jugements, arrêts et décisions à portée jurisprudentielle. Il s'attache enfin à la jurisprudentialisation du droit, qui constitue l'une des données les plus remarquables du droit contemporain, ainsi qu'aux critiques que la doctrine adresse à un droit trop abandonné au « gouvernement des juges ».
(Coll. Le Droit aujourd'hui, 29.00 euros, 290 p.)
ISBN : 978-2-343-11552-8, ISBN EBOOK : 978-2-14-003187-8

MESURER LE PLURALISME JURIDIQUE
Une expérience
Barraud Boris
Cet ouvrage propose une approche et une analyse scientifiques et statistiques du pluralisme juridique. Défini en tant que coexistence de sources étatiques et non étatiques de règles de droit, le pluralisme juridique appelle à la fois une réponse théorique et empirique. Ce livre procède à une enquête de terrain et pose les jalons de ce travail scientifique visant à évaluer l'effectivité du pluralisme juridique en n'ayant d'égards que pour les seuls faits normatifs.
(Coll. Le Droit aujourd'hui, 32.00 euros, 308 p.)
ISBN : 978-2-343-11264-0, ISBN EBOOK : 978-2-14-003156-4

ANNALES DE LA FACULTÉ DE DROIT ET SCIENCE POLITIQUE DE NICE
Année 2016
Strickler Yves
Comme les éditions précédentes, ces annales de l'année 2016 parcourent des domaines très variés passant par l'histoire (affaire Calas), l'actualité (laïcité, statut du Ministère public, relations amoureuses au travail, lanceur d'alertes etc.) sans négliger les questions de principe (la liberté académique).
(Coll. Droit privé et sciences criminelles, 36.00 euros, 354 p.)
ISBN : 978-2-343-11519-1, ISBN EBOOK : 978-2-14-003271-4

L'EXPERTISE SOUS LE REGARD DE LA PSYCHANALYSE
« Faux-Pas » ou la question des mères
Villa-Portenseigne Arlette
C'est toujours un enrichissement personnel et professionnel pour un-e psychologue que d'être nommé-e par la justice pour éclaircir les zones d'ombre qui obscurcissent la vérité. De pratique hospitalière en expertises judiciaires, la psychanalyse a fait voyager l'auteure de cet ouvrage

dans tout ce qu'il y a d'intime dans l'être humain. Au-delà des crimes dont la chronique se fait régulièrement l'écho, ce livre émerge d'une réflexion sur la pratique. Croisant les démarches des juges, des soignants et des travailleurs sociaux, il témoigne des ressources de la clinique face aux itinéraires complexes des individus confrontés à la loi.
(Coll. Psycho-Logiques, 17.50 euros, 164 p.)
ISBN : 978-2-343-11083-7, ISBN EBOOK : 978-2-14-003119-9

LE DROIT DU BIEN-ÊTRE ANIMAL DANS LE MONDE
Évolution et universalisation
Brels Sabine
En ce début de XXIe siècle, les consciences s'éveillent de plus en plus à la protection des animaux. La société reconnaît aujourd'hui la sensibilité de ces êtres vivants et le droit à la protection de leur bien-être contre les souffrances évitables qui leur sont infligées. Un tournant s'opère et modifie profondément notre rapport aux animaux dans la société comme dans le droit. Cet ouvrage fait état de la protection juridique du bien-être animal à l'échelle mondiale et de la possibilité d'établir une protection universelle à l'ONU.
(Coll. Le Droit aujourd'hui, 42.00 euros, 500 p.)
ISBN : 978-2-343-10666-3, ISBN EBOOK : 978-2-14-003201-1

MÉLANGES EN L'HONNEUR DU DOYEN ROGER BERNARDINI
Parcours pénal
Les « mélanges » sont un recueil d'articles rédigés par ses amis en hommage à un maître. Le doyen Roger Bernardini a été un grand serviteur de l'Université et fait partie de ces professeurs qui marquent les esprits. Ses amis ont choisi, pour intitulé de ses mélanges « Parcours pénal », champ qu'il n'a jamais cessé d'arpenter, d'explorer, d'approfondir et de rénover.
(Coll. Droit privé et sciences criminelles, 32.50 euros, 315 p.)
ISBN : 978-2-343-10962-6, ISBN EBOOK : 978-2-14-002983-7

OHADA
Traité de fiscalité des entreprises (première édition)
Amboulou Hygin Didace
La politique fiscale est souvent reconnue comme le domaine par excellence où chaque État exerce sa souveraineté économique en fonction de ses réalités, ses objectifs et ses potentialités. Mais pour réussir l'intégration économique de l'espace OHADA, encourager les investissements, assainir l'environnement des affaires et atténuer la pression fiscale sur les entreprises, les États doivent harmoniser, unifier ou coordonner leurs politiques fiscales. C'est l'objet de ce traité.
(Coll. Études africaines, 29.00 euros, 278 p.)
ISBN : 978-2-343-10523-9, ISBN EBOOK : 978-2-14-003211-0

OHADA
Code des investissements et des activités économiques (première édition)
Amboulou Hygin Didace
Pour mieux accompagner les opérateurs économiques de toutes origines et promouvoir ainsi les investissements, les États membres de l'OHADA disposent chacun d'une législation et d'une réglementation qui régissent l'ensemble des activités économiques, celles des petites et moyennes entreprises et celles des petites et moyennes industries. En attendant l'harmonisation de ces différentes législations, les voici présentées pour chaque État concerné.
(Coll. Études africaines, 42.00 euros, 464 p.)
ISBN : 978-2-343-10520-8, ISBN EBOOK : 978-2-14-003208-0

OHADA
Traité de droit des transports de marchandises par route et des opérations de dédouanement (première édition)
Amboulou Hygin Didace
Pour mieux comprendre la place qu'occupe le droit des transports dans la politique d'intégration économique des États membres de l'OHADA, ce livre analyse en profondeur les dispositions

de l'Acte uniforme du 22 mars 2003 et celles de la Convention de Genève dite «CMR» du 19 mai 1956 encore applicable, ces deux législations étant complémentaires et relatives au contrat de transport de marchandises par route. Grâce à une actualité juridique récente et sélectionnée, ce livre s'impose comme un outil de travail de référence, avec un apport remarquable sur la procédure de dédouanement.
(Coll. Études africaines, 31.00 euros, 306 p.)
ISBN : 978-2-343-10524-6, ISBN EBOOK : 978-2-14-003213-4

OHADA
La construction du marché commun africain et la problématique de l'harmonisation des traités régionaux
Amboulou Hygin Didace
Comment vaincre les résistances et les réticences des États et construire un marché commun en Afrique ? Comment supprimer les barrières douanières et fondre en une seule toutes les unions économiques sectorielles ? Comment harmoniser les traités régionaux (UEMOA, CEEAC, CEMAC, CEDEAO) ? La construction du marché commun africain exige une politique de solidarité entre les États membres et leurs ressortissants, en suscitant une forte adhésion aux valeurs d'intégration, de démocratie et de citoyenneté. Ce livre traite les questions qui peuvent accélérer l'assimilation du droit OHADA et faciliter la construction de l'Union africaine.
(Coll. Études africaines, 23.50 euros, 222 p.)
ISBN : 978-2-343-10521-5, ISBN EBOOK : 978-2-14-003207-3

OHADA
La problématique du conflit de normes et de compétences dans la situation de coexistence des juridictions communautaires
Amboulou Hygin Didace
Depuis l'entrée en vigueur du traité en 1993, l'OHADA dispose d'une Cour commune de justice et d'arbitrage. Toutefois, dans ce même espace économique, se juxtaposent, entres autres, la Cour de justice de la CEMAC, la Cour de justice de l'UEMOA et la Cour de justice de la CEDEAO, celle de la CEAAC n'étant pas encore fonctionnelle. Comment gérer leur cohabitation et quelle solution apporter à la question du conflit de normes et de compétences ? C'est l'objet de ce livre.
(Coll. Études africaines, 28.00 euros, 272 p.)
ISBN : 978-2-343-10522-2, ISBN EBOOK : 978-2-14-003210-3

LE JURIDIQUE
Cahiers de l'IREA n°9 - 2017
Au sommaire de ce numéro : Situation du travail domestique au Cameroun : indicateurs de vulnérabilité et violations des droits (Alain Roger Boulla Meva'a, Adonis Toukoo et Célestin Pierre Mboua) ; Migrations, à la fois problème et solution pour l'Europe - quelles mesures prendre en Afrique pour mettre fin aux migrations massives ? (Claude Garrier) ; Les transformations du principe d'équilibre budgétaire : la problématique (Pierre Belebenie) ; De la suspension de l'exercice des droits politiques pour la consolidation des droits de l'homme : respect ou violation de la charte africaine de la démocratie, des élections et de la gouvernance - l'expérience du Burkina-Faso est-elle extrapolable en RD Congo ? (Dieudonné Kalindye Byanjira)...
(Coll. Cahiers de l'IREA, 22.50 euros, 224 p.)
ISBN : 978-2-343-11607-5, ISBN EBOOK : 978-2-14-003247-9

DÉLINQUANCE SÉRIELLE ET POLICE JUDICIAIRE
Impini Jean-François
Sérialité de la délinquance, information judiciaire, analyse criminelle sérielle désignent des notions familières mais peu étudiées par les sciences criminelles. Postulant l'idée assez commune d'une délinquance largement réitérante, l'ouvrage tente de dérouler le fil logique que pourrait suivre l'investigation policière pour exploiter de façon systématique ce caractère sériel des infractions.
(Coll. Sécurité et société, 37.50 euros, 372 p.)
ISBN : 978-2-343-11147-6, ISBN EBOOK : 978-2-14-002864-9

L'HARMATTAN ITALIA
Via Degli Artisti 15; 10124 Torino
harmattan.italia@gmail.com

L'HARMATTAN HONGRIE
Könyvesbolt ; Kossuth L. u. 14-16
1053 Budapest

L'HARMATTAN KINSHASA
185, avenue Nyangwe
Commune de Lingwala
Kinshasa, R.D. Congo
(00243) 998697603 ou (00243) 999229662

L'HARMATTAN CONGO
67, av. E. P. Lumumba
Bât. – Congo Pharmacie (Bib. Nat.)
BP2874 Brazzaville
harmattan.congo@yahoo.fr

L'HARMATTAN GUINÉE
Almamya Rue KA 028, en face
du restaurant Le Cèdre
OKB agency BP 3470 Conakry
(00224) 657 20 85 08 / 664 28 91 96
harmattanguinee@yahoo.fr

L'HARMATTAN MALI
Rue 73, Porte 536, Niamakoro,
Cité Unicef, Bamako
Tél. 00 (223) 20205724 / +(223) 76378082
poudiougopaul@yahoo.fr
pp.harmattan@gmail.com

L'HARMATTAN CAMEROUN
TSINGA/FECAFOOT
BP 11486 Yaoundé
699198028/675441949
harmattancam@yahoo.com

L'HARMATTAN CÔTE D'IVOIRE
Résidence Karl / cité des arts
Abidjan-Cocody 03 BP 1588 Abidjan 03
(00225) 05 77 87 31
etien_nda@yahoo.fr

L'HARMATTAN BURKINA
Penou Achille Some
Ouagadougou
(+226) 70 26 88 27

L'HARMATTAN SÉNÉGAL
10 VDN en face Mermoz, après le pont de Fann
BP 45034 Dakar Fann
33 825 98 58 / 33 860 9858
senharmattan@gmail.com / senlibraire@gmail.com
www.harmattansenegal.com

www.ingramcontent.com/pod-product-compliance
Lightning Source LLC
LaVergne TN
LVHW011306061026
849535LV00005B/1420